感情不能×解决的事

张佳佳
著

中信出版集团 | 北京

图书在版编目（CIP）数据

感情不能解决的事 / 张佳佳著 . -- 北京 : 中信出版社 , 2021.7

ISBN 978-7-5217-2962-7

Ⅰ . ①感… Ⅱ . ①张… Ⅲ . ①婚姻法—中国—通俗读物 Ⅳ . ① D923.9-49

中国版本图书馆 CIP 数据核字 (2021) 第 047691 号

感情不能解决的事

著　　者：张佳佳

出版发行：中信出版集团股份有限公司

（北京市朝阳区惠新东街甲 4 号富盛大厦 2 座　邮编　100029）

承 印 者：北京楠萍印刷有限公司

开　　本：787mm × 1092mm　1/16　　印　　张：27.75　　字　　数：224千字

版　　次：2021年7月第1版　　印　　次：2021年7月第1次印刷

书　　号：ISBN 978-7-5217-2962-7

定　　价：68.00元

推荐序·一

持久幸福的婚姻需要风险管理

幸福美满的婚姻人人向往，和谐、安全、甜蜜的依恋关系令人渴求。然而，从爱情心理学角度看，蜜月期是短暂的，如果不能用心经营，爱情的化学物质多巴胺不断减少分泌，必然导致各种矛盾，就会出现我们常说的四年之痒或七年之痒。

婚姻是人类文明不断发展的产物，婚姻的形态和形式在人类发展的历史长河中不断演化。不同时代有不同的婚姻形态，在文明程度不同的国家、地区和民族，也有不同形式的婚姻。当今中国的社会中，婚姻的状态有结婚、分居、离婚不离家、离婚、再婚等。有一个明显的发展趋势是结婚的人减少了，离婚的人增加了，婚姻的不稳定性增加了，结婚的风险增加了，因此，婚姻的风险管理成为人们结婚前后需要面对的重要人生课题，这样才能维系持久的幸福婚姻。

本书作者张佳佳律师曾在法院工作多年，帮助很多家庭处理离婚冲突，现在成功转型为一名优秀的婚姻律师，希望能够帮助婚姻围城里的受困男女找到婚姻管理之道。我有许多心理咨询的来访者，因为离婚产生心理问题，我都愿意推荐到佳佳律师那里得到法律咨询。有的人在离婚的时候万念俱灰，因为太过伤心而忘记处理财富问题，最后落得个“人财两空”；还有的人热恋时失去理智，毫无防备之心，结果个人财产被人恶意侵占，受到很大损失。如果说学点心理学能帮助你管理好情绪风险，那么懂点法律知识一定会帮助你管理好财富风险。

市场上与婚姻相关的法律书籍不胜枚举，但是这本《感情不能解决的事》视角更加独特，把婚姻风险管理和财富管理相结合，并以《红楼梦》中的王熙凤和贾琏的婚姻为样板，代入各种值得注意的法律问题，所举案例贴近我们的生活，语言生动有趣，分析鞭辟入里，读来令人难忘。

我一口气读完此书，内心不断点赞，读后给佳佳律师反馈说“如果我的来访者都读过你的书，可能很多问题就不是问题了”。特写序推荐，希望此书能帮助更多人的婚姻持久幸福。

祝卓宏
中国科学院心理研究所教授
2021.5.1于中关村人才苑

推荐序 · 二

婚姻这场关乎自我觉醒的修行

每个人都有两次生命的出生，一次是生命降临的肉体出生，一次是完成人格独立、自我觉醒的心理出生。而在中国，大多数女性的心理出生是在婚后开始的，因为婚姻不仅是一段新的人生旅程，更是一场关乎自我觉醒与蜕变的修行。

在从事心理情感行业近10年的时间里，我所创办的幸知在线女性心理成长平台已经成功帮助数千万女性完成了婚姻成长与自我疗愈。在大量的咨询案例中，我发现，女性最容易犯的错误有两个，一个是过于恋爱脑，一个是期待超负荷。

关于恋爱脑，它是一种爱情至上的思维模式，形容的是一旦进入某段亲密关系里便会不遗余力地付出，把所有的心思和精力投注到这个人以及这段关系中。

然而，一个很残酷的事实是，爱情虽然是美好的，但也是流动的，“毫无保留的付出”容易换来“被杀得片甲不留”的结果；而婚姻虽然是幸福的，但也是有风险的，那个在婚姻中说“我永远爱你”的男人，他说的其实也只是“我现在永远爱你”而已。

关于期待超负荷，就是指在“婚姻”这个容器里盛放了太多的期待，比如生育教养的功能、爱情保鲜的功能、物质经济的功能、社交价值的功能，等等，把各种各样的期待都往里面装，但实际上它是装不下的。甚至有部分女性希望婚姻可以成为拯救自己人生的契机，把自己过往缺失的、希望可以获得的更多期待和要求，都加注在了婚姻上，希望通过嫁人来获得全新的人生。

而另一个残酷的事实是，从理性的视角来看，婚姻的本质其实并不是高尚、纯洁的，婚姻其实是社会经济与资本的产物而已，没有等价的价值交换，何来稳固的幸福关系？

就像恩格斯在《家庭、私有制和国家的起源》中说的，一夫一妻制的产生实际上是私有制的结果，是权衡利弊的结果，即便这看起来与浪漫主义不符，但婚姻的本质就是两个人结成的利益共同体，两个人相互满足需求，在这个过程中掺杂着繁多的利益和复杂的情感。譬如精神共鸣感、信任感、安全感、归属感、陪伴、接纳、抚慰、互助、肌肤相亲、肉体欢愉、内心满足感……当然还有共同抚育下一代和赡养上一代的利益捆绑。

既然婚姻是一门需要学习的专业，是一门管理学，那就更需要用脑子、用心去经营和管理。要知道学习婚姻经营的人，比不学习的人幸福指数高出96%，不论是从专业视角，还是从实践经验的视角，我都推荐女性去学习婚姻管理这门学问。

张佳佳是一名非常优秀的婚姻律师，我们都认可一个观点，那就是：不管是婚姻中的风险管理还是财富管理，婚姻管理的最终目的都是在捍卫我们爱人和幸福的能力。永远不要做在虚幻爱情里迷失自我的小羊羔，清醒起来，要做可以捍卫自己爱情和婚姻幸福的独立女性。

开始阅读张佳佳老师的这本书吧，你会发现“原来婚姻还可以这么理解”！

潘幸知

幸知在线女性心理成长平台创始人

推荐序·三

用法律给每个人提供关怀和保护

恋爱、婚姻与家庭问题完全可以归入人类的永恒主题之列。婚姻与家庭既是私人领地，也是社会领地。爱情与婚姻从表象看是个人行为，从本质看是社会行为。

今天，人们有了结婚自由，也有了离婚自由。随着社会发展、经济繁荣、婚姻家庭观念的变化，越来越多的人开始摆脱传统的束缚，勇敢追求属于自己的幸福。几十年前，婚姻失败还被认为是一种不能张扬的家丑，而现在，人们已经能够坦然面对，这也是历史的进步。

离婚案件在我国法院审理的民事案件中占比很高。为了离婚，大打出手者有之，藏匿孩子者有之，寻死觅活者有之。婚姻带给人们的伤痛，触目惊心。从审判实践来看，各个年龄段、各行各业的人都可能面临婚姻家庭问题：既有刚步入婚姻殿堂的年轻人，也有携手生活多年的中年人、进入垂暮之年的老年人；既有普通百姓，也有商界精英、学界泰斗、政界干部。而法律应该最大可能地寻求对人的关怀和保护，当婚姻纠纷发生时，不要因为法律障碍，给当事人再增添痛苦。一般来说，法律对于婚姻家庭生活并不主动干预。如果发生了矛盾与冲突，只要双方以理性态度，通过协商和第三方的调解，解决争议，就不必将公权力引入解决婚姻家庭矛盾的过程中。

当前的离婚案件存在三大争议：婚姻是否解除、子女归谁抚养、财产如何分割与债务如何负担。《民法典》的颁布与实施，为这些争议的解决提供了法律依据，但一般百姓要熟识和理解《民法典》婚姻家庭编与继承编的相关法律规定，仍然存在着很多障碍，尤其是对已经出现了婚姻家庭问题的当事人来说，律师的解答与帮助至关重要。

《感情不能解决的事》一书，是由专门办理婚姻家庭案件的著名家事律师张佳佳撰写的，具有很强的理论性和实务操作性，也是她多年实务经验的总结。书中既有对《民法典》婚姻家庭编与继承编等相关法律法规的详细解读，也有相关的实务案例，以案说法。内容十分丰富，案例非常典型，讲解通俗易懂。

本书内容主要包括：对婚姻与家庭财产的风险防范与管理技巧给出了实务性极强的建议；对夫妻个人财产与共同财产如何认定与分割，尤其是夫妻房产的定性与分割进行了详细的解答和以案说法；对夫妻共同债务与个人债务如何认定及承担进行了实务分析；对实务中经常出现的婚前协议、婚内财产协议、赠与、保险、信托等问题做了理论与实务解读；以案例演练和案例剖析的方式对婚姻财富传承规划与财产继承的主要问题进行了分析与解读；对如何查找夫妻财产、一方发生婚外情时如何面对与取证，提供了操作性极强的建议与方法；对如何面对家庭暴力、因为家庭暴力导致离婚时如何维权进行了专业性很强的分析与解答。

家庭是社会的细胞，而婚姻是组成家庭的基础，每个社会成员都根植于家庭的土壤，温馨、和谐的家庭对于每个人的生活幸福、健康成长至关重要。希望每个家庭都只有最小的婚姻风险，而得到最大的婚姻幸福。

雷明光

中央民族大学法学院教授

2021年6月6日

序言

婚姻风险管理的核心是财富管理

我爱你＝我“现在”爱你

我永远爱你＝我“现在”永远爱你

你爱≠你有能力爱

英国作家阿兰·德波顿的作品《爱情笔记》里阐述了一个特别经典的观点，大概的意思是：爱情是流动的，我爱你也只能理解为我“现在”爱你。所以，哪怕此刻我说我永远爱你，也只能理解为我“现在”永远爱你。

这本探讨爱情的书，从心理和哲学的层面将爱情的本质抛了出来。此时此刻他的爱是真切的，他要呵护你、爱你一辈子也是真的，只不过，未来有一天他会移情别恋甚至决绝离开，也是有可能的。

电视剧《我的前半生》中，结婚时丈夫俊生对妻子子君说：我无可救药地爱你，我要养你一辈子。当丈夫出轨提出离婚时，子君试图挽留，丈夫却说：我无可救药地爱她。

多么讽刺又多么现实，爱情不仅是流动的，还是跳跃的。于是，我们可以试着反向推论：我爱你不等于我“永远”爱你。

作为一个婚姻家事律师，我曾不止一次地在一些主题分享中问听众，你对爱情和婚姻的理解是什么？你最向往的婚姻是什么样的？未婚的朋友总会提到“一见钟情”“白头偕老”，已婚的朋友总会提到“风雨同舟”“相濡以沫”。于是，有听众总结说：爱情是吸引，婚姻是修行。

张恨水在长篇小说《金粉世家》中写道：富家公子金燕西对平民女孩冷清秋一见钟情，但再炙热的爱情也抵不过婚姻中的现实与琐碎，最终清秋被燕西抛弃，搬离了金家大宅，她在写给燕西的决别信中说，秋转念择人不慎，中道而去，知者以为君实不德，秋扇见捐，不知者以为秋高自攀附，致遭白眼。则读书十年，所学何事？夫赵孟所贵，赵孟能贱之，本不足怪。然齐大非偶，古有明训，秋幼习是言，而长乃昧于是义，是秋之有今日，秋自取之。

爱情≠婚姻。爱情的吸引是流动的，当持续的吸引不再，爱情可能就支撑不了婚姻的持久稳定。

我们从不否定爱情的美好，我们也憧憬从爱情到婚姻的尘埃落定。很多想要通过结婚获得幸福的女人似乎都会有这样的想法，登记结婚了，嗯，终于可以安心了，也终于安全了，今生他都会鞍前马后，不离不弃。只可惜我们虽然套上了象征永恒的婚戒，但却无法保证爱情如钻戒般永恒。

作家金韵蓉在《你要的是幸福，还是对错》这本书中曾这样描述婚姻：仿佛一旦成家，我们就会把家庭当作自己的安全舒适圈，习惯于这个舒适圈所带来的安全感，在这个舒适圈里，我们感到安定和从容，一旦这个舒适圈被冲破了，我们就会无所适从，甚至害怕与恐惧。

2019年《人民日报》公布的离婚数据显示，从2003年开始，中国的离婚率出现了连续15年的快速增长，增长速度实在让人感到震惊，仅仅2019年一年，离婚数就高达415万对。这充分显示了现代婚姻的不稳定性，从爱情走入婚姻，显然不是“落证为安”。

当然，这和当代年轻人崇尚自由、女性独立、经济地位上升等因素有关，越来越多的女性愿意离婚、敢于离婚、离得起婚。但作为一个婚姻家事律师，我可以负责任地说，我所经手的婚姻纠纷中，被动离婚的多数，依旧是女性，恐惧离婚、害怕离婚的多数，也依旧是女性。

因为从社会学的角度看，婚姻的功能主要有爱情、性、经济互助、养育孩子、扩大社会关系五个方面。而一个家庭中的女性无论是从爱情、经济互助还是从养育孩子等角度，在心理上和物质上都更依赖于婚姻。也因此，女性更害怕失去婚姻，更容易焦虑和不安。而这种不安感，恰恰加剧了婚姻的解体。她会拼命修复关系，牢牢抓紧伴侣，求证安全，然后一个常见的画面就出现了：丈夫回家，拼命查他的手机；丈夫不回家，给他夺命连环call。可想而知，这样的婚姻状态，如何能够长久持续?

婚姻管理的核心是风险管理，而最大的风险就是能力丧失的风险

焦虑和不安还只是情感风险的一个侧面，更严峻的事实是，比起情感风险，婚姻中还有更多的次生危机是必须面临且无法逃避的，也正是很多女性无法承受的。这是促使我写这本书的主要原因。

很多的婚姻纠纷中，不少女性的结局是，既没能拯救婚姻，还无法保证财产利益，甚至在争夺孩子抚养权的问题上，也输个一败涂地，本来是别人的错误，却最终惩罚了自己。

有个案子中的女方我印象非常深刻，她是幼儿园的老师，每次见她的时候，她都是痛哭流涕。她哭诉丈夫有外遇，指责丈夫没有人情味。她给我看她写给丈夫的信，有一句让我有点动容：

即使到最后我们真的分手，这辈子，你始终欠我一句“对不起”。

他们的婚姻开局其实很甜蜜，一见钟情后迅速闪婚。婚后他像照顾孩子一样呵护她，衣食住行什么都不用她操心，她深信自己终于找到了幸福，也有足够的安全感。可是后来有一天，她发现丈夫有了外遇，她还没来得及指责和愤怒，更残酷的现实已经来到面前。在被迫面对的离婚诉讼中，她发现自己根本不知道丈夫有多少收入，也不知道丈夫有多少财产，甚至连一点线索和证据都没有，而她自己的婚前财产也被丈夫拿去做投资理财，几番折腾，早就打了水漂。她名下没有房子，没有存款，想获得孩子的抚养权，她一点强硬的资本都没有，甚至没有能力去爱孩子。

类似的故事不胜枚举，除了财富损失，还有身心俱疲的落寞。有的离婚诉讼，一打就是数年，财产争议纷繁复杂，即使最终争取到了一些权益，可几年的时间和精力损失又如何去估量。甚至有些女性在婚姻纠纷中痛苦消沉，婚还未离，却患上了抑郁症甚至癌症。且不说爱家人的能力，甚至连爱自己的能力都在断崖式锐减！

不可否认，她们曾经短暂地幸福过，但幸福的背后也埋伏着风险，而她们丝毫没有察觉。所以，此刻我们可以试着得出一个结论，正因为爱情是流动的，因此很多婚姻不可避免地会遇到情感的风险，情感的风险又会衍生出包括财产在内的一系列现实的风险，其中最大的致命风险就是爱的能力丧失的风险。爱的能力又往往依赖于财富安全。

因此，我可以提出本书的一个逻辑：婚姻需要法律逻辑下的规划管理。婚姻管理的核心是风险管理。而风险管理的核心是财富管理。财富管理的目的是捍卫爱的能力。

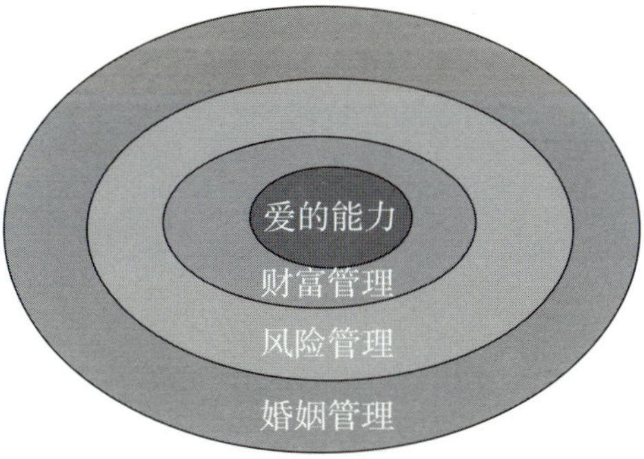

图序：本书逻辑思维图

这本书是写给广大女性的。正是因为女性对于婚姻的依赖，对于婚姻所提供的物质的依赖，女性才更需要建立独立于爱情和婚姻之外的财富安全。女性一旦有了属于自己的确定的可控制的财富，她就会有更多的选择权和决策权，就会有更多的安全感，她就不会轻易陷入婚姻的危机中痛苦不堪，患得患失。她就会在处理危机的时候，有能力为自己、为孩子、为家庭及时止损，守护幸福。即使最终情感未能修复，婚姻终结，她也能理智而从容地捍卫自己的权益，优雅地和过去说“再见”。

当然，如果你是男性朋友，也希望你读一读这本书，提前做婚姻的风险管理和财富规划，为妻子创造一份专属的财富，均衡夫妻经济地位，既在情感上相互依赖，又在经济上相互独立，从而为家庭幸福打下稳固的基础。

不要再说，“张律师，我早一点认识你就好了！”快点读书吧！

目录

第1章 婚姻资产隐含的三大法律逻辑

第2章 财务共享，风险共担

第3章 房产的玄机

第4章 先有独立，才有平等

第5章 强势理财，是婚姻独立的首要条件

第6章 别让爱情侵蚀你的理财能力

第7章 感情短暂，人生漫长

Chapter 01

第1章

婚姻资产隐含的三大法律逻辑

金钱是一个永久性问题，因为金钱象征着许多的情感需求，如安全感和权力，它还是我们个人的核心价值体系。

——约翰·戈特曼，《幸福的婚姻》

你家的钱，你真的说了算？

贾琏和王熙凤[①]是一对年轻的夫妻，两人都是80后，又是大学校友，后来恋爱结婚生子，定居北京。

两人都有稳定的工作，都是银行职员。凤姐怀孕后生了一个女儿巧姐，为了更好地照顾家庭和孩子，两人商量，凤姐暂时辞职回归家庭，做全职妈妈。

好不容易等到巧姐上幼儿园了，凤姐也终于做好了再入职场拼搏事业的准备，可是女儿巧姐体弱多病，时常需要她请假回家照料，于是只能暂缓复工计划。

照顾孩子和家庭几乎占用了凤姐全部的精力，实在难以兼顾工作，加上丈夫贾琏的事业顺风顺水，越发展越好，小家庭没有太大的经济压力，于是凤姐就没有再回去工作的打算了。

巧姐自幼身体不好，凤姐又坚持女儿要富养，要给孩子用

---

① 本书中所有的案例均以《红楼梦》中的贾琏和王熙凤夫妇为主角，他们从清朝穿越到现代，经历了一系列悲欢离合。书里的故事全部是基于真实案例或者真实生活中发生的事件改编，如有雷同，纯属巧合。

最好的，吃最好的，还要让她上国际学校，开销实在太大，于是贾琏就辞去公职自己创业了。这几年还算比较顺利，目前小家庭的财产状况如下：

凤姐名下有一套90平方米的三居室房产（房产1），非核心区，价值700万左右，一家人现在正居住着。

贾琏名下有一套小两居（房产2），面积虽也不算大，但属于学区房，价值上千万，目前出租中。

凤姐名下的银行卡上有存款20万（存款1），贾琏名下各种基金、股票大概有数百万（存款理财2）。

除此之外，贾琏婚后还在老家金陵（也就是南京）买了一套房（房产3），登记在了父亲贾赦的名下。

贾琏和朋友合伙创办一个公司，占有40%股权，具体运营及收益情况，凤姐一概不知，也没过问。公司有部分业务是在海南开展，为了办公方便，他在海南也买了一套房子（房产4），大概价值200万，但具体在哪儿凤姐不知道，没去看过，也没看到过房本。

像大多数回归家庭的女性一样，偶尔为家庭中一地鸡毛的琐事烦心，因为照顾孩子而精疲力竭，陷入无价值感和焦虑之中，但多数时候，我们的琏二奶奶还是很幸福，很有安全感的。她觉得，即使自己现在不工作，没有收入，但是有能干的丈夫做依托，保证衣食无忧，而且两人已经有了孩子，他不会有别的想法的。对于财产，她十分确定目前的财产都是夫妻共同财产，归他们夫妻共同所有 。既然共同所有[①]，那么无论是自己名下的财产，还是丈夫贾琏名下的财产，都是夫妻二人的，在谁名下都一样。

她沉浸在自己的幸福中，安心又踏实地过着每一天。

可是真的如她所想，一切都这么称心如意吗?

§ 法定所有权人≠名义所有权人≠实际控制权和处分权
——你以为你的财产就是你的财产吗?

凤姐这样理解完全没错，这也是我们国家的法律规定，但是，很多时候，现实骨感又残酷。

先抛开夫妻两人之间的感情因素，我们做一个图示（图1-1），来看一下贾琏和王熙凤夫妻二人的家庭资产状况。

① 《中华人民共和国民法典》第一千零六十二条　夫妻在婚姻关系存续期间所得的下列财产，为夫妻的共同财产，归夫妻共同所有：

（一）工资、奖金、劳务报酬；

（二）生产、经营、投资的收益；

（三）知识产权的收益；

（四）继承或者受赠的财产，但是本法第一千零六十三条第三项规定的除外；

（五）其他应当归共同所有的财产。

夫妻对共同财产，有平等的处理权。

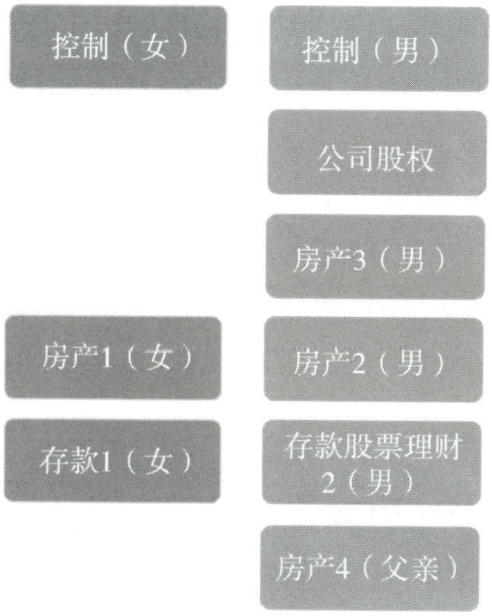

图 1-1　家庭资产天平

从法律上来说，所有的资产，无论是凤姐名下的还是贾琏名下的，甚至贾琏父亲代持的，都是夫妻共同所有的，这是实际所有权人。从登记情况来看，只有房产 1 和 20 万的存款 2，是凤姐个人名下的。其余大部分的资产是在贾琏名下。另外，还有一套南京房产（房产 4），在贾琏父亲名下。这是名义所有权人。

实际所有权人，或者说法定所有权人，与名义所有权人不同，那会造成一个什么样的结果呢？就是所有权和控制权的分离。

我们可以从图 1-1 非常清晰地看出，资产控制的天平自然向贾琏大幅度倾斜。且不说房产，最常见的理财、股票这些财产，他可以任意支配，任意处置，比如股票的买入买进，理财的投入和支出。因此，凤姐即使有法律赋予的平等处理权，实际上多数时候，她也没办法阻止贾琏的任意支配。再者，登记在贾赦名下的房产，凤姐更是不可控的。

因此，法定所有权人≠名义所有权人≠实际控制权和处分权。所以，琏二奶奶在家庭财富中，其实并不占上风。如果你觉得我危言耸听了，那我们再继续看贾琏和凤姐的婚姻故事。

§ 他私自卖房，我能追回来吗？

贾琏的公司经营一直比较顺利，合伙人之间也商议着要扩大规模，当然这就需要更多的资金注入。贾琏决定把房子卖了，然后投入公司。他和父亲商量了一下，就直接把南京的房产卖了，变现260多万，全部投到公司里。整个过程，凤姐并不知情，贾琏也未告知。直到有一次周末全家出游，她在贾琏的车上发现了卖房合同。

她吃惊地问贾琏："你把金陵的房子卖了啊？什么时候卖的？为什么要卖？"贾琏很敷衍地回复说："嗯嗯，就是前一段时间，公司急需资金。我这也是没有办法。"

凤姐听了虽然很不开心，但是也不好意思继续追问下去，家里负责赚钱的是贾琏，他当然理直气壮，看贾琏这态度，再问肯定要争吵一番。她只能在心里安慰自己说：这房子本来就是在公公名下，不好控制，价值也不算太高，投入公司就投入公司吧，就算是支持丈夫事业了。

可是，凤姐没想到，这才只是开始。刚一年不到，为了再次扩大业务，贾琏居然想把自己名下的那套北京房产也卖了。他刚一提出来，凤姐就说风险太高，坚决反对。贾琏觉得凤姐应该支持他的事业，凤姐却坚持认为，发展事业也不能不考虑家庭稳定和孩子的未来，两人为此大吵了一架。看凤姐激烈反对，贾琏就暂时没行动，凤姐也把悬着的一颗心逐渐放下了。

但是，关于金钱的冲突，尤其是涉及重大规划的冲突，对夫妻关系的影响总是大到让你出乎意料。自此以后，贾琏回北京的次数越来越少，甚至有时候一个月都不回来一次。夫妻二人聚少离多，加上公司业务繁忙，压力大，两人几乎零沟通。凤姐内心有点自责，觉得自己应该多理解贾琏，毕竟创业不容易，本来想找机会缓和一下，却无意中发现贾琏出轨了。这还不是最严重的，更让她无法接受的是，贾琏利用回北京谈业务的时间，居然已经悄悄将其名下的房产卖了。

凤姐顿时慌了，且不说丈夫出轨已经严重伤害了她的感情，这上千万的房产可是他们夫妻的共同财产，和公公名下的那套房产性质不一样，不经过她同意，贾琏怎么能私自说卖就卖呢？凤姐一时间悲愤交加，她下定决心，必须追回！

只可惜，凤姐再次事与愿违！因为买房人那里竟然有凤姐签字的卖房同意书。凤姐再次震惊了!!她非常确定，自己从来没有签过卖房同意书。可是，她不能证明这份卖房同意书上的字不是她签的。因为贾琏创业之后，工作中常常会涉及到贷款、抵押、借款等很多事项，有时候需要凤姐作为配偶配合签字。

凤姐自然百分百支持丈夫的事业，签得多了，有时候就根本不看内容，直接签。

对于买房人来说，他拿到了配偶同意书，支付了房款，完成了过户，房屋买卖合同有效，合理合法，因此房子无法追回。凤姐能做的，最多是向贾琏要回房款。

也许你和凤姐一样无法接受，夫妻共同所有的房子，卖或不卖都应当是夫妻二人共同的决定，现在房子被丈夫私自卖了，为什么不能要回来？我们来分析一下。

法律练习场

夫妻重大财产的处分如何理解？

① 在重大财产的重要处分上，必须夫妻协商一致！

② 如果未经配偶同意，私自处分重大财产，那就是侵犯了配偶的权益，配偶一方显然可以撤销该处分行为，也就是可以追回！

③ 但是追回，不能对抗善意第三人。

④ 何为善意：他人有理由相信处分行为是夫妻双方共同意思表示。

---

① 《民法典》并没有对夫妻之间的财产的处理权有详细的解释。根据一直适用的《〈婚姻法〉司法解释（一）》第十七条规定：

（一）夫或妻在处理夫妻共同财产上的权利是平等的。因日常生活需要而处理夫妻共同财产的，任何一方均有权决定。（二）夫或妻非因日常生活需要对夫妻共同财产做重要处理决定，夫妻双方应当平等协商，取得一致意见。他人有理由相信其为夫妻双方共同意思表示的，另一方不得以不同意或不知道为由对抗善意第三人。

如果你觉得善意这个解释比较抽象，那根据法律规定，如果买房的人是善意的，并支付了房屋的合理对价，而且已经办理了房屋产权登记过户手续，那么就说明，他通过善意的方式取得了房屋所有权①。

贾琏卖房，买房人出于善意购买，并且看到了贾琏出示的凤姐的同意书，有理由相信是夫妻共同意思表示。买房人付了款，支付了合理对价。买房人办理了过户手续。因此，买房人自然取得了房屋所有权！所以，凤姐即使再气愤也无法追回这套房子！

法律就是这么残酷而且现实，但如果遇到类似问题，大家也不用过分担心。毕竟夫妻中的一方私自处分房产的情况并不普遍，而且现在买房人一般也比较慎重，会要求夫妻二人都到场签字才能确认。但这种由于财产失控，而出现私自处分财产的风险却并不是偶然事件。所以，一定要吸取凤姐的教训，友情提示：如果你们夫妻婚后共同买房，那最好登记在你们夫妻二人的名下。

法律关键词	平等处理权 = 协商一致 + 私自处分可撤销 + 善意取得除外
婚姻关键词	所有权≠控制权

① 《民法典》婚姻家庭编的解释（一）第二十八条　一方未经另一方同意出售夫妻共同共有的房屋，第三人善意购买、支付合理对价并已办理不动产登记，另一方主张追回该房屋的，人民法院不予支持。
夫妻一方擅自处分共同所有的房屋造成另一方损失，离婚时另一方请求赔偿损失的，人民法院应予支持。

§ 怎么办？我不知道他有多少财产

凤姐的故事还在继续，房子追不回来了，那房款呢？上千万的房款，贾琏总要对她有个交代吧！只是，情感危机+财产危机，再高的婚姻安全系数也会直线下降。两人终究没有熬过天荒地老的考验，走到了闹离婚这一步！

对于房产，凤姐自然可以维权，要求贾琏给付卖房款！可是其他财产呢？

她知道贾琏有数百万的理财产品，但不知道到底有哪些？

她知道贾琏在海南有房产，但不知道房产到底在哪儿？

她知道贾琏名下有公司，但不知道贾琏公司的经营状况到底如何？

无论我们的琏二奶奶有多能干多要强，也不得不面临这样的现实处境。在我处理的很多离婚案件中，被问到最多的问题就是：

我知道他有财产，但我不知道他到底有多少财产，我该怎么办？

到底该怎么办？法律给了夫妻双方平等的权利，婚后所得共有。但是，有了权利，并不一定就能得到利益。尤其是信息不对等的家庭中，往往一方挣钱，一方照顾家庭，那照顾家庭的一方自然会对另一方的财产知之甚少，除非对方足够坦诚。对于对方的未知财产，你虽然是法律上的所有权人，但你甚至连知情权都没有，更何况控制处分权。

也许你会问，就不能查吗？不是说可以申请法院依职权调取吗？事实上，你有申请的权利，但你必须提供明确的财产线索，不然，法院从何查起？

没有具体的账号甚至没有具体的银行，难道要让法院把所有的银行都查了吗？不可能！

没有具体的房屋所有权证号，甚至没有具体位置，法院能查房产吗？不能！

国外的资产，有具体位置，法院能查吗？不好意思，国外的资产，法院基本不处理！

所以，总结一下，法律的规定是公平的，婚姻的现实也是残酷的。

法律关键词

夫妻共同财产 = 他的 + 你的

他的 = 你知道的他的 + 你不知道的他的

婚姻关键词

夫妻共同财产 = 他的 + 你的

他的 = 你知道的且能查到的他的

还好，目前凤姐和贾琏的婚姻没有上升到法律诉讼的地步，毕竟两人自小相识，在大学中恋爱，毕业后结婚生女，一路相随相伴，风雨同舟十多年。在离婚谈判的过程中，贾琏公司的经营状况一度恶化，凤姐念旧情，对他不离不弃，亲自出山协助打理，帮贾琏渡过了难关。贾琏也意识到凤姐对他来说是多么重要，两人决定暂时搁置情感矛盾，齐心管理公司，共同开拓事业。

这次的情感危机+财产危机，让风姐意识到，她以为的安全感是这样的不堪一击。尽管她知道法律给予她足够的财产权利，但是法律并没有确保她足够的控制权，当控制权一旦失衡，安全的风险自然有了滋生的土壤。她终于明白，她必须掌控属于自己的财产。

婚姻练习坊

1. 绘制婚姻资产地图；
2. 画出婚姻资产天平；
3. 想想看，你能拥有且控制哪些婚姻资产？

全职太太能获得多少补偿？

贾琏和凤姐原本都有自己的工作，论能力，凤姐只会更强，绝不输于贾琏，只是为了更好地陪伴和照顾女儿巧姐，维持家庭稳定，在夫妻共同商议下，凤姐舍弃心爱的工作，完全投入家庭。而贾琏则因妻子的付出，可以全身心地投入创业。一个主外，一个主内，如果不是发生婚姻危机，他们的家庭可以说非常稳定，非常和谐，非常幸福。

但这种和谐只是基于家庭整体和夫妻分工的和谐，而如果从夫妻个体来看呢？作为女性，凤姐天然承担了生育孩子的职责，从怀孕、分娩、哺乳到养育孩子，相对于老公贾琏，她必然投入更多的精力。一旦投入家庭更多，她投入事业上的精力肯定受限，那么，必然直接或者间接地丧失更多的社会机会，尤其是工作机会和职业晋升机会。相反，贾琏因为妻子对家庭的付出，可以心无旁骛地投入工作，事业发展和职业晋升机会更大。机会意味着财富，对于个人来说，职业机会意味着创造财富的机会。与此同时，凤姐因为更多地投入家庭，工作能力越来越弱，贾琏因为一直在职场打拼，工作能力必然越来越强。能力也意味着财富，工作能力意味着创造财富的能力。

从夫妻个体的角度看，一个财富机会减少，一个财富机会增加，一个创富能力降低，一个创富能力提升，从家庭整体来说，倒是依旧平衡。正如图1-2所示。

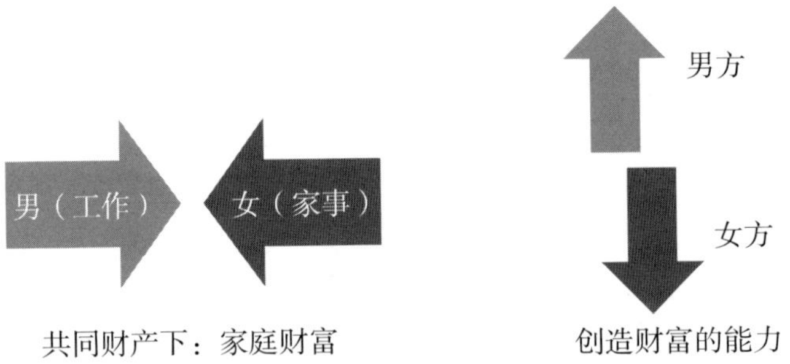

图1-2　家庭、工作与创造财富的能力的关系

但这样的平衡，这样的和谐，有一个前提，就是婚姻稳定。一旦发生婚变怎么办？表面上的家庭稳定和财富平衡必然被打破，为家庭一直付出的凤姐如何获得补偿呢？她的利益如何保障呢？

我们试着分析一下：假如琏二爷和琏二奶奶真的决定离婚，在婚姻资产分割上，根据我们国家的法律，仅仅是分割现有的有形的资产，也就是夫妻婚后所得的社会财富，包括房产、理财产品、股票、股权等。而对于凤姐所创造的家庭价值，包括家庭和谐稳定、老人平安、孩子健康成长等无形的精神财富，却无法估算，更无法分割。甚至单纯从家事劳务报酬角度来讲，能够获得多少补偿，也未可知。脱离家庭后，凤姐还能享受和婚姻中同样的稳定和平衡吗？显然不能！

这就是婚姻资产隐含的第二大法律逻辑：家事劳务价值很难充分补偿！[①]

法律关键词　夫妻财产共同所有

婚姻关键词　夫妻共同财产不包括家事劳务价值财产

法律练习场

为什么家务劳动很难得到补偿呢？

根据我们的原《中华人民共和国婚姻法》（以下简称原《婚姻法》），如果想要主张家事劳务价值补偿，必须符合三个条件[①]（如图 1-3）：

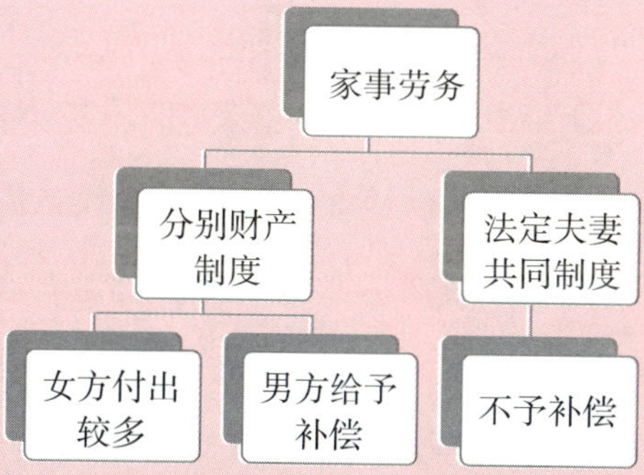

图 1-3　家事劳务价值补偿需要的条件

① 原《婚姻法》第四十条规定："夫妻书面约定婚姻关系存续期间所得的财产归各自所有，一方因抚养子女，照顾老人，协助另一方工作支付出较多的义务的，离婚时有权向另一方请求补偿，另一方应予以补偿。"

一是适用前提为夫妻分别财产制；
二是适用于夫妻双方中承担家事劳务较多的任何一方；
三是家事劳务内容包括抚育子女、照料老人、协助他方工作等。

由此，我们可以看出，原《婚姻法》的这条规定仅仅是弥补夫妻财产分别独立的情况下，家务劳动难以通过夫妻共同积累的财产获得相应的回报，故而单独予以离婚补偿。但就我国家庭现状来说，夫妻双方一般适用夫妻共同财产制，适用分别财产制度的少之又少，所以，家事劳务价值普遍得不到认可。也得不到补偿。

2021年1月1日实施的《民法典》对该条内容做了意义重大的变动。[①]《民法典》取消了家事劳务价值经济补偿的适用前提，即夫妻书面约定婚姻关系存续期间所得的财产归各自所有。从而将夫妻采用法定共同财产制亦纳入适用离婚经济补偿的范围，实现了对于家事劳务价值在离婚经济补偿方面的全面支持。这也是《民法典》对于婚姻法在家事劳务价值方面的一大推动，具有里程碑式的意义。

但是，《民法典》并没有明确的补偿标准和计算方法，具体如何衡量，仍需要在离婚诉讼中依赖于法官的自由裁量。今

① 《民法典》第一千零八十八条 【离婚经济补偿】夫妻一方因抚育子女、照料老年人、协助另一方工作等负担较多义务的，离婚时有权向另一方请求补偿，另一方应当给予补偿。具体办法由双方协议；协议不成的，由人民法院判决。

年年初，北京“全职太太离婚获5万家务补偿”一事引发全网热议。具体情况是，北京房山法院审理的一起离婚案件，女方系全职太太，婚后全力照顾家庭，男方则尽心工作，对家庭事务一概不管不问，离婚时女方请求对方给予经济补偿。最终法院支持了女方的请求，判决男方给付女方家事劳务补偿5万元。一石激起千层浪，不少网友指出，5万元的补偿甚至不如一个保姆的收入。

此外需要提醒注意，家事劳务价值补偿的适用时间仅仅限于离婚之时!!也就是说，在婚姻关系存续期间，家事劳务的价值其实很难得到认可和补偿。

所以，广大女性尤其是全职太太，即使在《民法典》真正实施之后，她们为家庭所做出的贡献，也很难得到法律上的全面认可和充分补偿。这就是婚姻的现状。

法律关键词　夫妻财产共同所有≠夫妻创富机会和能力共同所有

对凤姐个人而言，一旦离婚，受影响更大的肯定是她。因为她对家庭付出较多，牺牲较多，最直接的牺牲就是丧失了作为职场女性的创富机会和能力。

如果你觉得这只是全职太太的个例。那么，我们再来看看双职工的主流家庭，更多的女性既要工作养家，又要照顾家庭。她们对家庭付出更多，必然代表着投入工作的精力就有限，同样是会相对丧失创富机会。

那么，女性离婚意味着什么？

在职场和社会中受到歧视！

无法拥有同样水平的创富能力！

无法保持现有的生活水准！

而丈夫作为家事劳务价值的既享获利者，因为创富能力一直提升，离婚对他们来说并没有太大的影响！

这就是离婚的成本！离婚的结果！这也是为什么，我在本书序言部分就提到，女性无论从心理上还是物质上对于婚姻有更多的依赖，也更怕离婚。

如何充分全面认可家事劳务价值，包括有形的和无形的？在家事劳务上付出较多的女性，如何平衡创富机会和创富能力的丧失和降低？这是每个女性都要思考的，也是每个想要和谐幸福的家庭都要面对的！如果这个问题能从婚姻资产的角度予以平衡和解决，相信广大女性会有更多的安全感和幸福感！

至于如何从婚姻资产的角度平衡和规划，我们会在接下来的财富规划部分再深度探讨。

丈夫留下的财产，一定是妻子和孩子继承吗？

也许你要问张律师，这本书不是主要讲婚姻规划吗，为什么要在婚姻规划中提到继承问题呢？在序言中我提到，婚姻规划管理的核心是风险管理。而所谓的风险一词，必然会涉及意外、疾病、死亡等我们不得不面对的话题。如果一个家庭无法对抗死亡带来的灾害性风险，那么这个家庭是非常不安全的。

在写作本书的时候，正是全球疫情日益严重之时。我们已经进入一个高度不确定的时代，更加珍惜活着的美好，珍惜夫妻相伴的时光，也更坦然地面对生死。我们可以像谈论保险一样，谈论婚姻资产的安全规划。有些灾害或者意外，我们没有办法预知，更没有办法避免，那么我们如何规避这些事情给我们造成的次生灾害呢？

§ 我们夫妻共同打拼赚来的财产，我不想让外人继承

我们还是以贾琏和王熙凤的故事为例。

贾琏和凤姐结婚已经25年了，家庭资产比较稳定，有车有房，女儿巧姐已经22岁。当年贾琏和凤姐决定来北京打拼的时候，真可谓赤手空拳，从零开始。好在两人都很努力，也都肯吃苦，他们合开了一家公司，业务越做越大。公司步入正轨后，凤姐就逐步退出了公司，只是在财务上进行适当管理。现在公司规模不算大，但是客户很稳定，也有了多年的口碑积累。如果不出意外，这样的夫妻档创业家庭，真可以说是既幸福又安稳。

可是天有不测风云，女儿巧姐刚大学毕业，贾琏就突发心梗去世，没有留下任何遗嘱。凤姐虽然内心极度痛苦，也必须强撑着把公司经营下去，女儿刚毕业，之后的生活各方面也需要她的支持。

贾琏去世的时候，他的母亲已经不在了，老父亲还健在。当父亲得知自己最优秀的儿子突然离世，连最后一面都没见上，白发人送黑人，悲伤过度，半年后也撒手而去。

贾琏还有一个弟弟，一个妹妹，都在老家南京，均已结婚生子，家境一般，算不上富裕。

凤姐一直认为自己和丈夫共同辛苦打拼赚来的财产，当然就是属于他们两个人的。现在丈夫突然去世，公公虽然也是继承人，也有权分财产，但是公公也去世了，那财产自然就是她和女儿的，将来她去世后，财产就都是女儿的。贾琏的弟弟和妹妹都有各自的小家庭，平时和大哥一家相处得不错，对嫂子

现在的处境也充满同情，肯定不会主动提出分割财产。

日子就这么平静地一天天过下去，凤姐完全没有意识到，暴风雨就要来临。

几年后，女儿巧姐准备结婚，她想在女儿结婚前把贾琏名下的一套房产过户给女儿。可是，房产部门告诉她：必须提供公证处的继承公证书，或者法院出具的生效判决书。她去了公证处，公证处人员表示做不了这个公证：这套房产原是夫妻共同财产，一半是她的财产，一半是贾琏的遗产，贾琏的继承人除了她和女儿之外，还有贾琏的弟弟和妹妹，要办理继承公证，必须所有继承人到场签字确认。

凤姐这下子为难了：如果就这样住着，不办理过户，也就不用这么费劲折腾；可是如果想办理过户，给女儿确权，那就必须走程序!!他们夫妻俩打拼赚钱，全都是为了女儿，这些财产也都想留给女儿，如果将来她过世了，女儿不是还要自己面对这么个难题吗?

想来想去，凤姐还是硬着头皮请贾琏的弟弟和妹妹来配合做公证。

万万没想到，事情远没有凤姐预想的那么简单。贾琏的弟弟和妹妹本来没有想过要争贾琏的遗产，因为贾琏生前对他们非常照顾，贾琏去世后，凤姐也经常接济他们，如果不是要配合继承公证，他们压根儿不知道，他们还有权利继承贾琏的遗产。

可是接济归接济，感恩归感恩，当他们得知自己原本有继承份额，哪舍得轻易放弃呢?贾琏的房产不止一套，还有车，还有公司，还有存款，这么一大笔财产，他们怎么可能完全不动心?

凤姐原本想要的“配合”，最后发展成了“分割”！看到亲人在利益面前完全不念亲情，锱铢必较，凤姐感到一阵心酸：我们夫妻二人辛苦打拼赚来的财产，我不想被外人分割啊！

可是贾琏的弟弟和妹妹虽然是家庭意义上的外人，却不是法律意义上的外人，他们的确是法定的继承人。贾琏去世，父亲是法定继承人，父亲去世，贾琏的弟弟和妹妹是父亲的法定继承人，因此弟弟和妹妹就转继承父亲应继承的份额。[①]（关于继承的问题，我们在后面的章节会详细地探讨。）

为了不影响公司经营，也为了避免后续无穷无尽的纠纷，凤姐和贾琏的弟弟、妹妹最后对全部的遗产进行了和解分配。凤姐为此付出了将近500万的代价！

对于婚姻资产，我们不得不考虑基于法律的继承逻辑：一旦遭遇意外，夫妻有一半的财产将变成遗产，势必会面临财产被分流的问题。这就是婚姻资产隐含的第三大法律逻辑：财富并非必然在家人之间自动继承。

法律关键词	第一顺位法定继承人包括：配偶、父母、子女
婚姻关键词	继承的向上（父母）和向下（子女） 继承的向上→父母→兄弟姐妹（分流）

① 转继承，是指继承人或受遗赠人在继承开始后、遗产分割前死亡，其所应继承的遗产份额，或接受遗赠的权利转由其继承人承受的一项继承制度。

§ 独生子女的继承困境

凤姐家的继承处理还算顺利，毕竟，还有继承人在，而且都能找到，可以公证，也可以诉讼，能很快解决。假如贾琏和凤姐都不在了，而且双方的父母也早已先于二人过世，只留下巧姐一人，作为独生子女，财产如何继承确权？

很多人的想法是，父母的遗产，当然是巧姐一个人继承了！是这样吗？于情是，于法不是！

一般人认为“父母去世后，父母的遗产就由子女继承所有”，可是这个“所有”并不具有对外的效力，必须经过公证继承或者法院有效判决确权之后，办理相关确权手续，继承才算完成，才真正获得所有权（如图 1-4 所示）。

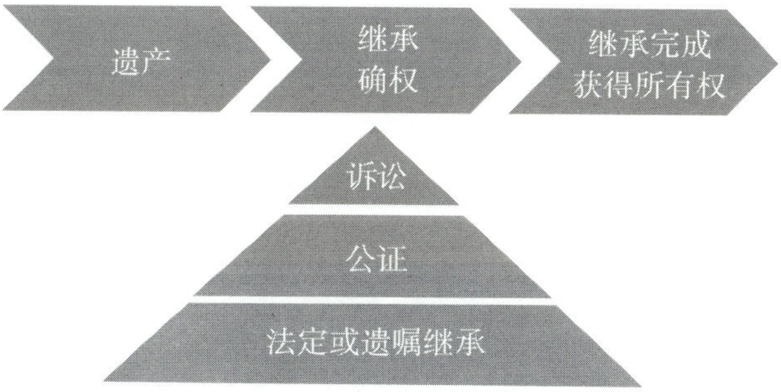

图 1-4　继承人的继承完成流程

可是巧姐是独生女，父母的遗产没有其他继承人，所以，即使有遗嘱，也不能通过诉讼继承的方式继承，那只能通过公证继承的方式继承，而公证继承的手续是相当之多，比如爷爷奶奶姥姥姥爷死亡证明、父母死亡证明、爷爷奶奶姥姥姥爷父母身份关系证明，等等！如果爷爷奶奶姥姥姥爷去世时间已久远，那相关的证明材料就很难查找和出具！

这就是独生子女继承的困境！

法律关键词 遗产继承≠自动获得所有权

§ 离婚协议能不能加一条：将来财产必须由我的孩子继承

贾琏闹出出轨风波的时候，凤姐曾找张律师拟定离婚协议。凤姐不停地问：能不能加上一条：他名下的公司股权将来必须由我女儿继承？将来他名下的房产必须由我女儿继承？将来他的遗产必须保证全部由我女儿继承？……

这条约定意味着什么？意味着：她想限制贾琏的遗产处理权！可行吗？当然不可行！因为每个人对自己的财产有完全的所有权，包括：占有、使用、收益、处分。

离婚前的财产是夫妻共同财产，没错。但离婚后的财产就是各自的财产了。将来如果贾琏再婚生子，那么势必会有新的法定继承人出现。一旦发生意外，曾经的“夫妻共同财产”必然可能会在继承人之间进行分割。

§ 离婚和死亡对于婚姻资产的法律影响是什么？

我们说夫妻财产共同共有，这是一个整体的共有，夫妻二人是不分份额的共有，直到婚姻关系解体，需要分割。离婚是婚姻关系的法律解体，财产可以进行双方协商或者司法裁判下的法律分割。而一方死亡就代表着婚姻关系的自然解体，夫妻共有的财产，自然被分割为二，而其中的二分之一，则变成对方的遗产，由法定继承人或者遗嘱继承人继承。法律是这个逻辑，简单直接！无论你愿不愿意，一旦死亡发生，所谓的“夫妻财富”必然面临被分割、被分流的风险！

婚姻练习坊

如何让财富自动且全部留给想要留给的家人？

如果故事中的贾琏生前能够对婚姻财富进行规划，能够对自己的财产提前做出继承安排，至少写好遗嘱，应该也不至于让财产分流至此！如果贾琏和王熙凤能够在生前对婚姻财富进行传承安排，巧姐也不至于陷入继承的困境！

所以，婚姻资产规划的重要部分，就是传承规划，就是规避分流和程序风险，将财富锁定在夫妻之间，家庭之间，安全快速地传承到子女身上。

婚姻中会隐藏着哪些风险？

序言中提到过，情感是流动的，他此刻爱你，并不代表他永远爱你。你此刻幸福美满，也并不代表一直安然无忧。更何况，婚姻中本来就蕴含着所有权和控制权的分离、家事劳务价值难以得到充分补偿、继承财产并非自动取得所有权等等法律的逻辑。从这些本来的逻辑中，也会衍生出很多可能出现的婚姻风险。

贾琏和王熙凤的婚姻有着风险的共性，也有着未曾出现的风险的个性（如图1-5），我们试着总结看看，到底会有怎样的婚姻风险。

1. 情感风险。情感风险是影响婚姻稳定的最大风险，也是原始风险，如出轨、一夜情、感情不和、不再相爱、家暴……在情感风险之下，会衍生出一系列基于财产的各种风险。

2. 财产风险。财产混同：个人财产和家庭财产混同，个人财产被分割；财产不清：到底是个人财产还是夫妻共同财产，分不清楚，无法确权；财产失控：对方有多少财产不知道，对方是否有转移财产也不知道；借名代持的财产，无法确权。

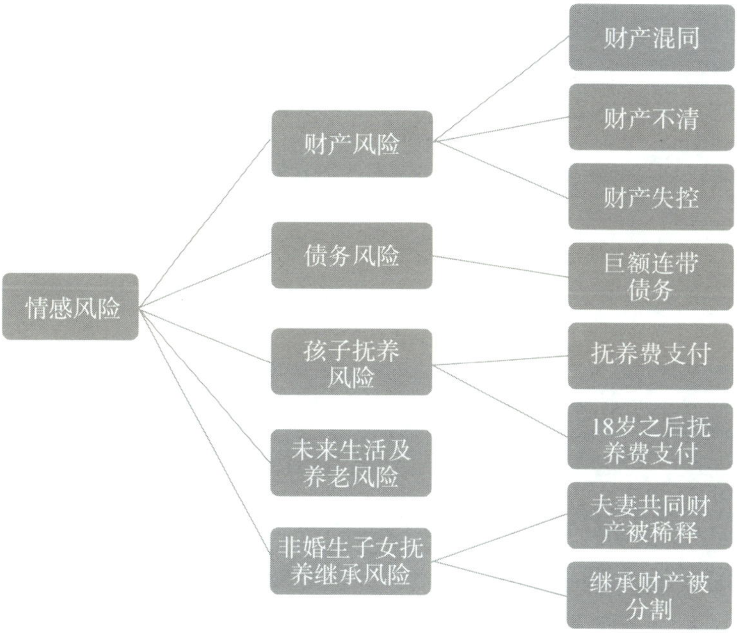

图 1-5　婚姻面临的风险

3. 债务风险。 个人债务和夫妻共同债务无法界定，因此无故承担夫妻连带责任。家庭财产和企业财产分不清楚，因此企业和家庭双重破产，妻儿无家可归。

4. 孩子抚养的风险。 抚养权如何争取，抚养费如何支付，能要多少抚养费，对方愿意给多少抚养费，孩子成年以后的抚养问题如何解决，上大学甚至出国留学的费用如何考虑。这些都是婚姻一旦发生变故后需要考虑的问题，也是可能面临的风险。

5. 未来生活以及养老的风险。 如果双方收入差距太大，或者一方主要依赖另一方生活，那么一旦婚变后，依赖者一方的生活质量如何保障，未来生活的来源怎么办，将来的养老如何妥善解决，这些都是很现实的风险问题。

6. 非婚生子女抚养继承风险。假如贾琏出轨并有私生子，王熙凤和丈夫辛苦打拼的财富，必然会有一部分要用来负担非婚生子女的抚养教育。贾琏出现意外，非婚生子女还要出来分割继承遗产，夫妻共同财产势必会被稀释甚至被分走一部分。

7. 传承风险。

（1）诉讼继承风险。在没有遗嘱的情况下，势必会进行法定继承，夫妻的财产，不一定全部会由子女继承。比如贾琏去世后，弟弟妹妹硬是分走500万的财产。这还是在协商一致的情况下，还算顺利。一旦无法协商一致，必然面临诉讼继承风险，诉讼成本自不必说，时间周期更是让人无法承受的。这也是王熙凤最终选择协商的原因。

（2）财富分流风险。即便诉讼进行得比较顺利，只要你或者你配偶的父母晚于你们去世，那么，你们所有的财产，都先要由父母继承，父母去世后，这些财产，再由他们去世时的法定继承人继承。因此，正如贾琏去世后，王熙凤的遭遇一样，财产必然在上流父母后分流，由贾琏的兄弟姐妹继承。如果兄弟姐妹比父母去世得早，那么，由他们的子女代位继承①。总之，财富分流是肯定的。

① 《民法典》第一千一百二十八条　被继承人的子女先于被继承人死亡，由被继承人的子女的直系晚辈血亲代位继承。被继承人的兄弟姐妹先于被继承人死亡的，由被继承人的兄弟姐妹的子女代位继承。代位继承人一般只能继承被代位继承人有权继承的遗产份额。

（3）财富缩水。一旦参与继承的人太多，诉讼周期可想而知，如果再有保全冻结情况出现，巨大的财富必然会面临缩水。比如贾琏去世后，王熙凤被贾琏的弟弟妹妹起诉至法院要求分割遗产，如果弟弟申请冻结贾琏公司的股权，那么公司经营势必会受到很大影响，公司的收益和股权价值降低在所难免。

（4）监护人滥用继承财产。假如王熙凤先于贾琏去世，即使王熙凤写有遗嘱，财产由女儿巧姐来继承，但是如果巧姐还未成年，财产必然会由老公贾琏来监管。贾琏一向风流成性，也许很快就会再婚。那么，王熙凤能保证贾琏会全心维护女儿的利益管理财产，并且不会乱花乱用吗？能保证贾琏不侵害孩子的利益吗？当然无法保证！

这些都是婚姻中会实实在在出现的婚姻风险问题。我在序言中提到，婚姻管理的核心是风险管理，风险管理的核心是财富管理，在之后的章节里，我会聚焦婚姻财富密码，探讨婚姻风险的应对方法，进而通过捍卫婚姻中爱的能力，确保婚姻的幸福稳定。

Chapter 02

第 2 章

财务共享，风险共担

对财产不负责任的女人，就是对自己不负责任。

凤姐是十分精明的，但处于离婚危机的时候，面对财产，她也是十分被动的，被动的原因就是没有掌握财富密码。普通家庭中的女性大多只关注家人、孩子，更不会把心思放在财产上。

很多时候，作为全职太太的生活模式是定期从丈夫那里领取生活费，然后全身心地照顾孩子，照顾家庭。可是感情一旦出现危机，全职太太就立即陷入了被动的局面。丈夫到底有多少财产呢？这些财产都在哪儿呢？不知道！如何去主张财产呢？去主张哪些财产呢？不知道！而且，如果丈夫再狠一点，在感情破裂或者破裂之前就故意隐匿转移财产，作为妻子就彻底被动了，即使怀疑，往往也很难查清楚了。

当然，这绝对不是全职太太才会面临的个案。多数的离婚案件，其实就是财产纠纷，更有甚者，有些婚姻会出现一种让人很难接受的结局，比如明明过错方是外遇的丈夫，可最终却是妻子“净身出户”。还有更惨痛的局面，妻子被“净身出户”好多年，又突然被起诉要求承担巨额的夫妻共同债务！真是欲哭无泪！

所以，我们有必要像凤姐一样及时醒悟，掌握婚姻的财富密码，理清哪些财产是夫妻共同财产，哪些财产是个人财产，这对处于婚姻状态中的女人非常重要。不仅关乎婚姻出现危机后的结局走向，更关系到你在婚姻中的财富地位，以及受财富地位影响的话语权和决策权。当然，最重要的还有由财富地位、话语权和决策权组成的婚姻安全感。

常见的夫妻共同财产有哪些？

夫妻之间如果没有特别的约定，婚后所得就是共同财产。换句话说，从结婚登记之日起，无论是妻子取得的财产，还是丈夫取得的财产，都是夫妻共同财产。这里最重要的时间点是结婚登记日。结婚登记日之前，默认各自所得归各自所有，是个人婚前财产，结婚登记之后，就默认双方的婚后所得归夫妻双方共有。

对于常见的夫妻共同财产，《婚姻法》和《民法典》都有明确的规定（见表2-1）。

表2-1 《婚姻法》和《民法典》对夫妻共同财产的规定

夫妻共同财产	
《婚姻法》第十七条 夫妻在婚姻关系存续期间所得的下列财产，归夫妻共同所有： （一）工资、奖金； （二）生产、经营的收益； （三）知识产权的收益；	《民法典》第一千零六十二条 夫妻在婚姻关系存续期间所得的下列财产，为夫妻的共同财产，归夫妻共同所有： （一）工资、奖金、劳务报酬； （二）生产、经营、投资的收益；

续表

夫妻共同财产	
（四）继承或赠与所得的财产，但本法第十八条第三项规定的除外； （五）其他应当归共同所有的财产。 夫妻对共同所有的财产，有平等的处理权。	（三）知识产权的收益； （四）继承或者受赠的财产，但是本法第一千零六十三条第三项规定的除外； （五）其他应当归共同所有的财产。 夫妻对共同财产，有平等的处理权。

结合财产类别，对于常见的夫妻共同财产，我们可以简单做个划分：

（1）工资、奖金、劳务报酬。只要是固定工作，所在公司或者单位自然会发放固定的薪酬，年终一般也会给予一定的奖金。比如，贾琏的本职工作是一家公司的CEO，年薪50万，年底奖金10万，这60万的收入就是夫妻共同财产。与此相对应，如果不是从工作单位获得的工资或者奖金收入，而是通过提供劳动服务获得的收入，则为劳务报酬。[①]比如，在本职工作之外，贾琏当起了斜杠青年，为一些公司提供策划方案，所获得的报酬就是劳务报酬，也是夫妻共同财产。《民法典》特别将劳务报酬明确纳入夫妻共同财产，更符合现实生活情况。

（2）生产、经营、投资的收益。贾琏自己创业经营一家公

① 参考百度百科：劳务报酬所得，主要是个人独立从事设计、安装、制图、医疗、会计、法律、咨询、讲学、投稿、翻译、书画、雕刻、电影、戏剧、音乐、舞蹈、杂技、曲艺、体育、技术服务等项劳务的所得。——何盛明．财经大辞典：中国财政经济出版社，1990

司，公司经营的收益所得也是夫妻共同的。如果是和别人合伙开公司，只要是婚后，那么公司股权也是夫妻共同的，因为股权和公司经营有关，如果经营得好，那么股权价值是相当乐观的，有些公司的估值远远高于公司的资产。如果不是以公司的形式，比如贾琏在淘宝店卖货，当起了网红在直播间直播卖货，一场直播、一条广告收入数十万甚至数百万，这些收入如果是婚后所得，那自然也是他和凤姐的夫妻共同财产。

除了生产、经营的收益，《民法典》明确将投资收益也列为夫妻共同财产。随着事业顺风顺水，家庭资产类别越来越多，贾琏做起了投资理财，通过银行理财产品、股票、债券、基金，购买黄金、古董、字画等多种途径获得了丰厚的收益。这些投资收益，都是夫妻共同所有的。再后来，贾琏在凤姐的建议下，将资产用于投资一些新兴行业的公司或者企业，从而收取利润分红或者股权分红，这些分红收益也都是夫妻共同财产。

（3）知识产权的收益。其实就是基于知识产权所能取得的财产性收益。何为知识产权呢？一句话概括就是你对自己的智力成果享有的权利。何为智力成果？就是你写的书、画的画、创作的音乐、设计的专利、商标，等等。比如，单身妈妈J.K.罗琳，通过自己创作的《哈利·波特》系列小说，许可他人出版、表演、改编成影视剧等，获得了丰厚的报酬，实现了财富和阶层跃迁，这就是著作权收益。再比如，美国高通公司，通过许可其他公司使用自己公司发明的专利，每年的收入高达数十亿甚至上百亿美元，仅2019年就高达50亿美元。可见，专利权收益非常惊人。此外，现代汽车大家都不陌生，但是现代汽车的商标早在北京现代成立之前，就被浙江的一家民营公司注册。后来北京现代花巨资才把商标收回来，据报道，对价高达4000万元，而注册成本当初也就几百元。商标收益，有时候也会让人心惊肉跳。

（4）继承或者受赠与的财产。凤姐和贾琏这样的大家族，父辈们往往会在生前赠与晚辈或去世后留下一些贵重的首饰、珠宝、字画、瓷器，甚至房子和车子。如果父辈们在赠与或者遗留之前没有事先特别声明，那么这些财产就是夫妻共同财产。比如，贾琏的父亲贾赦生前赠与贾琏一幅名贵字画，没做什么特别说明，那么这幅字画就是贾琏和凤姐的夫妻共同财产。同样，如果贾赦突然去世，没有留下任何只言片语，也没有书面遗嘱，那么贾琏就可以顺利继承各类房产数十处，这些房产也是夫妻共同财产。

（5）住房补贴、公积金、养老保险金、破产安置补偿费等。[①]

住房补贴，一般就是单位为解决住房问题而给予员工一定的补贴资金，可用于买房，也可用于租房。住房公积金是单位和职工对等缴存的长期住房储蓄。很多人觉得住房公积金是自己的个人财产，用自己的住房公积金还自己个人婚前房产的贷

---

① 《民法典》婚姻家庭编的解释（一）第二十五条　婚姻关系存续期间，下列财产属于《民法典》第一千零六十二条规定的“其他应当归共同所有的财产”：
（一）一方以个人财产投资取得的收益；
（二）男女双方实际取得或者应当取得的住房补贴、住房公积金；
（三）男女双方实际取得或者应当取得的基本养老金、破产安置补偿费。

款，和配偶一方就没有关系了，这种理解是完全错误的。和住房补贴一样，住房公积金虽然不能随意提取，但依旧是夫妻共同财产，不影响离婚的时候分割。

养老保险金，就是我们通常缴纳的社会保险（简称社保）的一种，和医疗保险、失业保险、工伤保险、生育保险等统称为社保的五险。养老保险金只要是婚后缴存所得，就是夫妻共同财产。一旦离婚，也是可以要求分割的，只是需要根据养老保险金是否达到了领取条件而在分割方式上有所不同。

比如，贾琏已经退休或者达到了领取条件，如果他和凤姐离婚，凤姐可以要求分割该养老保险金，如果离婚的时候贾琏还不符合领取条件，不能领取，凤姐可以要求分割夫妻共同财产缴存的部分。①

破产安置补偿费，一般指破产企业给予职工的一次性安置补偿费。这部分费用如果涉及到婚后的工龄补偿，那么也是夫妻共同财产。比如，贾琏在某企业工作20年，在这期间，他和凤姐结婚10年，企业破产时获取一次性补偿40万元。因为婚前工龄10年，婚后工龄10年，那么婚后的补偿部分则为20万元，如果离婚，凤姐可以要求分割这20万元，也就是可以分得10万元。

---

① 《民法典》婚姻家庭编的解释（一）第八十条　离婚时夫妻一方尚未退休、不符合领取基本养老金条件，另一方请求按照夫妻共同财产分割基本养老金的，人民法院不予支持；婚后以夫妻共同财产缴纳基本养老保险费，离婚时一方主张将养老金账户中婚姻关系存续期间个人实际缴纳部分及利息作为夫妻共同财产分割的，人民法院应予支持。

法律练习场

1. 婚前自己付首付款买的房子，婚后用自己的公积金还的贷款，房子就全部是自己的吗？
2. 出嫁后，外婆给的玉镯，是夫妻共同财产还是个人财产？

常见的个人财产有哪些？

当年，王熙凤的娘家是金陵四大家族之一，民间传说“东海没有白玉床，龙王请来金陵王”。王熙凤嫁到贾家时，可谓风光又隆重，陪嫁财物都价值连城，异常丰厚，数得出来的就有真金白银的存款1000万，家族公司5%的股权（当时价值5000万），京城西郊别墅一套，“汗血”宝马一辆，更有黄金珠宝、名牌包包，父母爱女心切，女儿婚后所需之物，可谓应有尽有。

如今，贾琏多次出轨，致使婚姻陷入危机，凤姐除了梳理婚后的共同财产外，最应该捍卫的是自己娘家陪嫁的个人财产。

对于常见的个人财产，《婚姻法》和《民法典》也都有明确的规定（见表2-2）。

表2-2 《婚姻法》和《民法典》对个人财产的规定

个人财产	
《婚姻法》第十八条 有下列情形之一的，为夫妻一方的财产： （一）一方的婚前财产；	《民法典》第一千零六十三条 下列财产为夫妻一方的个人财产： （一）一方的婚前财产；

续表

个人财产	
（二）一方因身体受到伤害获得的医疗费、残疾人生活补助费等费用； （三）遗嘱或赠与合同中确定只归夫或妻一方的财产； （四）一方专用的生活用品； （五）其他应当归一方的财产	（二）一方因受到人身损害获得的赔偿或者补偿； （三）遗嘱或者赠与合同中确定只归一方的财产； （四）一方专用的生活用品； （五）其他应当归一方的财产

根据《民法典》的明确规定，结合凤姐的陪嫁财产，我们总结一下个人财产的主要类型：

1. 自己的婚前财产：具体就是指结婚登记前一方就已经取得的财产，可以是现实的财产，也可以是已经明确的，将来肯定能够取得的财产收益。比如，凤姐出嫁时，家族为她准备的各类陪嫁，存款、别墅、宝马汽车、珠宝首饰，等等，这些都是凤姐的个人财产。

除了这些常见的现实财产外，还有在婚前已经确定的能够获得的财产也是个人财产。比如，凤姐虽然不像宝钗黛玉那么饱读诗书，但也算是个文学爱好者，结婚前她曾在网上连载了一个小说，被影视公司看重，签了影视剧改编权，合同约定使用费用是200万。这200万还没到账，凤姐就结婚了，婚后半年，200万才拿到手，那么这200万到底是她婚前个人财产，还是婚后共同财产？当然是婚前的个人财产！因为这200万是凤姐婚前就确定能够获得的，那么婚前拿到手还是婚后拿到手，并不影响它的性质。

2. 自己因自己的身体受到伤害获得的赔偿或者补偿。原《婚姻法》第十八条规定，因身体受到伤害获得的医疗费、残疾人生活补助费等费用属于个人财产。《民法典》直接界定为身体受到伤害获得的赔偿或者补偿，这个表述更为贴切。这些费用是受伤者身体康复的费用，是专项费用，自然要归个人所有。

比如，贾琏因醉酒发生交通事故，被撞伤致残，获赔60万。这60万是他的个人财产，凤姐如果因此和他离婚，则无权要求分割这60万的赔偿款。

3. 遗嘱或赠与合同明确指示，只归自己一个人所有的财产。这与前面提到的继承或者赠与获得的夫妻共同财产相对应。比如，王熙凤的母亲怕女儿在婆家生活得不舒心，于是早早立好遗嘱，明确指定她的数十处房产由王熙凤继承，而且归王熙凤一人所有，与女婿贾琏没关系，这数十处房产就是凤姐的个人财产。与此对应，贾琏父亲贾赦在生前直接将一处房产赠与儿子，但是写了份赠与合同，在合同中明确指明赠与贾琏个人，与其儿媳妇王熙凤无关，这处房产就是贾琏的个人财产。所以，关于这部分财产，只需记住，没有特别声明归一人，那就是夫妻两人共有，一旦声明归一人，就是个人财产。

4. 自己专用的生活用品。主要包括两部分，一是自己专用；二是生活专用。比如，凤姐日常生活中穿的衣服、戴的首饰、背的包包、使用的化妆品等，都是凤姐的个人财产。

很多人会问，那如果凤姐使用的是昂贵的名牌包包、金银珠宝、名贵手表等奢侈品，这也是凤姐个人专用，也是属于凤姐的个人财产吗？答案是：如果这些财产是凤姐自己的嫁妆，是自己婚前所有，自然是自己的个人财产。但是，如果这些财产是婚后用她和贾琏的夫妻共同财产购买，则需要结合夫妻双方的经济水平、共同财产金额等综合界定是否属于个人专用的生活用品。如果这些财产与婚后夫妻其他共同财产相比，确实是价值较高的财产，那么，直接认定为凤姐个人财产也有失公平。因此，通常会将这些财产界定为夫妻共同财产。

5. 约定归自己个人的财产。现实生活中，很多夫妻会对特定的某些财产进行归属约定。比如，贾琏和凤姐在婚后用共同财产买了两套房，由于贾琏屡次出轨，为表示忏悔，他主动和凤姐签署了一份夫妻财产协议，约定其中一套房产归王熙凤单独所有。那么他们约定的这一套房产就是王熙凤的个人财产，另一套，则依旧是他们夫妻的共同财产。

法律练习场

1. 婚前写的小说，婚后出版成为畅销书，收益 200 万，是个人财产还是夫妻共同财产？
2. 婚后所用的名牌包包、名贵手表，是个人财产还是夫妻共同财产？
3. 婚后继承所得的房产，是个人财产还是夫妻共同财产？

婚前个人财产在婚后的收益是个人财产还是共同财产？

凤姐婚前的个人存款，婚后产生的银行利息，婚前的京郊别墅在婚后的增值，婚前持有的家族公司的股份在婚后暴增的收益，这些利息、增值、收益到底是凤姐个人的，还是归属于夫妻共同所有？

这个问题，不能简单而论，要分情况分情形来定，主要区别是主动收益和被动收益。主动收益，就是主动地投入时间、精力、脑力和智商，也有经营打理让其增值的意思，就如前文提到的婚后的经营、投资收益，这样的收益就是夫妻共同财产。但如果是被动的增值，也就是说，和自己或者配偶没有关系，是市场的原因增值了，那么，这个增值就是被动增值，就和对方没有关系，只是个人财产。

1.婚前存款，婚后利息？

假如凤姐的账户有婚前存款1000万，如果一直在账户上没动，那么，存款的银行收益利息，是凤姐个人的。如果凤姐婚后为了钱生钱，购买了理财产品，那么这些除了本金之外的理财收益，就是夫妻共同的。为什么？因为凤姐在购买理财产品的时候，必然投入了智力和精力，精心挑选，慎重抉择，所以，收益是夫妻共同的。

2. 婚前公司股权，婚后暴涨？

凤姐婚前持有的家族公司价值5000万的股权，结婚后股权价值翻倍为一个亿。这5000万的增值是个人财产还是夫妻共同财产？一个关键点，看凤姐是否参与了公司经营。王氏家族企业一直是凤姐的父亲、叔叔、兄弟在打理，凤姐只是一个小股东，偶尔例行一些股东权利罢了，其他事项一概不参与。因此，婚后因为父兄经营得好，股权价值翻倍，和凤姐本人无关，凤姐只是单纯被动地享受作为股东的利益。所以，这5000万的股权溢价，是凤姐的个人财产。

对比思考一下，贾琏在婚前自然持有贾氏企业10%的股权，婚后一度增值溢价一个亿。这增值的一个亿是不是也是贾琏的个人财产呢？错!!! 因为贾氏企业的董事长虽然是贾政，但贾琏作为贾氏家族的重要人员，实际也担任CEO一职，日常经营管理着公司，并对公司的重要事项有决策权。因此，公司股权价值的增值，与贾琏婚后的精心经营管理有关。既然投入了精力和时间，对于贾琏来说，他所持有的公司股权增值是主动增值，是他和凤姐的夫妻共同财产！

3. 婚前持有股票，婚后暴涨？

贾琏在婚前已经开始炒股，当时持有各类股票价值500万，婚后这些股票价值1000万，那增值的这500万到底是个人财产还是夫妻共同财产？我们来分析一下：贾琏入手股票，必然会在精心研究分析和评估的情况下，买入抛出，不停地操盘，投入精力自然不必说。因此，他获取的收益自然是他和凤姐的夫妻共同财产。不过值得一提的是，也有一种说法，就是贾琏在婚后一直没有动股票，没有任何操作，居然凭运气也暴涨了，这种极端情况，就另当别论了。

4.婚前买的房产婚后增值，增值是个人财产还是共同财产？

凤姐婚前的京郊别墅价值3000万，婚后4年增值到了4000万，增值的1000万是个人财产还是夫妻共同财产？房产增值是市场的原因，和夫妻双方都没有关系，所以，1000万的增值依旧是凤姐的个人财产，与贾琏无关。

5.婚前房屋出租，租金是个人财产还是共同财产？

凤姐在京郊的别墅，一直没有入住，为避免闲置浪费，凤姐就把它出租了，租金每月5万元。那问题来了，5万元的租金是凤姐的个人财产，还是夫妻共同财产呢？在这里强调一下，租金是夫妻共同的财产。为什么？因为为了出租房屋，凤姐需要和租户签订房屋租赁合同，需要挑选考察租户，需要定期对房屋进行打理，房屋出现问题了还要负责修缮，因此付出了时间和成本，有类似经营的意思，因此租金收入是夫妻共同的。

总之，关于婚前财产在婚后的收益，区分的主要标准，就是看有没有投入一定的精力和时间主动去管理去经营，如果投入了，那就归两人所有，如果没投入，是自然增值，是被动增值，就归个人。

法律练习场

婚前存款 100 万，婚后借给别人产生的借贷利息，是个人财产还是夫妻共同财产？

婚前个人财产在婚后使用转化了，还算个人财产吗？

上一节我们探讨了婚前财产在婚后的收益归属问题，前提是财产形态没有发生变化，也就是说，存款还是存款，房子还是房子。但现实生活中，这些财产并不会一直不变，一直不用。比如，凤姐婚后的生活是鲜花着锦，烈火烹油，极尽奢靡，自然免不了要动用婚前的个人财产，加上凤姐天生具有经营头脑，还会用这笔财产进行投资。

因此问题就来了，如果使用了婚前财产，那么转化而来的财产，到底是个人财产还是共同财产呢？比如，凤姐用了婚前存款中的600万，婚后买了一套90平方米的房子，变成不动产，或者将婚前别墅卖了，变成了4000万现金。这些形态发生变化的财产还是个人的吗？

当然是！只要这个买房卖房的行为，不是一个投资经营行为，婚前的房子也好，存款也好，不会因为变化，就变成夫妻共同财产了，它们依然是个人财产。

我们借助一个经典案例加深理解。

§ 案例演练：婚后换房最典型[1]

贾琏和王熙凤婚后就到了北京打拼，父母兄弟都在金陵。后来，父亲贾赦得了脑血栓，生活无法自理，贾琏就想将父亲从外地接到身边照顾，因此将自己婚前的一套金陵的房产卖掉，再加上自己的一些婚前存款，全款在北京买了一套90平方米的房产，如愿将父母安置在北京的房子里生活。几年后，因和王熙凤感情不和面临离婚，凤姐就要求分割这套房产。

凤姐：这套房产是在婚姻关系存续期间购置，属于夫妻共同财产，应当对半分割，要求现价值一半。

贾琏：这套房产是我的婚前房产变卖后加上我的婚前个人存款购买，而且购房的目的是为了安置我父母生活，所以这套房产完全是我的个人财产，不同意分割。

一番争论之后，凤姐又主张说：这套房产比购买时的房价有了很大幅度的增值，这部分增值是贾琏的投资收益，应该作为夫妻共同财产分配。

我们来总结一下凤姐的观点：

1. 房产是婚后购买的，婚后所得是夫妻共同财产，应当平均分割。

① 根据真实案例改编：引用最高人民法院民一庭《民事审判指导与参考》2013年第一期（总第53辑），人民法院出版社2013年7月第一版。案例执笔人：最高人民法院民一庭，韩玫。

2. 房产购买后增值很多，增值是经营性收益，属于夫妻共同财产，应当平均分割。

这个案例非常典型，到底应不应该支持凤姐，我们分析一下：

1. 购房资金来源：购房资金是贾琏变卖婚前个人房屋加上婚前存款而来，购置该房产是处分个人婚前财产的行为。

2. 购房目的：用于照顾自己的父亲，不是进行投资经营，而且并未出售房屋，亦未取得经营性收入。

3. 房产增值：购房后该房屋因市场因素的增值系自然增值，不属于生产经营性收益。该房屋本身为贾琏的个人财产，增值亦为个人财产。

因此，简单来总结：婚后使用了婚前的个人财产，使用后转化的财产和增值依旧归属个人。[①]

§ 警惕：婚前财产，婚后使用须谨慎！

经过以上案例的分析，是不是觉得法律还是挺公平的？不过有一点要提醒读者朋友，如果出现直接使用婚前财产或者婚后换房的情况，应当谨慎处理，确保个人财产与夫妻共同财产

① 最高人民法院民一庭的观点：当事人以生产、经营之外的其他方式使用自己的婚前个人财产，即使该财产的形式因此发了变化，不导致上述财产所有权及其自然增值归属的变化。

做好隔离！否则，一旦个人财产和共同财产混合，那就不好分清了。离婚的话，如果对方寸步不让，有可能全部作为夫妻共同财产而予以分割。切记，切记！

1.婚前存款和婚后共同存款做到账户隔离，避免混同。比如，凤姐婚前在账户1有存款100万，那么，婚后所得作为夫妻共同财产最好就存入账户2，做到账户隔离。不然，如果结婚后所得的100万也都存入账户1，然后陆续花销差不多也有100万，那此时账户中的100万，凤姐还能分清楚这是婚前的100万，还是婚后陆续存入的100万？自然分不清！分不清的后果是，如果一旦离婚，只能作为夫妻共同财产予以分割！所以，高能警惕！

2.婚后转化款项一定要专款专户，避免混同。这个和账户存款混同的法律风险一样。比如，凤姐婚后所得有100万，陆续存入账户3。此时，凤姐将婚前房子卖了，房款100万也存入此账户。几天后，立即用100万购房。数年后，房屋价值翻倍，从100万变成200万。如果一旦婚变面临分割，怎么办？

首先根据前文所述，个人财产的形态转化不影响所有权归属。那么，凤姐出售个人房产所得100万房款是个人房产的形态转化，依旧是个人财产。然后凤姐又用个人的这100万房款另购新房，就是个人财产的第二次形态变化，新购置的房产依旧是凤姐个人财产。所以，此时价值200万的房产，依旧是凤姐个人的财产。

但是，法律是法律，事实是事实。不幸的是100万的卖房款在凤姐的账户3中停留了几天，而账户3中同样有婚后存款，也就是凤姐和贾琏的夫妻共同财产100万。买房的100万，到底是婚后所得的100万，还是卖了婚前房产的100万呢？着实无法分清！无法分清的后果是什么？不好意思，贾琏如果主张是夫妻共同存款100万购房，要求分割这套房屋，恐怕凤姐也是百口莫辩啊！

因此，如果涉及婚后换房，最好将卖房款专款专户，钱款来源清晰可见，避免混同风险！

法律关键词

1. 夫妻共同财产：主要有双方的工资、奖金，生产、经营的收益，知识产权的收益，继承或赠与所得的财产以及双方实际取得或者应当取得的住房补贴、住房公积金，养老金、破产安置补偿费等。
2. 个人财产：一方的婚前财产；一方因身体受到伤害获得的赔偿或者补偿；遗嘱或赠与合同规定只归一人所有的财产。
3. 婚前个人财产的收益：夫妻一方的个人财产在婚后产生的收益，如果是银行孳息或者市场原因的自然增值，那就依旧归个人，如果投入了精力，比如婚前股票，婚后进行操盘的收益；婚前的个人房屋出租，婚后获取的租金，都是夫妻共同财产。
4. 婚前财产使用：如果使用了自己的婚前个人财产，比如用婚前个人存款买房、换房，只要不是投资经营行为，那财产仍属于个人财产。

如何绘制家庭财产地图？

虽然本章内容的核心是洞察夫妻财产的财富密码，但是，知晓夫妻财富密码并不是重点，重点是有效梳理财产，然后绘制家庭财产地图，这才是掌握财产权的关键步骤。

§ 婚姻财富梳理计划

第一步：全方位梳理财产

（1）按照家庭财产类别梳理

1.不动产：包括房产、车位、商铺、宅基地使用权等。

2.金融资产：存款、理财、股票、基金等，以及公积金、住房补贴、破产安置补偿费等。

3.公司股权、期权：股权份额比例，分红及兑现情况。

4.债权，比如对外的借款、确定的预期合同收益等。

5.动产，这里专指车辆。

6. 知识产权。

7. 其他资产：比如虚拟财产、游戏中常见的游戏等级、武器装备等。

（2）按照资产地域梳理

首先区分国内资产和国外资产。由于国外资产可能涉及到权属确认、生效法律文书的承认以及执行等问题，司法实践中比较困难，在离婚案件中一般是不予处理。因此，最好区分一下。其次，国内资产区分常住城市与非常住城市资产，由于非常住城市资产不好控制，因此在资产区分时要重点关注。

（3）按照所有权归属梳理

主要是区分个人财产、夫妻共同财产，如果是个人财产，就不涉及分割，夫妻共同财产才涉及到分割。

（4）按照个人名下和他人名下区分

由于各种原因，夫妻财产在他人名下的情况非常常见，比如由于摇不到车号，借他人车牌号买车，或者由于限购原因，借亲戚之名买房，由于身份原因，借他人之名代持某公司股份等。这类财产确权起来比较复杂，因此也要重点关注。

> 这一步可以将所有的夫妻共同财产以及涉及到自己利益的财产进行分类梳理，目的是，掌握家庭到底有多少财产，个人财产有多少，夫妻共同财产有多少，自己的份额到底有多少。

第二步：对确定财产进行梳理

1.确定财产性质无争议的财产，也就是说个人财产或者夫妻财产比较明确。

2.确定是国内的财产，以及确定是常住城市的财产。

3.确定是自己或者夫妻名下的财产。

> 这一步，主要是梳理出这些财产中，哪些是明确的，和夫妻之外的他人无关的，可以轻松确权的。目的是掌握自己可控的财产，明确的财产，可以轻松分割的财产有哪些。

第三步：对非确定的财产以及分割困难的财产进行梳理

> 这一步的目的是，梳理出哪些财产是有争议的、需要先确权的，或者说分割执行比较困难的，自己掌控不了的或者不确定的财产。如果面临离婚，这些可能是争议的重点。

第四步：对对方可能会有的财产进行梳理

这一步的目的是，梳理出虽然你不掌控，但是根据财产线索，根据你对家庭的了解，对配偶一方收入状况的了解，你觉得对方可能会有的财产，而且这些财产是夫妻共同财产。

完成四步梳理，你才能知道，你本该有多少财产，你现有多少财产，哪些财产可以争取，哪些财产可能争取不到，或者困难较大，还有哪些财产你不知情。这便是一份财产清单地图，这样一来，无论你的婚姻状况如何，你都可以游刃有余地应对，而不是浑然不知或者后知后觉，完全丧失主动权。

这份财产清单，其实也是一份风险自测表，只有自己确定的无争议的可触及的可分割的财产，才是自己的真正的财产，才是实实在在的财产。而那些有争议的财产或者说他人代持的财产以及国外的财产，由于权属的不确定，能否真正属于自己还是未知，所以，这是有风险的财产。对于这类财产则要尽可能地留意财产线索、收集财产证据，这样才能争取最大的财产权益，这个在之后的章节里会详细阐述。

四步清晰梳理财产

第一步：家庭财产状况整体梳理——财产知晓

第二步：确定权属的财产梳理——财产掌控

第三步：不确定权属的财产梳理——财产争取

第四步：可能存在的财产梳理——财产查漏补缺

法律练习场

绘制婚姻财富地图，回答以下问题：

1. 你到底有多少财产？
2. 的这些财产风险有多大？
3. 你需要做些什么准备？

Chapter 03

第 3 章

房产的玄机

女人要有一栋真正属于自己的房子。在有锁的房间里，我们身心独处不受打扰，也可以随时约会自己想见的客人；在自己的房间里，我们能随心所欲地做自己喜欢的事情，发呆、读书、哭泣、写作，包括思念近在咫尺的你。

——弗吉尼亚·伍尔芙

将房产作为单独一个章节来详细探讨，其原因毋庸置疑。房产动辄数百万甚至数千万，可以说是每个家庭都非常重要的资产，尤其是对于普通人来说，结婚的婚房可能是父母穷其一生的积蓄。房产对于男性那是身价，对于女性那是安全与保障。

我所经手的离婚案件，凡是涉及财产争议的，绝大多数都和房产有关。而争议的关键，仔细总结，无非就是买房的时候没有好好规划，出资没有留下凭证，个人财产和婚后财产未做隔离，共同买房、借名买房没有明确协议，稀里糊涂签了赠与和房产归属协议……因此，房产归属界定不清，争议难平。为了做好规划，避免纠纷发生，房产密码也必须牢牢掌握。

他买的婚房，你有多少话语权？

如果你现在正在谈婚论嫁，必须要问你一个问题：你的婚房是谁来准备的呢？准备好了吗？

我国的传统习俗，结婚必须准备"婚房"，而这个婚房，通常由男方准备。将要组建家庭的恋人，仿佛固定的模式就是，男方负责买房，女方负责装修买家具；再有就是男方负责买房，女方负责买车……认真想想，将要步入婚姻生活的你，是不是也期待这个模式，或者已经打算开启这个模式？

一套房产往往需要花费百万千万，而装修和买家具的花费与之相比就少了很多。这种模式，表面看起来女方轻轻松松，男方则压力重重。可是这里有个经常被女性忽视的问题：他负责买的婚房，你到底有多少话语权？

我们依然以凤姐和贾琏的故事为例。

贾琏花了500万买婚房，凤姐花了100万装修，100万买豪华家具，200万买豪车，结婚3年后房子增值到1000万。试着分析一下这套婚房，凤姐有多少话语权？

我们在前面专门提到，婚前个人财产，除非有特别约定，它不因婚姻关系的延续而转化为夫妻共同财产。那么，在这种财产制度下，贾琏婚前买的房子，就是他婚前的个人财产，当然，凤姐婚前的豪华装修，买的家具、家电、车等，也是凤姐的婚前个人财产。同时有一个事实，凤姐也不会有异议：房子增值。但家具、家电包括车，可都是贬值的。

再有就是装修，装修算不算房子的婚前投入？算！但是，从法律意义上来说，凤姐对房子的装修投入顶多也只能算是对贾琏婚前个人房产的添附。

添附是什么意思？简单来讲，就是装了吊顶、贴了墙纸、铺了木地板和瓷砖，甚至打造了整体厨房，而这些，一旦装入房子，是没法和房屋主体分离的，既然没法分离，在所有权归属上，也只能由房子的主人贾琏取得。而负责装修添附的凤姐，一旦和贾琏分手，最多只能获得添附财产的一些折价补偿。如何折价？只能估算，且这个估算又不能单纯以当时的工程造价来计算，毕竟时过境迁，物已折旧。当初的100万装修，几年后，最多也就变成十几万甚至不到十万，当然也不会算上当时人力物力的巨额花费。

也许你想替凤姐问一问，房子几年后增值，装修难道不跟着增值吗？我负责任地告诉你，装修的费用一般不会算到房子在婚后的价值增值中，因为装修对于房子的增值，这部分是没法衡量的。除非凤姐是著名的建筑设计师，把一个茅草屋改造成了民俗客栈，由此价值翻倍，那么凤姐的这个装修在房子中起到颠覆性的主导作用。可这种情况其实是投资，不是装修。我们普通的家装，尤其是装修婚房，只是为了居住舒适，最多算附属性的行为。

所以，房屋在婚后几年增值，这是市场的因素，凤姐装修的投入比例，是不会计算入内的，增值的计算依旧以购房款为基准。也就是说，贾琏和凤姐的这套婚房，婚后增值的500万，依旧是之前500万房产的增值，和凤姐100万的装修几乎没有直接的关系。

凤姐：房产应该分割，一人一半，你要房子，给我500万折价款。
贾琏：房产是我个人的，与你无关。
凤姐：房产婚后增值500万，一人一半，给我250万。
贾琏：增值也是我个人的，与你无关！
凤姐：好吧，房子归你，还我装修款。
贾琏：要装修款没有，装修可以还你，都在房子上，尽管拿走！
凤姐：（哭笑不得！无语，20万的整体厨房，能搬走吗？10万的木地板，要拆走吗？钢筋水泥要抠掉吗？不现实，也不可行。）
凤姐：装修如何拿走？装修也是装在了婚房上，你也住了，享受了，还是应该把款项还我！
贾琏：（一脸无所谓）还你也可以，按照装修的现价值折算，也没几个钱，给你！
凤姐：装修现在虽然贬损了，但你也有责任，贬值部分也要补偿给我！
贾琏：没门儿！法律有明确规定，婚前财产在婚后生活中的自然损耗，不予补偿!!

凤姐去求证张律师，得到的回答是：
是的!!!!![1]

贾琏和凤姐这对小夫妻虽然共同打造了一个有车有房有家具又精装修的新家，可是，婚前财产归各自所有，在这个基本原则下，这个家就变成贾琏婚前个人的房产，加上凤姐婚前个人的家具，婚前添附到对方房产的装修以及婚前个人的车。

任时光荏苒，财产价值各不相同。凤姐于是感叹：备婚模式需慎重!!

我国普遍盛行男娶女嫁的习俗，男方备房产，婚后多数增值，而女方的嫁妆多为家具、家电等，在婚后共同生活中必然贬值、损耗，甚至灭失，依照现行法律，对女方极为不利。

---

① 原《最高人民法院关于人民法院审理离婚案件处理财产分割问题的若干具体意见》明确规定："婚前个人财产在婚后共同生活中自然毁损、消耗、灭失的，离婚时一方要求以夫妻共同财产抵偿，法院不予支持。"这个司法解释虽然已经全部废止，但关于个人财产在婚后生活中的损耗不予补偿也是司法实践中一贯的做法，相信《民法典》婚姻家庭编的司法解释陆续会有进一步的明确。

灵魂拷问

买房的 100 万，和安家买车的 100 万，哪个更有意义？

婚房的小玄机

如果夫妻双方金钱的实力相当，那么，婚前就共同买房，共同装修，共同买车。

房本加名，意味深情？

前几年很火的电视剧《欢乐颂》，女主角之一樊胜美因为男友买房的时候不愿意写两个人的名字，于是痛定思痛，选择分手。我想不少女性朋友肯定很有感触，因为这段情节极具现实意义。

身边正在备婚的男性朋友问我最多的问题是：房本加名，会有什么法律后果？女性朋友问我最多的问题是：男方不愿意在房本上加名怎么办？有什么方法吗？签署协议可以吗？需要公证吗……

凤姐其实就曾因为房本加名的问题，差点和贾琏分手。当时她和贾琏已经定下婚期、选好酒店，可是贾琏却始终不愿意在房本上加上凤姐的名字。凤姐倒不是在乎房子，只是觉得：不加名就是不够爱，既然不爱，又为何结婚？

我想很多人都是凤姐的这个逻辑，房本加名，才能证明他爱我，以后生活才有安全感，有保障……正所谓：房本加名，意味深情！

正是因为这样的逻辑，有很多情侣在筹备婚礼的过程中分道扬镳，爱情最终败给了不加名的婚房。我们有必要对房产加名这个问题，做一个全面的解读，情况可分为以下这么几种：

1. 婚前全款买房，婚后加名。如果贾琏婚前自己出全款买房，登记在自己名下，结婚后将凤姐的名字加上，那么，这是他自愿将自己婚前的个人房产变为与凤姐两个人共同所有。

2. 婚前付首付款，婚后加名。贾琏婚前付首付买房，登记在自己名下，如果愿意加凤姐的名字，那么同第一种情况，他愿意和凤姐共有房产。如果贾琏不加名或者不愿意加名，那么这套房子就变成贾琏婚前付首付款部分以及婚后他和凤姐共同还房贷的综合体。换句话说，如果贾琏愿意加凤姐的名，那么房子是他们夫妻二人共同所有，如果他不加名，那么婚后共同还贷的部分是他和凤姐的共同财产。

3. 协议承诺加名。作为风流公子哥儿，贾琏的甜言蜜语可是信手拈来，且看他和凤姐是怎么承诺的。

贾琏：（做口头承诺）如果你嫁给我，我承诺婚后房本上加上你的名，我们只要结婚我就加名，我可以写协议，做保证。

凤姐：（暗自思量）我要嫁给他吗？我可以嫁吗？既然都写了协议了，白纸黑字，以后他总不能赖账。

这其实也涉及感情的问题，对于协议承诺加名，我只能说，协议并不直接发生房产所有权变动的效力，在真正加名之前，贾琏是有任意撤销权的。[1]如果结婚后，贾琏依旧不加名，或者明确表示不加名或拒绝加名，凤姐也没办法强迫他继续履行。因为无论是婚前或者婚后写了这样的约定，只要双方并没有及时办理加名登记手续，房产的所有权仍旧是贾琏个人。因此，婚前承诺加名请慎重考虑！

4. 公证加名。如果贾琏和凤姐在婚前就贾琏名下的房产签了房产赠与协议，房产赠与协议一旦公证，是不能随意撤销的。[2]如果婚后他一直拖着或者明确拒绝到房产部门加名，凤姐就可以起诉要求他继续履行赠与义务。不过，除非走到离婚这一步，这样做可能很伤感情，建议凤姐慎重考虑。

5. 房本加上你的名字，你就一定能有一半的房产吗？凤姐也问过这个问题，周围的人告诉她，当然了，那是肯定的呀。是的，在我们通常的理解中，应当是这样的，但现实司法实践并不必然，有了名字，并不一定就能够获得二分之一的产权或者份额。因为，关于房产分割方式，法官一般会综合考虑各种因素。就贾琏这套房产而言，会考虑贾琏对房产的贡献大、贾琏和凤姐的结婚年限短等因素进行分割，很可能凤姐的实际产权份额不足一半。因此，如果遇到类似的问题，建议在房产证

---

① 《民法典》婚姻家庭编的解释（一）第三十二条　婚前或者婚姻关系存续期间，当事人约定将一方所有的房产赠与另一方或者共有，赠与方在赠与房产变更登记之前撤销赠与，另一方请求判令继续履行的，人民法院可以按照《民法典》第六百五十八条的规定处理。

② 《民法典》第六百五十八条　赠与人在赠与财产的权利转移之前可以撤销赠与。经过公证的赠与合同或者依法不得撤销的具有救灾、扶贫、助残等公益、道德义务性质的赠与合同，不适用前款规定。

上加名字的同时，再通过协议明确确定各自的份额。有这样的协议，房屋的产权才可以得到充分的保护。

婚姻练习场

他不愿意加名，要不要嫁？

仔细想想，去年买的小房子，也许今年就升值了 100 万。这是一个财富流动的社会，如果他不是亿万富翁，房产多套，你硬生生地让他把仅有的 400 万的房产分你一半，让他和你、和房产都做个了断，这听起来确实有点强人所难。

如果他愿意加名，根本不用等你开口。有不少男性朋友，婚前全资买房，登记在女方一人名下。不用诧异，这是他个人的选择，他以加名的方式来证明他对爱情的承诺，对婚姻的信心。这是一份态度，让女人欣慰、温暖、放心的态度。

可是这份态度是发自内心的，而不是强求来的。有些女性朋友在结婚前对未婚夫百般试探、索求，甚至去乞求这份态度，把房本加名作为衡量爱情的标准，这样做很容易将自己陷入进退两难的境地。如果对方拒绝，你要舍弃这么多年的感情，实在痛苦；而要勉强接受这没有通过“考核”的爱，又心有不甘。所以，张律师建议女性朋友们，一旦谈婚论嫁，房本加不加名，还是别轻易开口！

婚前买的房，就一定全部是你的吗？

凤姐和贾琏婚前婚后买了很多房产，这些房产有的登记在凤姐一个人的名下，有的登记在贾琏一个人的名下，有的则登记在双方的名下，那这些财产如何界定归属？登记在凤姐名下的财产，就一定是凤姐个人的吗？当然不一定！

既然谈到房产份额的归属，必须先来普及一下房产归属的基本原则。界定一套房屋的所有权归属，一般的原则是看房产登记状态和房产购买时间。从登记状态来说，如果房产登记在贾琏或者凤姐个人名下，一般就认为是个人的，登记在凤姐和贾琏双方名下，就是夫妻双方共有的。如果房产登记在贾琏或者凤姐个人名下，一般要结合房产购买时间判定。如果婚前购买，那就是登记人个人的房产，如果婚后购买，即使登记在贾琏或者凤姐一个人名下，一般也推定为夫妻共同房产。

当然，实际生活中，房产的归属往往不能简单套用这个基本原则，还要结合买房时的实际情况、双方各出资多少、是否有贷款等综合认定，具体情况具体界定。本节先来着重探讨婚前买房的情况。

1. 婚前个人买房，婚后获得房本

凤姐在婚前自己买房，婚前办理的房本，登记在自己名下，这种情况比较明确，就是凤姐的婚前个人房产。但如果凤姐买的是期房，付款签合同后，5年才交房入住，然后办理房本。在这个过程中，凤姐已结婚、生子。那么问题来了，凤姐婚后才拿到房本，对她这套房产的归属会有影响吗？这套房子是凤姐自己的，还是贾琏也有份额呢？

不用担心！房产是凤姐婚前付全款买的，无论是婚前办理的房本还是婚后办理的房本，对房屋归属没有任何影响，都是凤姐婚前的个人财产。当然了，如果涉及到贷款，尤其是婚后还贷，贾琏就有权分割了，至于如何分割，如何计算，后面关于“离婚”的章节中咱们再详细地探讨。

2. 婚前个人付首付款，婚后共同还贷

从传统习惯来说，不买房就不结婚，因此年轻夫妻婚前买房，婚后还房贷的情况非常普遍。我们依旧以凤姐买房为例：按揭买房的过程其实就是，凤姐申请银行贷款，银行审查凤姐的资质，觉得凤姐收入可以，然后决定放贷，放贷后直接向卖房一方支付房款，房款全部支付完毕后，房子就过户登记到凤姐的名下。此后，凤姐定期向银行支付应还贷款。如果结婚时凤姐尚未还清房屋贷款，这套房子就是凤姐婚前的个人财产和

婚后还贷之夫妻共同财产的综合体。深化解读一下就是：

（1）房屋登记在个人名下。房产属于凤姐个人财产，婚后还贷的部分及其相应的增值，属于夫妻共同财产。

（2）房屋登记在夫妻双方名下。视为凤姐愿意将自己的房产与贾琏共同所有，就是上节我们提到的房本加名。

（3）房屋登记在对方名下。由于限购政策或者无法办理贷款等原因，凤姐自己付首付款，而将房产登记在贾琏名下。这种情况，一般视为她和贾琏双方共同共有，房贷也是双方共同贷款。

对于婚前付首付款，登记在自己名下的房产，具体份额如何界定？司法实践中也比较明确，婚前的部分是个人的，婚后共同还贷的部分及增值是共同的，需要分割。各地法院计算方式有所不同，但整体差别不会太大。

（1）按照最高人民法院民一庭意见计算方式：

涉及夫妻共同还贷款项及其相对应增值部分的数额等于以夫妻共同还贷部分乘以不动产升值率。不动产升值率，是用不动产现价格除以不动产成本，不动产成本包括购买时的不动产价格+共同还贷的利息部分+其他费用(比如契税、印花税、营业税、评估费等)。[①]这个公式相对抽象。

（2）从简单实用的角度，也给大家分享一个计算方式：

房屋折价款=房屋现值×共同还贷总额（包括本金和利息）/

① 最高人民法院民事审判第一庭编:《婚姻法解释（三）理解与适用》，人民法院出版社2011年版，第45页。

购买房屋总支付款（首付+按揭贷款本金总额+贷款利息总额）/2

比如，凤姐婚前所买房产总价300万，首付款100万，贷款200万，全部应付利息80万，房屋现价值500万。她和贾琏结婚后，共同还贷数额大概60万。

凤姐应给贾琏的房屋折价款=500×60÷380÷2=39.47（万）。

这只是一个大概的计算方式，仅供参考，可以大概估算出婚后共同还贷的部分及增值有多少。

3.婚前个人借款买房，婚后共还借款

除了婚前按揭买房以外，还有一种情况是婚前向父母朋友借款，凑够全部房款后全款买房，婚后夫妻共同还借款。其实和按揭买房的性质一样，只不过一个是向银行借款，一个是向个人借款，但法律效果却有所不同，各地法院的看法也不一。有的法院是参考第一种婚前个人付首付款买房婚后共同还贷的情况处理，一般来说房产归借款人所有，婚后共同还借款的部分以及相对应的增值部分给予对方补偿。也有一些法院认为，婚前的借款一般会被认定为婚前的个人债务，既然婚后用共同财产还个人债务了，那么就要给对方一定的补偿，也就是共同还借款的一半即可，房屋的增值部分就没法补偿了。司法没有统一的标准，还要看具体情况，借款多少、共同还款数额等，具体由法官自由裁量。所以，如果共同还的借款占全部房款的比例比较大，也可以在婚后对其性质进行约定，这样共同还借

款及其对应的房产增值部分也可以分割补偿。当然，法律归法律，现实归现实，可能夫妻之间根本不会约定，因此，最好还是将借款的凭据进行留存。

4.以结婚为目的，婚前共同买房

情侣谈婚论嫁时共同出资买房的情况很常见，但是由于感情不稳固，止步于婚礼的也很多，由此带来了房屋纠纷。恋爱期间共同购买房产，不能简单按照夫妻共同财产分割，还必须看是否以结婚为目的买房，主要参考双方是否同居生活、同居时间长短、结婚的规划等客观因素进行界定。

（1）共同出资购房，登记在双方名下。贾琏和凤姐准备结婚时，共同出资买了婚房，凤姐出资300万，占60%，贾琏出资200万，占40%，房产登记为共同共有。既然登记为共同共有，这套房产一般按照双方的共同财产界定，尤其是双方已经结婚的情况下。当然，如果两人最终没有结婚，或者结婚时间很短两人就办理了离婚手续，完全按照共同财产来分割的话，显然对凤姐不太公平，毕竟她比贾琏多出资了100万。因此，实践中，也会考虑是否结婚、结婚时间长短来综合界定，按照出资比例进行分割。

凤姐毕竟是凤姐，精明过人，在登记之初，她提出根据出资比例进行按份共有登记，而不是直接登记为共同共有。这个做法显然是非常明智的。通常情况下，房产就直接界定为双方按份共有，分割的话，也是按照这个比例直接分割。

（2）共同出资买房，登记在一方名下。同样是凤姐出资

300万，贾琏出资200万，共同购买了一套价值500万的房子，但是，由于凤姐没有北京户口，所以房产就登记在了贾琏一个人名下。后来，房产一度增值到800万。可是两人的感情却没有像房产一样升温，反而因为性格不合常常发生矛盾，最终分道扬镳。

凤姐： 既然要分开，房产就做一下分割，房子归你，你按照现价值给我折价款480万。

贾琏： 说什么呢，你当初的出资不是给我的借款吗？现在还你300万，当然了，可以给利息，30万够不够？

凤姐： 你这不是睁眼说瞎话嘛，太过分了!!!!

别着急，我们按不同情况分析一下！

情景一：凤姐和贾琏未登记结婚即分手。

此时，如果凤姐一纸诉状将贾琏诉至法院，法官多数会界定房产为双方共同购买，但是由于双方没有结婚，因此房产按照出资比例进行分割，从而让贾琏返还房产折价款，也就是800万的60%，即480万。

情景二：凤姐和贾琏已经登记结婚。

此时，要参考凤姐和贾琏当初买房的情况，如果两人有共同买房的意愿，有结婚的打算，而且已经结婚多年，那么，房产多数会界定为夫妻共同财产，平均分割。此时，贾琏需要给凤姐400万的房屋折价款。

当然了，如果两人结婚时间很短，不到一年就离婚，法官通常会认定按照出资比例进行分割。贾琏则需要给凤姐480万房屋折价款。

（3）婚前一方出资买房，登记在对方名下。凤姐和贾琏两人谈婚论嫁一段时间，考虑购买婚房，可是当时贾琏家中遇到财务困难，一时拿不出这么多钱买房，只能和凤姐商量暂缓结婚计划。凤姐性格豪迈，就说“这样吧，买房的500万我来出”，但是由于没有购房资格，只好登记在贾琏名下。两人如果已经结婚，这套房产通常会被直接认定为她和贾琏的夫妻共同财产，因为毕竟贾琏也没有理由主张凤姐是将房产全部给他一人。

但是，如果两人没有结婚，那么，凤姐将房产登记在贾琏名下的初衷就失去了。即便贾琏主张说是凤姐将房产赠与给他，但是这个赠与也是要以结婚为条件的，现在没结婚，条件未达成，赠与自然可以撤销。贾琏要么将房产返还，要么将房款返还给凤姐。

总之，以结婚为目的共同买房，如果已经结婚，双方又都是在认可所购房产为共同所有的前提下进行出资的，无论是登记在一个人名下还是夫妻共同名下，通常都会认定为夫妻共同房产。如果双方出资数额比例悬殊，且婚后确实没有共同生活，或婚姻关系存续期较短，通常会认定按照出资比例进行分割。如果压根没有结婚，或者是否以结婚为目的难以认定，就要根据出资份额，界定为按份共有。

因此，如果涉及到谈婚论嫁共同买房，最好要保留好出资凭证，房款能够从自己账户直接转到卖房人账户更好。如果不能，在转给对方账户的时候，也要做好备注，以防将来感情出现问题，产生争议。

婚房购买关键词

1. 留存出资凭证；
2. 房款直接转账。

婚后所得房产，你一定有份额吗？

凤姐和贾琏双方家境都不错，加上两人都有投资经营的想法，婚后新购房产、换房等情况都有发生，那么这些房产如何归属？要具体情况具体分析：

1. 婚后共同财产买房

婚后一年，凤姐和贾琏购买了一套房产，登记在了凤姐名下。婚后两年，两人又入手另一套房产，登记在贾琏名下。婚后三年，入手第三套房产，登记在贾琏和凤姐双方的名下。这三套房产如何归属？在谁的名下就是谁的吗？

当然不是。

婚后买的房，如果购房款是夫妻共同财产，房产就是夫妻共同的，没有任何疑问。登记在一个人名下和登记在两个人名下，从法律上来说，效力没有区别。所以，凤姐和贾琏在婚后购买的三套房产都是夫妻共同的房产。

一点提示：有可能会存在私自处分自己名下的夫妻房产的情况，因此，如果是婚后用夫妻共同财产买房，最好是登记在双方名下，也算是控制自己的财产。

一个问题：凤姐名下的房产，登记情况是单独所有，是不是就是凤姐一个人的房产了呢？不一定。如果没有充分的证据证明，凤姐和贾琏之间对于该套房产归凤姐单独所有，有明确的约定，那这套房产依旧是凤姐和贾琏夫妻共同的房产，登记为单独所有，并不改变房产为夫妻共同房产的性质。

一个建议：如果你们夫妻之间确实有房子归你单独所有的约定，最好是让对方签署一个放弃该套房屋产权的声明书，然后在房产部门备案，这样比较稳妥。

2.婚后个人财产买房

凤姐在婚前有存款1000万，结婚之后她用其中600万买了一套90平方米的房产，这套房产依旧是凤姐的个人财产，毋庸置疑。这个问题在前面第1章中已经详细介绍过。

一个提示：婚前存款千万不要和婚后夫妻财产混同。否则，购房出资款是婚前的存款还是婚后的存款，无法界定，通常会被认定为婚后财产。

一个建议：专款专户。无论是自己婚前的个人财产还是婚后获得的个人财产，都要和夫妻共同的财产进行有效隔离，建议专款专户。

3.婚后继承所得的房产

故事：贾琏和凤姐结婚6年以后，贾琏的父亲贾赦去世，留下房产10套，系贾赦的个人房产，邢夫人是贾赦续弦的夫人，因此这10套房产均与邢夫人无关。贾赦去世前曾立遗嘱一份，指定自己名下的3套房产归儿子贾琏继承，2套房产归次子贾琮继承，剩余5套房产在遗嘱中未涉及。此时贾母早已去世，于是，贾琏、继母邢夫人、弟弟贾琮、妹妹贾迎春一干人等商定遗产继承。

遗嘱继承：严格按照贾赦的遗嘱对于遗产进行分配，贾琏3套，贾琮2套。

法定继承：对于遗嘱未涉及的5套房产，四人按照法定继承进行了分配：四人各继承一套，最后一套每人占有四分之一的份额。

协商继承：鉴于父亲在遗嘱中对于贾琏和贾琮都有照顾，对于迎春只字未提，大哥二哥很心疼妹妹，在征求邢夫人意见并做了说服工作之后，将最后一套房产中三人本应继承的份额都给了妹妹迎春。

遗产分割：贾琏4套房产，贾琮3套房产，贾迎春2套房产，邢夫人1套房产。

那么，贾琏继承的4套房产，到底是他个人财产，还是他和王熙凤的夫妻共同财产呢？我们来分析一下：

（1）法定继承所得房产

4套房产中，有一套是法定继承所得。那根据我们在第1章中所介绍的，法定继承所得的房产，是夫妻共同财产。因此，这一套房产是他和凤姐的夫妻共同财产。

（2）遗嘱继承所得房产

这要看被继承人在立遗嘱时候，有没有特殊的安排。如果贾赦在遗嘱中事先声明，自己去世后，遗嘱中所涉房产归儿子贾琏一人单独所有，与其配偶王熙凤无关，这份遗嘱其实就已经明确了房产的归属，那么贾琏通过遗嘱继承的3套房产就是他的个人财产。在夫妻发生婚变离婚时，凤姐是无权分割的。但是，如果贾赦在遗嘱中事先没有声明是贾琏的个人财产，而仅仅指定3套房产由贾琏继承，那遗嘱就没有排除作为儿媳妇的王熙凤的权益。贾琏继承的这3套房产，依旧推定为是夫妻共同财产。

一个总结：婚后继承所得的财产一般认定为夫妻共同财产，除非事先声明是由一方个人继承，与其配偶无关。

4. 婚后拆迁所得的房产

结婚三年时，贾琏的父亲贾赦所住老宅被拆迁。结婚五年时，拆迁所得新房建成，贾赦一家共计获得3套房屋，其中一套登记在贾琏名下。

问题：贾琏名下的这套拆迁房屋，凤姐是否有份额？

这要看拆迁政策。通常情况下，拆迁补偿房屋和拆迁款不仅和原房屋面积有关，也和原房屋需要安置的人员有关。比如，此次拆迁政策明确规定，拆迁按照每人40平方米的房屋标准进行补偿。因此，凤姐作为被安置人员，自然应获得相应的40平方米的房屋补偿份额。这个份额和原房屋无关，只是身份补偿。

反之，如果拆迁政策和安置人口无关，只是和原房屋面积和价值有关。凤姐对于旧房没有贡献，旧房就和凤姐无关，因此，贾琏拆迁所得的房屋原则上也没有凤姐的份额。

法律练习场

男友家拆迁，公婆让你们火速结婚，拆迁所得房屋和款项，你是否有份额？

约定给你的房产，就一定是你的吗？

贾琏和凤姐在婚前婚后签了不少关于房产的协议，但是签署的协议是否一定有效，能不能撤销，我们需要帮凤姐整理分析一下。

1. 夫妻赠与房产，能撤销吗？

故事：贾琏和凤姐登记结婚当年，两人感情如胶似漆，贾琏为表达对凤姐的爱意，特意写了一份声明：我贾琏名下位于某小区的房产一套，结婚后为我和王熙凤两人共有。由于各种原因，两人一直没有办理加名手续。几年后感情生变，双方对房产归属产生了争议。

凤姐：你当初写了声明，房产是我们两人共有，我现在要求按照你的声明进行分割。

贾琏：拜托，这份声明只是一份赠与协议，只是表明我同意将婚前房产赠与你一半。但是我们没有办理登记手续，这个赠与就没有完成！所以，我现在郑重地告诉你，我要撤销赠与！撤销！

凤姐：好狡猾的人！想要我就此作罢，没门儿！我们法庭见！
贾琏：法庭见就法庭见！怕你不成！

可惜，最终的结果并未遂了凤姐心愿。法院最终认可了贾琏的主张，凤姐没有分到房产份额。原因有三点：（1）这份声明是一份房产赠与协议；（2）没有登记加名，赠与未完成；（3）有权撤销。

郑重建议：如果遇到凤姐这样的问题，如何避免赠与被撤销？

（1）赠与协议签订后尽快办理加名或变更登记手续，确保赠与行为真实完成；

（2）赠与协议双方签署，尽快公证。经过公证的赠与协议，对方无法任意撤销；

（3）最好避开赠与协议，而直接签署夫妻房产协议。有效的夫妻房产协议，是对夫妻房产归属进行提前约定，而非一方对另一方的赠与，因此无法随意撤销。

2. 夫妻财产协议约定的房产，效力如何？

贾琏和凤姐也签署过房产协议，大致内容是：登记在男方贾琏名下的位于某小区的房产一套，为女方个人财产，归女方单独所有。这份房产协议效力如何？贾琏能够反悔吗？

分析：其实这份协议就是贾琏和凤姐签署的夫妻财产协议，财产内容只针对房产。这样的夫妻房产协议，只要是清晰明确的，就是有效的，任何一方都无法反悔。

结论：该协议一旦签订即生效，即使房产没有过户至凤姐名下，也不影响协议的效力，哪怕有一天贾琏后悔了，也无法撤销该协议。

3. 婚后变更登记到你名下的房产，就是你个人的吗？

前面章节中提到，如果婚后买房，想要登记为个人单独所有，最好让配偶方签署一份放弃产权份额的声明，然后在房管部门备案登记。这么做的目的就是让房产的真实归属和登记状态保持一致。因为登记只是对外的法律效力，房产真实的归属状态还要结合房产购买时间，夫妻之间是否有财产归属约定等情况来综合认定。

场景：凤姐和贾琏发生矛盾后，打算离婚，双方协定，婚后双方名下的一套房产归凤姐所有。协议签订后，在凤姐的坚持下他们办理了变更登记手续。可是办完手续后，两人感情又好了，打算重新开始，也不离婚了。那么这套房产还是不是凤姐个人的房产？如果将来再发生婚变，要离婚，那这套房产还会作为夫妻共同财产被分割吗？

我们来分析一下：

房产的登记状态：凤姐个人单独所有。

房产的购买状态：婚后购买。

夫妻关于房产的约定状态：曾经以离婚为条件约定归凤姐个人所有，没有书面的放弃产权份额的声明。

基于这三种状态，没有书面的放弃产权份额的声明，即视为没有特殊约定。房产为婚后购买，虽然登记在凤姐个人名下，但依旧是夫妻共同财产。因此，将来离婚的时候，贾琏依旧可以主张分割。

郑重提示：如果你们夫妻双方有关于房产归属的约定，那么即使已经办理了过户登记手续，房屋已经登记在了你个人名下，也要就归属行为签署一份放弃产权份额的书面协议，以佐证房产的登记状态。

法律练习场

在哪些情况下，最好签署一份有效的夫妻财产协议？

父母出资买的房，是赠与还是借款？

凤姐和贾琏都是典型的富二代，结婚时个人积蓄并不多，所购房产也主要依靠两家父母出资。两人出现婚姻危机的时候，双方父母也曾因购房出资问题而一度介入，真真正正演绎了什么叫婚姻不是两个人的事，而是两个家庭甚至两个家族之间的事。问题是父母出资的房产应如何界定？父母的出资到底是借款还是赠与？我们还是结合具体情况，来进行详细的分析。

1.婚前一方父母出资买房

（1）全款出资，登记在个人名下。婚前，贾琏父母出资500万为其购买了1套房，并登记在贾琏名下。父母的出资行为通常会被认定为对儿子贾琏个人的赠与，除非贾琏和父母之间另有借款的约定。所以该房产是贾琏的婚前个人财产。

（2）部分出资，登记在个人名下。婚前，贾琏父母为其付首付款200万，贾琏自己申请按揭贷款购买了1套价值500万的房产，登记在贾琏个人名下。贾琏与凤姐结婚的时候，房贷尚未还完。父母的出资，通常也会被认定为对贾琏个人的赠与。

房产一般界定为贾琏的个人财产，但是婚后他和凤姐共同还贷的部分以及对应的房屋增值属于夫妻共同的财产，一旦分割，贾琏需要给凤姐相应的折价款。这个其实可以直接比照本章第一节中所讲述的婚前付首付款按揭买房、婚后还贷的情况。

（3）婚前父母出资，登记在双方名下。婚前，贾琏父母出资为贾琏购房，适逢贾琏和凤姐大婚将至，贾家为表示诚意，也为了小两口生活幸福稳定，将房产登记在了贾琏和凤姐双方的名下。此时父母的出资，应视为对贾琏和凤姐夫妻双方的赠与，房产自然归属为夫妻共同财产。

重点提示：如果你父母出资买房，打算登记在双方名下，切记慎重考虑要不要与对方共同分享房产。当然，如果是对方父母出资买房，登记在双方名下，那你可以安心了，这绝对是爱的表示，房产有你的份儿。

2. 婚前双方父母出资买房

（1）共同出资，登记在子女双方名下。当时，凤姐和贾琏感情稳定，准备结婚，就和双方父母共同商量买房。凤姐家出资200万，贾琏家出资300万，共同买了1套房产，登记在了凤姐和贾琏双方的名下。后来两家也是共同出资装修，新居好生气派。凤姐和贾琏婚后入住新房，过上了幸福的婚姻生活。此时双方父母的出资视为对双方的赠与，房产自然归属为贾琏和凤姐的夫妻共同财产。

（2）共同出资，登记在一方子女名下。双方父母共同出资买房，但是由于凤姐没有购房资格，于是房产就登记在了贾琏一个人的名下。不料夫妻相处几年后感情生变，无法修复，冲动之下要离婚，分割房产。

凤姐：这套房子是我们两家共同购买的，虽然登记在你一个人的名下，但依旧是夫妻共同财产，应该平均分割，你按照现价值给我折价款。

贾琏：我们家出资300万，你们家只出资200万，要分割也该按照出资比例分割，我六你四。房子现价值800万，我同意给你320万。

凤姐：太过分了！400万一分都不能少！

法律分析：房产如果界定为共同共有，则平均分割，如果界定为按份共有，则按出资比例分割，性质不同，结果也不同，上述案例中两种结果之间相差80万！

司法实践中，遇到婚前双方父母共同出资买房，登记在一个人名下的情况，多数会认定为夫妻共同财产，但是，一般会根据父母的出资情况，在分割的时候按双方父母的出资比例认定为按份共有。对，没错，按份共有！也就是说，凤姐只能得到房屋折价款320万。

疑惑解答：凤姐不服，说这套房产难道不是我们以结婚为目的共同买的房吗？

的确，如果双方有共同买房的意愿、结婚的目的、感情状况稳定、确实结婚且婚龄较长，房产一般会被认定为夫妻共同财产，但这是夫妻双方在婚前自己出资的情况。如果是父母共同出资，出资数额又比较清晰，则通常被认定为共同买房、按比例共有。

重点提示：父母出资购房的时候一定要慎重，如果是以结婚为目的买房，那么房产最好登记在双方名下；如果由于购房资格等原因只能登记在一方名下，那最好就该房产属于夫妻共同财产、共同共有签订一份协议。

3.婚后一方父母出资买房

如果是婚后一方父母出资买房，会有什么不同？且看凤姐和贾琏的故事。

（1）婚后一方父母全款出资买房，登记在自己子女名下。贾琏和凤姐结婚后，巧姐出生，一家三口加上保姆，当初的婚房略显拥挤。于是，贾琏就向贾赦提出想另买一处大一点的房产。贾赦大笔一挥，给了贾琏1000万，全款买了1套四居室，登记在了贾琏个人名下。贾赦的行为该如何认定？1000万的房款通常会被认定为父母对贾琏个人的赠与，房产是贾琏的个人财产。这是通常情况，但并不是说凤姐就一定分不到这套房产了。《民法典》生效之后，新的婚姻家庭编司法解释（一）出台，有些法律界人士就认为，根据新的规定[①]，即使是全款出资买房，如果贾赦事先没有明确约定这是赠与贾琏个人的，则应直接推定为是赠与贾琏

---

① 《民法典》婚姻家庭编司法解释（一）第二十九条　当事人结婚前，父母为双方购置房屋出资的，该出资应当认定为对自己子女个人的赠与，但父母明确表示赠与双方的除外。当事人结婚后，父母为双方购置房屋出资的，依照约定处理；没有约定或者约定不明确的，按照《民法典》第一千零六十二条第一款第四项规定的原则处理。《民法典》第一千零六十二条第一款第四项　夫妻在婚姻关系存续期间继承或者受赠的财产，为夫妻的共同财产，归夫妻共同所有，但遗嘱或者赠与合同中确定只归一方的财产除外。

夫妻二人的，凤姐当然可以要求分割。不过这还只是对司法解释的字面理解，实务中还需进一步探索，看是否会有变动。

（2）婚后一方父母全款出资买房，登记在双方子女名下。凤姐刚刚生下巧姐，照顾孩子十分辛苦，为这个小家付出了很多，贾赦此时出资为贾琏买房，如果只登记在贾琏一个人的名下，显得贾家十分小气，有失大家族的风范，于是，贾赦思虑再三，还是将房产登记在了贾琏和凤姐两个人的名下。此时，贾赦的出资行为如何认定？这就要视为对贾琏和凤姐夫妻双方的赠与了，房产则为夫妻双方的共同财产。

（3）婚后一方父母全款出资买房，登记在对方子女名下。贾赦全款出资买房，本来要登记在贾琏名下，可是适逢贾琏公司经营出现重大失误，惹怒了老爷子，于是他直接将房产登记在了儿媳王熙凤的名下。这种情况下，贾赦的出资应视为对凤姐夫妻二人的赠与，该房产通常界定为夫妻双方的共同财产。

重点建议：如果你的父母出资买房，但是由于你没有购房资格，只能登记在你丈夫的名下，可是父母又觉得不踏实、不安心，那么建议父母和你们夫妻之间写一份协议，约定房产是父母赠与你个人的，或者你们夫妻之间就该套房屋提前写一份房产归属协议，约定该房产归属你个人所有。

（4）婚后一方父母部分出资买房，登记在自己子女名下。贾赦本想全款给贾琏买房，无奈现金不多，只能选择先付首付款500万，由贾琏贷款200万按揭买房，贷款由贾琏和凤姐二人负责偿还。后来，两人出现矛盾，凤姐要求平分财产，贾琏寸步不让！

贾琏：首付款是我父亲支付的，是对我的赠与，房子归我，还贷款的部分可以折价给你。

凤姐：既然是你父亲赠与的房款，就是对我们夫妻二人的赠与。房子可以给你，但是必须平均分割。

贾琏：你在说笑吧，做梦！

法律分析：让我们看一下凤姐是不是在做梦。这种情况下，房产虽然登记在贾琏个人名下，但贾赦的出资通常视为对贾琏和凤姐夫妻双方的赠与，房产一般也认定为夫妻共有。如果离婚分割，房产多数会被认定为夫妻共同财产，予以平均分割，而父母的出资则会作为分割时的参考因素。比如，会考虑到贾赦出资500万，分割时对贾琏稍微倾斜一下。预测结果：房产价值1000万，剩余贷款200万，净值800万。房产归贾琏所有，剩余贷款200万由贾琏个人负担，考虑到贾琏父亲出资500万，由贾琏付给王熙凤房屋折价款300万。（倾斜力度100万——够了！）

一点建议：通常做法是通常做法，但法律并没有明确规定，因此，如果涉及婚后父母出资买房的情况，从父母出资的角度来说，最好让父母就出资行为事先进行声明，说明只是赠与你个人。如果是从夫妻双方共同房产的角度考虑，那么无论出资多少，最好房产证写上双方的名字，这才是最妥善的做法。

（5）一方父母部分出资买房，登记在对方子女名下。由于购房资格的原因，贾赦出资500万首付买房，登记在了凤姐个人名下，房产如何认定？贾赦的出资一般会被认定是对夫妻双方的赠与，房产一般会认定为夫妻共同财产。

懂点法律：父母出资买房，登记在对方名下，那么无论是婚前购买还是婚后购买，房产一般都会被认定是夫妻共同财产。

4.婚后双方父母出资买房

（1）婚后双方父母出资买房，登记在双方子女名下。凤姐提出要换房，双方父母自然乐意赞助，于是贾家父母出资600万，王家父母出资400万，一个月内看房、买房、付款全部搞定，四居室高级房产1套，登记在了贾琏和凤姐两人名下。这套房屋被认定为凤姐夫妻二人的共同房产，无须异议。

（2）婚后双方父母共同出资买房，房子登记在一方子女名下。凤姐生下女儿巧姐，两家人都十分欢喜，决定共同出资买1套大一些的房产作为贺礼。贾家出资600万，王家出资400万，但是房产只登记在贾琏一人名下。这套房子应该如何定性？

懂点法律：由双方父母出资购买的不动产，产权登记在一方子女名下，该不动产可认定为双方按照各自父母的出资份额按份共有，但双方另有约定的除外。

所以，这套花1000万购置的房产，是按照双方父母的出资比例按份共有，也就是贾琏占60%，凤姐占40%。这就和婚前父母共同出资买房的情况基本一致了。

5.父母出资买房，风险如何预防？

根据凤姐和贾琏父母出资买房的4种情况，婚前婚后出资有所不同，全款出资和部分出资也会对房产归属的定性造成影响，登记在一个人名下和登记在两个人名下结果更是不同。所以，一旦牵涉到父母出资买房，最好别碍于情面，还是事先说清楚比较好：

（1）是赠与还是借款，最好明示。如果父母是借款，钱借给你买房，那么最好写个借条，夫妻双方在场签字，正所谓"先小人后君子"。如果是赠与，这种情况最常见，那么写个赠与协议，明确是赠与你个人的，还是赠与你们夫妻俩的。当然，如果不好摊开了说，就去做个公证。

（2）出资来源要保留证据。很多家庭是父母子女不分你我，金钱往来也很随意，但一旦面临纠纷，就很难界定。因此，钱款往来最好保留证据，能转账就转账，能一步到位就别绕来绕去。

（3）共同出资买房最好登记在双方名下。无论是婚前父母买房还是婚后父母买房，最大的争议其实是房产的性质，到底是共同共有还是按份共有。因此，如果确实有共同买房的意愿，还是登记在双方名下更为明确。

（4）房屋归属最好约定清楚。如果遇到无法登记在双方名下的情况，为避免今后产生纠纷，最好通过夫妻财产协议的方式将房屋的归属和份额提前约定清楚。

父母买房关键词

1. 赠与还是借款，事先明确；
2. 保留出资来源凭证；
3. 共同出资买房，登记在双方名下；
4. 房屋归属约定清楚。

借名买房，要慎重！

我们在第 1 章中讲过，贾琏和凤姐结婚后，贾琏曾以他父亲贾赦的名义在南京购置了 1 套房。后来，贾琏公司出现状况需要资金，贾琏和父亲商议后，就直接把父亲名下的房产卖了，变现资金立马投入了公司。整个过程，凤姐一点都不知情。这就是借名买房的风险之一，容易陷入房产失控。房产失控就意味着有失去的风险！这也是凤姐事后意识到的教训之一。

其实，借名买房还有另一个常见的风险。假设贾琏未将父亲名下的这套房产私自处分，但是因为他的出轨风波，凤姐一时间无法忍受，提出要和他离婚。对于这套房产，凤姐要求按照现值予以分割。当初购房款 130 万，如今价值已经翻倍至 260 万。

凤姐：南京那套房子，虽说在你父亲名下，可也是我们婚后购买，理应平分，房子你且留下，按照现价值给我一半折价款。

贾琏：房子本就是父亲的，何以变成我们夫妻的财产了？

凤姐：购房款是我们的共同财产，房产为何不是？当初说好了，只是借你父亲的名义购房。

贾琏：何来借名一说?!房款确实是我支付的，但只是借给父亲而已。如今你要分，给你一半房款。

凤姐：青天白日，竟睁着眼睛说起瞎话来，也不怕遭报应！

贾琏：你和父亲争辩去，看他认不认可借名的事。

凤姐：（拨通贾赦的电话）爸，我和您确认一下，当初是我和贾琏借您的名义在咱们南京老家购买了1套房产，您可记得此事？

贾赦：（毫不迟疑）什么借名？这套房产不是你们夫妻二人孝敬给我的吗？让我养老用的，怎么，现在又反悔了？

凤姐：……

贾琏：（心中窃喜）

凤姐陷入困境：借名购房既无协议，又无证据，真是百口莫辩！原本130万买的房，现在价值已经260万了，借款和借名所得足足相差65万。更何况，公公贾赦又主张说是赠与！

懂点法律：司法实践中，关于借名买房的纠纷，法院一般也是根据借名所得买房协议、购房票据、出资来源、实际使用或控制房屋等客观情况来认定。因此，如果确实需要采取"借名"方式购买住房的话，那么作为实际购买人，必须注意了：

（1）签订借名买房的书面协议。确定该房产的实际出资人和权利人。

（2）留存好房款支付凭证。在购房时应当从自己的账户支付房款，并保留好付款单据，以免发生纠纷时百口莫辩。

（3）房屋交付后尽量自己使用控制。房屋可以入住后，尽量自己装修、占有、使用，或者办理出租，将房屋实际掌控在自己手里。

（4）必要时设置房产抵押。可以让名义产权人协助你们把房产设置贷款抵押。

父母买房关键词

1. 借名买房书面协议；
2. 支付房款凭证；
3. 控制使用房屋；
4. 设置抵押。

千万不要为买房而假离婚

房价居高不下的今天，很多夫妻为了规避限购政策而假离婚，约定婚姻房产归一方所有，另一方在离婚后重新获得购房资格，然后以首套房的价格购入第二套房。可是房子顺利买了，风险也随之而来。

贾琏和凤姐结婚多年，巧姐此时已经5岁，三口之家在北京虽算不上富裕，但也是中产中的上游，毕竟两人名下有多套房产，在双方父母的支持下，没有任何的房贷压力。随着房价一日比一日高，凤姐就和贾琏商议再买1套房，作为投资。适逢贾琏做的几笔生意都失败了，身边投资房产的兄弟们都赚得盆满钵满，他听了这个建议自然心动。于是，两人决定搞房地产投资，并看好了1套公寓房。

但真正看上了房子，又面临一个问题，两人名下都有房产，根本没有资格再买房。这可怎么办？最后思来想去，在房产中介朋友的建议下，两人决定假离婚，这样贾琏就有了购房资格，买完房两人再复婚。就这么定了，翌日，凤姐和贾琏便签署了离婚协议，到民政局办理了离婚手续。随后贾琏以自己的名义购买了新房，并将房屋登记在自己名下。新房装修，正式出租已是一年后的事了。然而在这一年期间，凤姐和贾琏并没有复婚，每次凤姐提出复婚，贾琏总是以工作忙为借口推脱不去办理。再后来，凤姐发现贾琏出轨，两人的感情破裂，这套房子的分割也成了问题。

凤姐：就是为了买这套房我们才假离婚的，房子当然要算夫妻共同财产了。你要房子可以，折价一半，银子拿来。

贾琏：咱们离婚后我才买的房子，和你有什么关系？劝你最好别惦记！

凤姐：房子是我们一起选，一起买，一起装修的，朋友和中介也都可以做证，你想抵赖不成？

贾琏：你且找他们来，看谁愿意给你做证？

凤姐：看样子，琏二爷是想闹到衙门去了？

贾琏：奉陪到底！

故事结局：假离婚期间购买的房产，如何认定？凤姐能否变被动为主动？且看凤姐的一番操作：凤姐做事精明又细心是有目共睹的，在买房的过程中，自然留下了很多假离婚的证据，包括假离婚前后双方谈话的一些录音、离婚之后双方依旧共同生活的证据，以及共同选房、共同出资购房、共同装修、共同出租的相关证据。再加上中介和朋友也比较客观，愿意为凤姐做证，最后法院综合各方面的情况认定，这套房产是两人用共同财产购买，目的也是为了共同经营投资，理应平均分割。最终，凤姐得到了相应的折价款。

凤姐是细心的，也是幸运的，因为根据司法的实践，能够认定假离婚购买的房产是夫妻共同财产的案例是极少数。毕竟需要充足的证据证明假离婚的事实！但并不是每一个假离婚买房的妻子都这么幸运。很多妻子没有凤姐这样的细心，也没有留下假离婚的证据，甚至共同购房的证据也没有，当对方不复婚时，你再要求分割房产，很难得到支持。张律师郑重提醒，这才是司法实践中的多数情况！

郑重建议：谨慎对待假离婚买房：

（1）不要钻法律的空子办假离婚。法律上根本没有假离婚这一说，一旦登记离婚，领了离婚证，就是真离婚，两个人就再也没有法律上的夫妻关系，也不再受法律保护，所取得的财产自然也不是夫妻共同财产。假如离婚后获得房产的一方反悔，拒绝复婚，那你毫无办法。而且，假离婚后重新购买房产的一方是否在假离婚的时候就蓄谋已久，也未可知。

（2）留下假离婚的证据。如果确实一时冲动糊涂，决定假离婚，最好留下假离婚的相关证据，在签署离婚协议的时候，单独签署一份补充协议，针对假离婚的经过进行描述，表明离婚协议不具有真实效力。

（3）留下离婚后依旧以夫妻名义共同生活的证据。比如，共同居住情况、生活消费情况等。

（4）共同出资、共同购房、共同装修、共同入住的证据。

（5）复婚后尽快将房产变更登记为夫妻共同名字。

灵魂拷问

你会为了买房而选择假离婚吗？

Chapter 04

第4章

先有独立，才有平等

婚姻中最大的风险是：你不知道！

贾琏和王熙凤结婚之后，贾琏尽心协助叔叔贾政经营贾氏家族企业，成了贾氏集团不可或缺的干将。但随着堂弟贾宝玉日渐成人，虽说他压根儿不想参与家族事务，只想过闲云野鹤的悠闲生活，但毕竟贾家上下都默认，贾宝玉才是家族名正言顺的继承人。基于此形势，贾琏更憋足了劲儿想要证明自己有能力、有魄力，比宝玉更适合掌管家族企业。年轻人有冲劲固然不错，但最怕冒进。他与王熙凤结婚后不久，正赶上一个前景看好的房地产项目，恰逢公司现金流短缺，时间紧迫，为拿下项目，贾琏以公司的名义四处拆借，依然不够，他说服王熙凤配合自己将名下的房产抵押，还以个人的名义又借了数百万。

经营总有风险，没想到这个项目大亏，贾氏企业也差点失了元气，濒临破产。好事不出门，坏事传千里！一时间，新债旧债的债主们纷纷找上了门，要求贾琏和凤姐共同承担债务。细细梳理，这些债务有公司债务，有贾琏为公司担保的债务，有贾琏以个人名义借的债务，有凤姐配合签字的债务。凤姐细细想来，自己也就是为房产抵押贷款签过字，其余债务一概不知，又没有参与公司经营，凭什么要和贾琏连带承担债务？

凤姐的想法是否有道理？哪些债务是夫妻共同债务，哪些债务是个人债务？我们根据法律的最新规定，来详细分析一下。

夫妻共同债务如何认定？

凤姐名下的个人资产和夫妻共同资产不少，加上娘家又是赫赫有名的王氏家族，债主们自然希望债务和王熙凤扯上关系，这样心里才算踏实。

那么，这些债务究竟如何界定呢？

1. 夫妻双方都签字的债务，自然是夫妻共同债务

债主一（银行）： 抵押贷款的这个债务，你们夫妻都签字了，马上到期，赶紧还，不然房子就要被执行了。

贾琏： 放心，我会尽快想办法还上。

凤姐：（见贾琏唯唯诺诺，十分不爽）既然我签字了，我就认，也不打听一下我们王氏家族的实力，难道会欠钱不还吗？

债主一： 既然您二位认可，我们也就放心了，时间上宽限几日也是无妨的。

懂点法律： 夫妻债务界定的首要标准即共债共签原则。也就是说，夫妻之间要有共同的借债意愿，共同签字。或者一方

签字，另一方事后追认，通过电话、短信、微信、邮件等方式表示了共同借债的意思。

情景分析：凤姐和贾琏既然共同签字了，自然会被认定是夫妻共同债务，而且凤姐也明确表示认可是共同债务，态度非常豪爽利落。

2. 个人所借小额债务，通常直接认定为夫妻共同债务

凤姐掌管家中的财政大权，严格控制贾琏的收支，手头紧的时候，贾琏只好向兄弟们开口借钱周转。兄弟们对琏二奶奶的脾气自然了解，看贾琏可怜，倒也乐意出手相助。这次贾氏企业发生危机，有些人担心自己的借款打了水漂，纷纷找上门来。正所谓，人情冷暖，瞬息万变！

债主二（贾琏某兄弟）：贾哥，上次为了给巧姐选幼儿园交择校费的事找我借了两万元，我直接微信转给你了。当时你说三两日就还，现在三个月都过去了，你看是不是该还了呢？

贾琏：这么一点钱，难道我会拖欠不还！这不是赶上事儿了吗？体谅一下！

债主二：贾哥，倒不是我着急要钱，只是怕我老婆问起来，不好搪塞。毕竟我们都是靠工资吃饭，手头也不富裕。

贾琏：（对凤姐说）上次给巧姐交幼儿园择校费，我找兄弟周转了两万，你赶紧给我，我还给他。

凤姐：我给你可以，但我必须声明，这债务是你一个人的，和我无关。我平日里给你的生活费用不少，你倒说说都用到哪里了。

贾琏： 你别瞎猜疑。这次就是巧姐择校费要得突然，一时联系不上你，我才找人周转。这是正常的开销，我无须经过你的同意，也是我们的共同债务。

懂点法律： 为了家庭生活需要，个人名义所负债务，通常会直接认定为夫妻共同债务。家庭生活需要主要包括正常的衣食消费、日用品购买、子女抚养教育、老人赡养等维系一个家庭正常生活所必须的开支。

情景分析： 贾琏为了交付巧姐幼儿园的择校费，向朋友借了两万元，属于生活需要的范畴，因此认定夫妻共同债务没有问题。当然，如果凤姐坚持不认可，则需要证明该债务根本没有用于巧姐的择校。

重点思考： 什么是家庭生活需要？有没有数额的限制？虽然各个家庭开销不同，但一般会有一个标准。以北京的情况为例，一般10万元为一个标准。10万元以下，可以不用夫妻双方签字，如果在10万元以上，债权人也没有让夫妻双方共同签字，你是可以抗辩的。不过这只是根据司法实践提出的一个建议，具体还要根据家庭情况来定。

3. 个人所借大额债务，配偶没有签字，就不需要承担连带责任吗？

债主三（贾琏又一个兄弟）：贾哥，年前您为了购置新房向小弟我借100万，当时说是三个月必还，现在已经半年过去了。我也看中了1套房子，急着购买，贾哥能否赶快把钱还我？

贾琏：放心，兄弟，哥哥不会不还的，只是近期公司和家中均发生了不少事，你就再容我几个月。

债主三：贾哥，我这是急着结婚购置婚房呀，不然也不会催您。要不您和嫂子商量一下，帮弟弟一把，也算是祝我新婚快乐了。

贾琏：你嫂子还不知情，我尽量和她说说。

凤姐：你自己借的债务自己偿还，买房的钱我给过你，你偏偏投入公司，买房时又去借债，我不知情，我也不认可，断不会替你还。

债主三：嫂子先不要生气，贾哥向我借钱的时候，是说你们要买房，我想买房你也是知情的，也是为了生活需要。嫂子现在来替贾哥解围也是替小弟解围了。还望嫂子能够体谅小弟的处境。

懂点法律：没有共同签字，又明显超出日常生活开支的情况下，夫妻一方所借债务，一般认定为个人债务。但是如果债权人能够证明债务用于共同生活，共同受益，该债务则可以被认定为夫妻共同债务。[①]

---

① 《民法典》第一千零六十四条　夫妻双方共同签名或者夫妻一方事后追认等共同意思表示所负的债务，以及夫妻一方在婚姻关系存续期间以个人名义为家庭日常生活需要所负的债务，属于夫妻共同债务。夫妻一方在婚姻关系存续期间以个人名义超出家庭日常生活需要所负的债务，不属于夫妻共同债务；但是，债权人能够证明该债务用于夫妻共同生活、共同生产经营或者基于夫妻双方共同意思表示的除外。

情景分析：凤姐虽然没有签字，也没有追认，但借款是用于夫妻购房，购房目的无论是生活使用，还是投资经营，凤姐都是共同受益人，因此，这笔债务可以被认定为夫妻共同债务，凤姐要承担连带责任。

重点思考：对于超出日常必要开支的共同生活开销如何理解？超出必要开支，比如，用于买车买房，用于国外旅行等，这些共同生活开销都好理解。此外，为了履行义务所需开支，也是必要的家庭生活开支。比如，贾琏私自借了50万，是给患重病的父亲看病，即使凤姐没有签字，也属于赡养老人之必须，也是要被认定为夫妻共同债务的。

特别提示：用于家庭生活或者配偶方共同受益，这个举证责任在债权人，因此，凤姐还可以先缓缓再说。也质问一下债权人，这么大额的债务，为什么不要求她一并签字呢？

4.经营公司所借的个人债务，配偶一方为何会承担连带责任？

此次债主纷纷上门，都是担心贾氏企业经营危机，无法按时偿还债务，债务数额都很大，这也是让贾琏和凤姐担忧和头疼的。

债主四（某公司）：贾总向我公司借的200万已经到期了，贾总和夫人还是尽快还上吧。

贾琏：我们贾氏企业已经运作新的项目，等项目启动，所占的大额资金也会即时回流，到时候所借款项必定连本带利奉还。还望给予宽限！

债主四：（非常不满）贾总，我公司目前也陷入危机，急需资金应对。按理说贵公司是大企业，我们并不担心，只是现在时间紧急，贾总和夫人还是想办法快还钱吧。

贾琏：毕竟这是公司经营的债务，还是公司来偿还比较合适，哪有CEO个人承担的道理。

债主四：是公司债务，可是，贾总您个人也签字了呀，而且您夫人应当也是知情的。所以，这也是你们夫妻的共同连带债务。

凤姐：（实在听不下去）这本来是公司债务，贾琏也只是以公司CEO的名义签字确认而已，并非我夫妻二人私事。再者，我根本不知情，也没有签字，现在我也不追认，债务和我完全无关。

债主四：这本就是企业经营债务，您作为贾总的贤内助，帮助贾总打理公司，这我们都是知道的。另外，您也是公司经营的受益人之一。我们主张这是夫妻共同债务，是经过分析得出的结论，也是有依据的。

凤姐：不管你们什么依据，我和贾琏都是无辜的，主张夫妻共同债务更是无稽之谈，你即便告到法院，我也是不认的。

债主四：恕我冒犯，那我们还是走法律程序吧！

懂点法律：同前文所述，夫妻一方所借大额债务，一般认定为个人债务。但是如果债权人能够证明债务用于共同经营或者配偶一方共同参与了经营、共同享受了经营收益，则该债务可以被认定为夫妻共同债务。

情景分析：虽然债务是公司经营债务，但是贾琏以个人名义所借，贾琏自然要负责偿还。贾氏企业虽然一直是贾琏经营管理，但是凤姐对于公司的经营管理情况十分熟悉，偶尔也会亲自帮助贾琏打理一些重要项目，也实际享受到了所涉债务投资产生的前期效益。因此，该经营债务被认定为夫妻共同债务是合理的。

重点提示：认定公司经营中的夫妻共同债务，主要是看配偶一方是否共同参与、共同管理公司或者共同享受了经营公司的收益。

5.总结分析：认定夫妻共同债务的标准

关于共同债务的问题，《婚姻法》之前的规定曾经受到很多人的质疑，尤其是《〈婚姻法〉司法解释（二）》中第二十四条[①]，很多人觉得这条规定不合理。后来，在某著名的夫妻共同债务案件的舆论发酵之际，2018 年初，最高人民法院出了新的司法解释，对于夫妻共同债务的认定进行明确界定[②]。2021 年 1 月 1 日实施的《民法典》采纳了这一司法解释对于夫妻共同债务

---

① 《〈婚姻法〉司法解释（二）》（已废止）第二十四条　债权人就婚姻关系存续期间夫妻一方以个人名义所负债务主张权利的，应当按夫妻共同债务处理。但夫妻一方能够证明债权人与债务人明确约定为个人债务，或者能够证明属于《婚姻法》第十九条第三款规定情形的除外。

② 《最高人民法院关于审理涉及夫妻债务纠纷案件适用法律有关问题的解释》（已废止）

第一条　夫妻双方共同签字或者夫妻一方事后追认等共同意思表示所负的债务，应当认定为夫妻共同债务。

第二条　夫妻一方在婚姻关系存续期间以个人名义为家庭日常生活需要所负的债务，债权人以属于夫妻共同债务为由主张权利的，人民法院应予支持。

第三条　夫妻一方在婚姻关系存续期间以个人名义超出家庭日常生活需要所负的债务，债权人以属于夫妻共同债务为由主张权利的，人民法院不予支持，但债权人能够证明该债务用于夫妻共同生活、共同生产经营或者基于夫妻双方共同意思表示的除外。

的规定。[①]

结合最高院司法解释以及《民法典》规定，认定夫妻共同债务一般有三种情况：

（1）共债共签。共同的意愿，共同签字，或者一方在事后追认以及其他形式表示了共同借债的意思。

（2）个人名义所负债务，为了家庭生活需要。正常的衣食消费、日用品购买、子女抚养教育、老人赡养等维系一个家庭正常生活所必须的开支。

（3）债权人举证证明债务是共同债务。债权人必须负责举证证明，债务用于共同生活，或者用于共同生产经营。其实也就是举证证明夫妻有共同的借债合意，或者共同受益。

法律练习场

1. 如果丈夫私自借了 20 万，也说是家庭生活所需，怎么办，如何举证反驳呢?
2. 丈夫私自借了 50 万，给前妻所生的儿子，用于出国留学，现任妻子需不需要承担连带责任?

① 《民法典》第一千零六十四条　夫妻双方共同签名或者夫妻一方事后追认等共同意思表示所负的债务，以及夫妻一方在婚姻关系存续期间以个人名义为家庭日常生活需要所负的债务，属于夫妻共同债务。夫妻一方在婚姻关系存续期间以个人名义超出家庭日常生活需要所负的债务，不属于夫妻共同债务；但是，债权人能够证明该债务用于夫妻共同生活、共同生产经营或者基于夫妻双方共同意思表示的除外。

常见的个人债务有哪些？

夫妻共同债务的界定有了清晰的标准，但是把握和理解起来其实还是有一定难度的，毕竟现实生活中夫妻之间对外举债的情况是各种各样的。当然了，虽然有些债务界定起来有一定的难度，但是有些债务是可以明确界定为个人债务的。

1. 一方因个人不正当、不合理的开支所借的债务。比如贾琏沉溺于纸醉金迷的奢靡生活，因赌博、吸毒、酗酒等负上债务。这些债务肯定是贾琏的个人债务，凤姐不需要负担连带责任。

2. 一方实施犯罪、侵权行为所负的债务。那日，贾琏醉酒后与人发生争执，将对方打成重伤，为此所负担的医疗费等债务，这是典型的个人债务。

3. 一方与债权人明确约定的个人债务。贾琏为经营公司向弟弟贾琮借钱，凤姐向贾琮声明这是贾琏的个人债务，与她无关。贾琮认可。那么，在债权人知情并认可是一方的个人债务的情况下，自然是个人债务。

4.债权人知情的夫妻分别财产制度。假如婚后贾琏和凤姐签署了一份协议，明确约定婚后所得的财产归各自所有，各自所负债务各自负担，也就是书面约定了实行分别财产制。此时贾琏借钱，债权人知道他和凤姐分别财产制一事，那么这个债务就是夫妻一方的个人债务。

5.一方未经配偶同意，擅自借款从事经营活动。贾琏一心想创业，私自借款创业开公司，而且经营公司的收益也没有用于夫妻共同生活，那么这个债务就是个人债务。这个和上一节中所探讨的夫妻共同经营所产生的共同债务刚好相对应。

6.一方擅自资助没有抚养义务的亲戚朋友或者陌生人所负的债务。某好兄弟突发疾病过世，孩子尚小，贾琏时常出手接济，后来孩子要上学，贾琏就借钱资助学费。因为没有法律上的抚养义务，由此产生的债务是个人债务。这点和因抚养义务、赡养义务所负债务系夫妻共同债务有所不同。

7.夫妻分居期间所负的债务。因贾琏出轨，凤姐决定和他分居，分居期间贾琏所负的债务凤姐完全不知情，自然也不会用于夫妻共同生活，因此这期间所负的债务，一般也是个人债务。

8.夫妻直接协议约定由一方承担的个人债务。贾琏对外债务实在太多，凤姐于是和他签了书面协议，约定某些债务是贾琏的个人债务，由其个人承担。这样的约定有效，但是仅仅对贾琏和凤姐他们夫妻双方内部有效力，不能用于对抗不知情的债权人。

总结一下：以上是常见的个人债务，对于第 1~7 种情况，夫妻另一方不用承担连带责任，对于第 8 种情况，即使承担了连带责任，也可以向举债一方进行追偿。

法律练习场

一方所负的高利贷债务，配偶是否需要承担连带责任？

如何避免无故承担大额夫妻共同债务?

夫妻共同债务的界定是司法界都很难判定的复杂问题。因此日常生活中，还是要避免在不知情的情况下，无缘无故背负巨额的夫妻共同债务。

1. 签字要慎重。共同举债签字的时候，一定要想清楚，一定要看清债务内容和数额，别稀里糊涂就签了字。

2. 日常开销心中有数。尽管夫妻双方可以任意处理一般的生活事项，不需要对方授权，但一定要对平时的日常开销有一个认识和掌握，以免举不出证据，证明日常开销的标准。

3. 公司资产和家庭资产做好隔离。公司经营收入和家庭收入最好隔离，避免混同，以免公司经营举债，被认定为用于家庭共同生活或者夫妻共同受益。比如，有的创业公司，经营收入直接汇入家庭收入账户，家庭的开销也直接从公司账户中支出，这种情况下，公司经营所负的债务就很可能被认定为夫妻共同债务。

4. 事后追认或者偿还要慎重。生活中很多女性朋友，对于丈夫在外面借的高利贷或者其他债务，本来不知情，也没有签字，但是在丈夫的软磨硬泡下，后来追认了，那么，你一旦签字追认，就意味着你认可了这是夫妻共同债务。而且，有的女性朋友虽然不认可，也没有追认，但是可能迫于债权人要债的压力，你替他还债了。你这一还债，就是用事实行为认可了这笔债务是共同债务，那么，他如果再借新的债务，你再以不知情来为自己辩驳，就比较被动了。我们思考一下：同一类的债务，你之前为什么替他还？如果之前是夫妻债务，那现在你不还了，就是个人债务了吗？所以，如果要追认，一定要想清楚，如果想出于夫妻情义替对方还了这些债务，就要承担需要好人做到底的风险，因此，必须考虑自己有没有做到底的能力。

5.约定个人偿还要善意。很多夫妻，尤其是家里经营公司的夫妻，一旦公司经营状况恶化，产生大额债务，怕连累家里，或者连累夫妻另一方，就会签署夫妻财产协议，对债务问题进行约定，由一方偿还，与另一方无关。有的甚至假离婚，在离婚协议里进行类似的约定。这样的约定其实就不是善意的，对债权人很不公平。这样的约定一般也不能对抗债权人，债权人依然可以要求夫妻共同连带承担。不过，正如上一节中所提，夫妻之间如果替对方承担了债务，其实是可以内部追偿的。类似的协议，对内对外有别。

懂点法律：关于夫妻共同债务的3个标准和5个建议。

3个标准：

1.共同的意思表示，共债共签，或者事后追认。

2.个人名义举债，但是用于家庭日常生活必须。

3.个人名义举债，超出家庭生活开销，但是用于共同经营或者家庭共同生活。

5个建议：

1.共同举债签字要慎重。

2.对家庭日常开销要心中有数。

3.公司经营收入和家庭收入最好隔离，避免混同。

4.事后追认或者偿还要慎重。

5.约定个人债务要善意。

Chapter 05

第5章

强势理财，是婚姻独立的首要条件

在我年轻的时候，曾以为金钱是世界上最重要的东西，现在我老了，才知道的确如此。

——奥斯卡·王尔德

默多克与邓文迪的离婚纠纷我们都不陌生。记得当年有个新闻的标题是:《19分钟了断14年婚姻，邓文迪吻别默多克》。默多克富可敌国，资产高达134亿美元，如果一项项分割的话，可想而知这个离婚要离到什么时候。之所以能这么快解决，就是因为默多克不仅为自己的婚前财产设置了信托，而且还和邓文迪在婚前婚后签署了两份财产协议。法院也是按照这两份协议，很快对财产进行了处分。最后，邓文迪仅仅分得丈夫财产的百分之一不到，从表面上看，也许你要为邓文迪感到遗憾，因为默多克上一任妻子分得17亿美元。但是从另一个侧面，或者换位思考一下，我们能够看出默多克超强的婚姻财富保护意识，也能看到信托和财产协议的作用所在。

说到婚姻财富保护，除了默多克所运用的夫妻财产协议和信托之外，其实还有赠与协议和保险等工具。如果归类的话，赠与协议、财产协议算是法律工具；保险和信托则是金融工具。通过这些工具，既可以实现财富安全、债务隔离，也能有效避免在婚姻遭遇危机的时候陷入被动局面。当然，这里的财富保护，并不是将财富囤起来、藏起来、埋起来，不花也不动，而是科学规划，避免损失。

婚前协议，合理保护自己的婚前财产

贾琏和凤姐结婚的时候，一个是贾氏集团的公子，一个是王氏集团的千金，双方名下都有大量财产，两个人的结合，如果不分你我，简直堪比两个上市公司合并。

当时，贾琏和凤姐已处于热恋期，彼此海誓山盟，约定一生相守，两人根本不愿意签署婚前协议，也不觉得日后会有什么风险。后来，两个家族的掌门人分别找两人谈话做工作，两人又各自敞开心扉畅谈，才坦然签署婚前财产协议。有时候，婚姻不单单是个人的幸福，还关乎家族的荣辱命运。

§ 婚前财产协议约定的内容

贾琏和凤姐的资产类别比较丰富，婚前财产协议主要针对两人名下的大额存款、理财等金融资产，不动产，持有的家族企业股权等重要资产进行了明确的归属约定，避免日后因婚姻矛盾而遭受损失。以凤姐一方的个别资产总结为例：

1. 金融资产：女方王熙凤名下南京银行的存款××元系女方婚前个人财产，归女方单独所有，婚后孳息及理财收益亦属于女方单独所有。

2. 房产：女方王熙凤名下的位于××的房产1套系女方婚前个人财产，归女方单独所有，婚后相关收益亦属于女方单独所有。

3. 股权：女方王熙凤名下××公司股权为女方婚前个人财产，归女方单独所有，婚后股权收益及分红亦归女方单独所有。

……

贾琏方的内容也大致相同。

懂点法律：婚前财产协议就是拟结婚的男女双方在结婚登记之前，就双方各自婚前财产及婚后所得的财产的归属所做的一个约定。婚前协议的作用就是把婚前个人财产与婚后财产有效地进行隔离，达到保护个人财产的目的，其实也是减少或者避免不必要的财产纠纷的一种有效方式。

重点解释：有的人以为婚前财产约定只是对自己婚前的财产在结婚之后不作为夫妻共同财产而进行的约定。其实，婚前财产不仅可以约定婚前财产的归属，也可以为婚后甚至是离婚时如何处理财产做出一个原则性的约定。确切地说，可以是对婚前财产的归属进行约定，也可以是对婚后可能取得的财产进行约定。可以约定归各自所有，也可以约定归双方共同所有。约定不只是针对财产，也可以对婚前的债务和婚后可能产生的债务进行约定。

§ 哪些人应该签署婚前财产协议？

贾琏和凤姐名下资产数额、类别都比较多，双方还都持有家族企业股权，双方名下财产都比较多的人，最好签署婚前财产协议。除此之外，还有3类人应当签署：

1. 企业家或者企业主。如果双方或者一方是企业家或者企业主，其财富必然包含企业股权，如果不能在婚前就约定清楚，一旦出现离婚纠纷，股权分割、股份冻结等风险都有可能发生，有时候不仅仅是财富多少的问题，很可能是企业生死的问题。因此，企业家签署婚前财产协议也很有必要。

2. 男女双方经济悬殊巨大。如果男女双方经济悬殊特别大，就很有必要签署婚前财产协议，将婚前财产归属进行明确，从而保障自己的财产和家族的财产。比如，我们熟知的默多克和邓文迪，三星集团“长公主”李富真和保安出身的前夫任佑宰，都是男女之间的经济地位和财富差距巨大，结婚前都签署了类似协议。

3. 再婚的男女。现实生活中，再婚夫妻提前签署婚前协议的也比较多，因为无论是一方再婚，还是双方都是再婚，必然涉及婚前财产如何归属、婚前子女抚养等问题，很有必要做一个清晰的约定。再婚的老年群体，可能考虑到各自子女的利益，或者迫于子女的压力、将来财产继承的问题，签署婚前财产协议的也不少。

§ 如何签署婚前财产协议？

凤姐和贾琏的婚前协议，是双方家族的法律顾问共同拟定、修改、调整的结果，财产精准细化，既考虑到财产的婚前状态，又考虑到婚后转化和可能产生的收益，条款足足上百页，可谓壮观。

回归协议本身，如何签署？其实，我国的《婚姻法》《民法典》都没有专门的条文对婚前财产协议进行明确规定。我们重点从避免纠纷的角度分析一下。

1. 充分了解协议内容。恋爱中的男女，更注重感情，对财产看得没那么重，但正是这种心态容易埋下隐患。凤姐和贾琏当初也是不愿意签署协议的，觉得影响感情。我身边也有朋友为了爱情，果断和豪门丈夫签署婚前协议，但事实上，她连协议的内容是什么都不知道，对自己到底放弃了什么财产也一概不知，甚至自己都没有保存一份。当婚姻突变时，完全陷入被动。因此，一定要充分了解自己签署协议的内容。

2. 自愿且真实意思的声明。与充分了解协议相对应，如果你是财富较多的一方，为避免今后另一方主张欺诈、胁迫、非自愿签署协议而产生后续纠纷，最好在协议中进行真实意思的声明。

3. 采用书面形式。既然是婚前财产协议，肯定涉及财产归属问题，口说无凭，还是书面协议比较保险。

4. 约定的财产内容必须明确，且是双方拥有所有权的财产。

财产的具体指向一定要清晰，避免模糊不清、无法界定，而且不得涉及他人财产，尤其是家人财产、企业财产。很多夫妻在签署协议的时候，往往会把和父母共同所有的财产，或者企业财产也约定在协议里，这是不规范的，涉及他人财产的部分也是无效的。

5. 附上财产清单。贾琏和凤姐双方的资产都比较多，一项项地写着实不够清晰，因此专门附了财产清单，清楚明确地列明财产的种类、内容、价值、产权凭证、权属证明等。

6. 不得有违反人身自由的约定。有些婚前财产协议对财产的归属附有条件，但所附条件不得有违反人身自由、伦理和风俗习惯的约定。比如，有的协议约定，谁提出离婚谁就净身出户，像这样的约定限制了人身自由，是无效的。

7. 不得规避义务。婚前财产协议不得规避夫妻之间相互扶助、抚养子女、赡养老人的义务，更不得规避夫妻共同债务。

8. 最好做个公证。凤姐和贾琏的财产协议专门到公证处办理了公证。但公证并不是必需的步骤，只是经过公证的婚前财产协议，更具有公信力，通常情况下，不会被推翻。

§ 婚前财产协议可以变更或撤销吗？

婚前财产协议是附随于婚姻关系的，所以，尽管婚前财产协议签订于双方缔结为合法夫妻之前，且在婚前成立，但是协议的生效却始于男女双方结合为合法夫妻之时，也就是结婚登记之时。

因此，在生效前，协议自然是可以随意变更和撤销的。在协议生效后，也是可以根据财产情况进行补充约定或者变更调整。无论是婚前、婚后变更或者撤销，最好都以书面的方式进行。经过公证的协议，若要变更或者撤销，同样需要经过公证程序，由公证机构出具变更后的公证书，或者直接对之前的公证书予以撤销。

最后提醒：千万不要图省事，在网上随便下个版本就草草了事，如果财产较少，房子车子存款，归置清楚就行，但如果财产较多，尤其是涉及多套房产、多家公司股权、投资或者其他一些收益的话，就有必要找专人梳理和拟定，避免今后产生不必要的纠纷。

婚内财产协议：保护个人财产，平衡夫妻资产

再次回顾一下我们在序言中提到的“80后”小夫妻贾琏和凤姐的婚后故事。婚后凤姐回归家庭照顾巧姐，贾琏不断奋进经营事业，两人分工不同，家庭贡献没有大小之分，但是两人直接拥有和控制的婚后财富差距太大，凤姐完全陷入了被动局面。这个在第1章中已有介绍。这一章节我们主要探讨如何借助婚内财产协议改变这一现状，如何平衡夫妻之间的财富失衡，如何对凤姐的家事劳务予以充分的认可和补偿。

§ 夫妻婚内财产协议的作用

婚内财产协议，相对于婚前财产协议，其实就是在结婚后对夫妻双方的财产归属进行约定，作用至关重要。

1. 保护个人财产。

适用于个人财产较多的情况。假设凤姐和贾琏婚前没有签署财产协议，或者签署的协议中约定的财产不够全面，那么，婚后依然可以通过婚内财产协议的方式对婚前财产和婚后财产的归属统一进行约定或者补充，能有效实现资产隔离、保护自己个人财产的目的，从而避免婚姻出现变故时，因财产混合、权属不清而引发纠纷。

2. 平衡夫妻资产。

适用于夫妻双方资产或者收入差距较大的情况。比如，贾琏和凤姐的婚后生活中，两人其实可通过签署夫妻财产协议，约定某些财产归凤姐单独所有，这样既可实现婚姻财产先期向凤姐进行倾斜，从而打破家庭资产控制权的失衡，也能增加凤姐作为全职太太的财富安全感，某种程度上也加固了婚姻稳定。

3. 隔离夫妻债务。

夫妻一方有投资、经营等行为，或者本身就是企业家，负债的可能性就比较大。正如我们在第 4 章“夫妻共同债务”中所述，贾氏企业陷入债务危机，不仅牵连公司资产，还牵连夫妻共同资产。因此，先签署夫妻财产协议，对个人财产和部分夫妻共同财产归属进行约定，虽说不能完全但也能部分达到隔离债务的效果，尤其是在债权人知道该协议存在的前提下。

§ 如何签署婚内财产协议？

1. 婚内财产协议必须是书面的吗？必须！

贾琏和凤姐就婚后财产归属商议确定后，凤姐就决定请律师拟定书面的协议进行确认。

凤姐：既然你我已经商定了财产的归属，尽快请律师拟定一份书面协议，签字确认为好。

贾琏：君子一言驷马难追，都已经确定了的事，我都口头应允了，难道怕我反悔不成?!

凤姐：不是怕你反悔，只是签署协议显得规范一些。倘若你真的反悔，我也有个依据！

懂点法律：夫妻财产协议必须是书面的，否则，除非双方认可，不然无效。

2. 婚内财产协议只能对婚后财产进行约定吗？当然不是！

凤姐：上次咱们商定的那几项没问题吧，没问题的话，我就让律师先起草着。

贾琏：上次你说的财产有婚前的有婚后的，我们现在签署的协议是婚内财产协议，只能针对婚后财产。

凤姐：有这个说法吗？不能涉及婚前财产吗？我问一下律师。

懂点法律：财产协议的签署，可以对婚前财产进行约定，也可以对婚后所得的财产进行约定，当然可以婚前和婚后财产一并约定。正如上节内容中提到的，婚前财产协议并非只能针对婚前财产进行约定。现实生活中很多夫妻，其实是在结婚后才签署协议，对婚前财产的归属进行约定。

3. 婚内财产协议，必须针对全部的财产吗？当然不是！

凤姐：和律师约了下周签署协议，可以吗？也让人提前准备一下。

贾琏：签署协议太麻烦了，你看我们婚前签的协议，密密麻麻上百页，各类资产列了个底朝天。我们婚后的资产也不少，公司业务这么繁忙，我哪有时间配合签协议啊。（潜台词：再说，我精心积攒的私房钱被查出来怎么办？）

凤姐：又不是要全部列一遍，我们只针对上次商议的那几项财产而已，不会花费太长时间的。

贾琏：可以这样吗?!

懂点法律：财产协议针对的财产，可以是一部分，也可以是双方财产的整体。很多夫妻签署的财产协议，其实只是针对某一项或者某几项重要财产的归属进行的约定。当然了，针对整体财产的更好，很多高净值的人士，一般都会签署完整的夫妻财产协议，甚至如果协议没有约定完整或者约定不够清晰，还会进行补充约定。默多克就是典型示范，婚前婚后都签署了财产协议。

4. 协议约定的财产具体是什么，我们夫妻知道不就行了？！当然不行！

凤姐：这个小区的两套房，我们住的这个大房子归我，小的那套归你。

贾琏：可以。

凤姐：好的，我这就写协议，今天就签字（一阵欢喜）。

凤姐提笔在A4纸上写道：婚后在××小区一共两套房产，大的归女方王熙凤，小的归男方贾琏。

两人当场签字确认。

可是，协议签了真的就万无一失了吗？我们来看一下协议，到底房产具体在哪？到底大的是哪套房，小的又是哪套房呢？不知道！不能签署了财产协议，然后依旧是：天知、地知、男女双方自己知。那还签这个协议干吗？既然签协议，就是为了避免今后夫妻感情发生变化产生纠纷。如果这样约定，贾琏不认可怎么办？或者后来他们又在同一小区买了1套房子，那到底哪套大哪套小，如何界定？又是一个新的纠纷。

懂点法律：财产协议对财产的描述必须指向明确，确保唯一性。比如对于房产的描述，最好是“位于××市××区××路××号××小区××单元的房产（房屋所有权证号：××）归××所有”。

5. 财产的收益要不要提前约定一下？当然要！

凤姐：白天我发给你的律师起草的财产协议你看了吗？

贾琏：我粗略看了一下，拟定得也太详细了吧，还专门把财产收益归属也列上了，未免显得画蛇添足。难不成，给你的钱我还要分利息。

凤姐：这是律师专门建议加的。我们婚前签署的协议，不也涉及财产收益了吗？

贾琏：这个我倒没怎么注意！

凤姐：我们还是听律师专业的意见吧。如果你信不过，也可以让你们家的律师把把关。（画外音：凤姐本来想提三星集团“长公主”李富真和前夫的离婚案，又怕节外生枝，所以欲言又止。）

凤姐想说的三星集团“长公主”李富真和前夫的离婚案，前几年引起了全世界的关注，当时前夫任佑宰分得141亿韩元，约合人民币8000多万，但是依然表示不满。原因据说就是两人虽然签署了财产协议，但是对李富真婚前股权的婚后收益归属没有约定清楚。

懂点法律：财产协议必须考虑财产的收益。婚姻关系的存续期间很长，有些财产可能变化，也可能转化，财产在婚后产生的收益可能会非常丰厚，不要认为财产明确归属了，收益就同样归属明确。如果不特别约定，往往也会引起后续纠纷。比如，你想约定婚前买的房屋归你所有，和对方没有关系，最好约定房屋出租的租金也归你单独所有。否则，对方依旧可以主张分割租金。

6.财产协议能不能涉及债务？当然能！

贾琏是贾氏企业的重要经营人，自然经常涉及债务问题，我们在上一章夫妻债务问题中就详细分析过。因为暂时的经营危机，凤姐也被迫应对各种债务。当时凤姐咨询律师，能不能在夫妻财产协议中对债务问题进行约定。

懂点法律：婚内财产协议可以对双方名下的已有债务、今后可能产生的债务承担问题进行约定。当然，夫妻共同债务的认定不只是参考双方内部的这个协议，也要结合债务的用途、双方是否知情等情况，但如果有这么一份清晰明确的债务归属协议，而且债权人也知情的话，那就是一方个人债务的有利证据。即使债权人不知情，要求你承担债务，你偿还之后也可以向配偶追偿。

特别提醒：很多夫妻为了逃避债务而匆匆签署协议，约定所有的债务都由一方承担，这样做不妥当，多数也起不到隔离债务的作用。

7.财产协议必须要公证吗？不是，但最好公证！

凤姐：协议签好了，咱们去做个公证吧！
贾琏：你信不过我啊，没必要，我也没时间！
凤姐：抽空去一趟吧，不费事！
贾琏：（沉默）……

凤姐认为夫妻财产协议只有公证了才有效，现在贾琏一直不配合，她十分担心。

懂点法律：财产协议只要是双方的真实意思表示，不存在欺诈胁迫的情况，不违反法律的禁止性规定，一旦签署立即生效。当然，公证的财产协议，可信度也更高，从证据的角度来看，也更具有证明力，因此，最好公证。

§ 签署夫妻财产协议要注意的问题

既然夫妻财产协议不需要公证也有效，那为什么还有那么多因夫妻财产协议引发的后续纠纷？说到底，其实就是夫妻财产协议不规范，尤其是约定了一些无效条款。

1. 不要以离婚为条件签署财产协议

贾琏出轨，凤姐十分气愤，伤心欲绝，想要离婚，贾琏乞求原谅，表示坚决回归家庭，并拟定了一份夫妻财产协议给凤姐，将名下的1套三居室房产归凤姐单独所有。凤姐觉得这次贾琏足够真诚，确实意识到错误了，便决定签了协议，原谅贾琏，继续好好过日子。

为保险起见，凤姐将协议拿给了律师看，律师却发现了一个大漏洞。因为协议最后约定了一个条款：双方一旦离婚，则按照协议的约定进行财产分割。

这样的约定有问题吗？问题大了。因为如果两人没有协议离婚，或者贾琏不愿按照这个协议进行离婚的财产分割，那这个协议还有效吗？不好意思，无效！[①]

懂点法律：婚内夫妻财产约定不得以“离婚”为条件，否则一旦双方意见不一致，就会因条件未成就而被认定未生效。这点，请切记！

2. 不要写成忠诚协议

凤姐让贾琏修改协议，贾琏并没有删除离婚条款，反而将离婚背景加了进去，在协议中约定，如果男方由于出轨等原因导致离婚，则执行以上财产分割协议。

那这个协议其实就变成了忠诚协议，不是法律意义上的规范的财产协议。如果将来贾琏不履行，凤姐拿着协议起诉到法院，往往也很难得到支持。

懂点法律：夫妻财产协议，千万不要约定忠诚条款。类似出轨等导致离婚的字眼，一概不要出现。当然了，谁出轨导致离婚谁就净身出户，谁提出离婚谁就净身出户或者放弃孩子抚养权等，这些限制人身自由的约定也是无效的。

3. 不要涉及第三人利益

贾琏和凤姐签署夫妻财产协议的时候，将贾琏名下的 1 套拆迁所得房产约定归凤姐一人所有。但是，这套房产虽然登记在贾琏一人名下，但其实是他和父亲贾赦共有的房产。当时只是

① 最高人民法院关于适用《中华人民共和国民法典》婚姻家庭编的解释（一）第六十九条　当事人达成的以协议离婚或者到人民法院调解离婚为条件的财产以及债务处理协议，如果双方离婚未成，一方在离婚诉讼中反悔的，人民法院应当认定该财产以及债务处理协议没有生效，并根据实际情况依照《民法典》第一千零八十七条和第一千零八十九条的规定判决。

贾琏出面签订了拆迁合同，于是就登记在了他一人名下。如果将来贾赦提出异议，这条约定会被认定无效。

懂点法律：夫妻财产协议只能对夫妻双方名下或者各自名下的财产进行约定，不能涉及第三人利益的财产，否则可能无效。

补充提示：对于涉及债务问题，并不是说涉及债权人就无效，而是说，如果债权人不知情，那么债务的这个部分则无法对抗债权人，只能内部有效。

4. 不要规避义务

有些夫妻之间签署夫妻协议，一方多分财产，另一方财产较少，少分财产的一方往往以少分财产为由，要求对方同意其不必赡养老人，或者无需抚养孩子，这样的约定也是无效的。

懂点法律：赡养老人和抚养孩子都是法定的义务，不能通过约定来任意逃避。

5. 警惕：夫妻财产协议混同夫妻间的赠与协议

贾琏拟定的财产协议中约定：男方婚前的房产赠与女方。

凤姐在征求律师的意见后改为：男方婚前的房产归属于女方单独所有。

如果你读过前面“房产的玄机”这一章，自然就知道区别大了！

懂点法律：如果是夫妻财产协议，就是对夫妻财产的一个自愿的归属约定，即使没有过户，也是有效的。但是，如果是赠与协议，房产不过户，就说明这个赠与行为还没有完成，没有取得房屋所有权，赠与人随时可以反悔，随时可以撤销。

婚姻实战场——夫妻财产协议操作指南

1. 必须书面；
2. 可以针对婚前财产，也可以针对婚后所得财产；
3. 可以针对某一项财产，也可以针对财产整体；
4. 对于财产的指向一定要明确；
5. 不仅要考虑财产的现状，也要考虑财产的收益；
6. 对于债务问题，也要约定清楚；
7. 一旦签字就生效，但最好公证。

婚姻实战场——夫妻财产协议中的无效条款

1. 以离婚为条件；
2. 带有忠诚协议的条款；
3. 涉及处分第三人利益的财产；
4. 涉及规避赡养老人、抚养义务等条款；
5. 混同赠与协议。

赠　与

除了财产协议以外，另一个重要的婚姻财富规划的法律工具就是赠与。简单来说就是将自己的财产无偿赠与他人，而他人表示接受的法律行为。家庭成员、恋人之间相互赠送礼物、赠送钱款甚至房产等大额财产，非常常见。贾琏和凤姐在婚前都有相当丰厚的财产，因此，两人在婚后就经常相互赠与财产，加上两家都是大家族，父母兄弟之间赠与两人大额财产的情况也时有发生。上升到财富管理的高度，赠与协议也非常重要。

§ 赠与的作用

1. 平衡家庭资产。贾琏和凤姐之间通过赠与的方式，将贾琏名下的财产归于凤姐，实现了婚姻资产在夫妻之间的转移和平衡，从而达到和夫妻财产协议同样的效果。

2. 锁定个人财产。凤姐的父母兄弟在凤姐和贾琏结婚之后，想要赠与凤姐房产、字画、瓷器、珠宝等大额贵重财产，如果没有特殊说明，婚后赠与所得，依旧是凤姐和贾琏夫妻共同的财产，但如果通过书面的赠与协议声明是赠与凤姐个人的，就能锁定是凤姐个人的财产。前面我们在“夫妻共同财产”一章中已经详细讲述。比如，凤姐的父亲想要赠与凤姐1套房产，提前签署了书面赠与协议，约定该房产是赠与凤姐个人的，和女婿贾琏没有关系，这套房产就可以锁定为凤姐的个人财产。

§ 赠与协议可否撤销？

当然可以！赠与协议是单务协议，在赠与行为未完成前，也就是赠与人没有交付赠与物之前，随时可以撤销。

场景一：贾琏承诺将自己个人的存款50万赠与凤姐，但一直没有转账给凤姐，那么，这个赠与行为也就没有完成，他随时可以反悔。

场景二：贾琏签署赠与协议，约定将婚前自己的房子赠与凤姐，但一直不去办理变更过户。那么这个赠与行为同样没有完成，他依旧随时可以撤销。①

当然，并不是所有的赠与协议都可以任意撤销，也有例

① 具体可参考“房产的玄机”一章中关于房产赠与协议撤销的内容。

外，[1]比如：

1. 公证过的赠与协议。如果贾琏和凤姐签署房产赠与协议后，在凤姐的坚持下去做了公证，那么他就不能随意撤销。

2. 附条件撤销：特定事由，一年内才可撤销。赠与财物已经给付，赠与行为已经完成，但是，如果出现受赠人严重侵害赠与人或者赠与人的近亲属的、对赠与人有扶养义务而不履行的、不履行合同约定的义务等情形出现时，可以撤销赠与。[2]这在现实家庭生活中并不多见。比如贾琏又出现对婚姻不忠的行为，凤姐一气之下将他打成重伤。这时候，贾琏想起赠与凤姐的房产，要求撤销。又比如，贾赦将自己名下的房产直接赠与儿媳王熙凤，而且已经变更登记了，但在贾赦生病后，王熙凤根本不尽赡养义务，对老人不闻不问，贾赦则可以要求撤销房产赠与。贾琏和凤姐约定，如果凤姐能够帮助叔叔贾珍主持侄媳妇秦可卿的葬礼，贾琏就将自己收藏的1套珠宝赠与她，并且已经交付。但是，后来凤姐因病未去主持，条件未完成，贾琏依然可以撤销该赠与。重点提

---

① 《民法典》第六百五十八条　赠与人在赠与财产的权利转移之前可以撤销赠与。经过公证的赠与合同或者依法不得撤销的具有救灾、扶贫、助残等公益、道德义务性质的赠与合同，不适用前款规定。

第六百六十条　经过公证的赠与合同或者依法不得撤销的具有救灾、扶贫、助残等公益、道德义务性质的赠与合同，赠与人不交付赠与财产的，受赠人可以请求交付。

② 《民法典》第六百六十三条　受赠人有下列情形之一的，赠与人可以撤销赠与：（一）严重侵害赠与人或者赠与人近亲属的合法权益；（二）对赠与人有扶养义务而不履行；（三）不履行赠与合同约定的义务。

赠与人的撤销权，自知道或者应当知道撤销事由之日起一年内行使。

示一下：此种情况下，撤销赠与必须在知道或者应当知道撤销事由之日起，一年内行使。

§ 夫妻间赠与，如何签署才稳妥？

前文提到过，如果父母兄弟姐妹在凤姐婚后赠与凤姐财产，最好书面声明是赠与凤姐个人，与配偶贾琏没有关系。这点很好理解。但是夫妻之间的赠与，往往很少直接办理相关交付登记手续，正如前文提到，协议被撤销，财产依旧被认定为夫妻共同财产的情况都很常见。因此，必须特别慎重！

郑重建议：

1. 财产交付。签订赠与协议后立即办理财产交付、所有权变更过户登记手续。

2. 办理公证。暂时未能将财产交付或者办理过户手续，可以先办理赠与协议公证。公证的赠与协议，不能任意撤销。

3. 附加财产归属说明。夫妻之间赠与房产、车辆，在完成变更登记之时，最好附加一份书面协议，明确约定该房产和车辆为受赠与方的个人财产，这样才能完全达到受赠人取得财产百分之百所有权的法律效果。如此，才是真正稳妥！

保险如何买？

保险，顾名思义就是保障风险，包括生命健康风险、财产安全风险。除了这些，保险还是一项重要的财富管理的金融工具，尤其是大额寿险保单，越来越多地被中高收入阶层家庭使用。本节着重从财富管理的角度对保险进行剖析，且看凤姐如何利用保单保障自己的权益。

§ 保险所涉及的财产

以贾琏投保为例，贾琏作为投保人，给自己（被保险人）投保了一份1000万的人寿保险，受益人是女儿巧姐。

作为投保人，他要向保险公司支付保费。1000万就是保险公司应当承担的最高限额（保额）。保险事故发生后，也就是说贾琏身故后，巧姐拿着保单向保险公司理赔的具体赔偿金（保险理赔金），等于或者低于1000万。如果贾琏退保或者保险公司解除保险合同，那么保险公司向贾琏退还的金额（保单现金价值），肯定低于1000万。如果贾琏投保的人寿保险是分红险，他作为生前受益人可以定期从保险公司领取经营收益（分红）。

总结一下：保险涉及的财产有保费、保额、保险理赔金、保单现金价值、分红。

关键信息：离婚时，保险可以分割的，仅限于保单现金价值和分红。如果贾琏投保的保费是夫妻共同财产，他和凤姐发生婚变时，凤姐是可以主张分割保险的，保险可以分割，但分割的利益也只是保险的相关分红和保单的现金价值。

§ 如何运用保险进行婚姻财富规划？

保险既然是婚姻财富规划的重要工具，那么在什么情况下，可以借助保险来对婚姻资产进行合理的规划？主要有以下几种情况：

1. 个人财产比较多，避免和夫妻财产混同。这种情况下，可以以个人财产购买保险，锁定为个人资产，离婚的时候该财产不会作为夫妻共同财产分割。比如，凤姐婚前个人存款有1000万，为了避免婚后和夫妻共同财产混同而面临分割的风险，凤姐就用自己的1000万直接购买年金寿险，自己作为投保人和被保险人以及生存受益人，巧姐和父母作为身故受益人。保单是自己控制，达到一定年限后可以定期从保险公司领取一定的费用（利益），这就将个人财产与夫妻共同财产进行了隔离，将来发生婚变，也不会受影响。

2. 父母赠与自己的财产，不想让配偶一方分割。父母想给子女大额存款，为避免被分割，父母可以选择为子女购买保险，财产锁定为子女的个人资产，一旦子女发生婚变面临离婚，该保单不会作为夫妻共同财产分割。比如，凤姐父母想要给凤姐500万存款，但是又怕将来婚变，被贾琏分割，那就可以用这500万元购买年金险，由凤姐父亲作为投保人，凤姐作为被保险人和生存受益人，凤姐父亲作为身故受益人，进行投保。这个保单财产，就由凤姐的父亲持有，将来凤姐一旦婚变，不会作为夫妻共同财产分割。当然了，这种情况也同样适用于第一种，凤姐用个人财产投保，但是由父母作为投保人代持。

3. 夫妻双方资产和收入相差比较大，适当平衡。如果夫妻两人资产或者收入差距较大，或者一方为家庭付出较多，从家事劳务价值的角度，可以由资产多的一方为另一方配置保险。如果婚后凤姐做起了全职太太，婚后大部分资产由丈夫贾琏掌控，那就可以由贾琏拿出一部分现金给凤姐，由凤姐作为投保人，为自己购买合适的保险，受益人可以是女儿巧姐，也可以是父母。作为保单持有人，婚姻存续期间，凤姐可以领取年金，而一旦婚变，要么贾琏索性不分这个保单，即使分也只是分相应的保单现金价值，而这个现金价值相对保险金来说，是非常低的。比如，当初交付的保费总额为100万元，婚变时要分割的保单对应现金价值会低于100万元，比如有可能是60万元，所以，离婚时只需要分割现金价值60万元的一半，也就是30万元。当然，除了为自己购置保险，凤姐也可以用夫妻共同财产为孩子购买保险，从而达到平衡家庭资产控制权的目的。比如，自己作为投保人，给巧姐配置保险，自己是受益人。这类保单，由于被保险人是子女，一旦发生婚变，多数情况下，作为父亲的贾琏是不会主张要求分割的，即使要求分割，保单现金价值也不算多。

4. 经营公司，多涉债务，需要建立家庭安全防火墙。在企业债务形成之前，可以以夫妻共同财产投保，从而实现保单财产与债务有效隔离，避免将来公司债务危及夫妻共同财产，影响家人的生活质量，甚至危及家庭基本生活保障。比如，在贾氏企业进军房地产之前，贾琏可以将一部分资产配置为大额保单，受益人是妻子王熙凤和女儿巧姐，从而实现资产从自己（投保人）到妻子和女儿（受益人）的转移，达到了隔离自己债务的目的。即使将来债权人主张偿还债务，保单资产也是安全的。而且，这份保单本身也可以进行抵押贷款，某种程度上，也能解决家庭现金流的问题。

§ 案例实操

以贾琏和凤姐的家庭作为例子，我们来实际操作演练一下具体如何运用保险进行婚姻资产的安全规划：

1. 贾琏作为出资人，用夫妻共同财产投保

两种模式：

（1）贾琏作为实际出资人，凤姐作为投保人，为自己（凤姐）投保购买年金保险[①]，孩子作为受益人。保单由凤姐控制。

（2）贾琏作为实际出资人，凤姐作为投保人，为孩子投保购买年金保险，自己作为实际受益人。保单由凤姐控制。

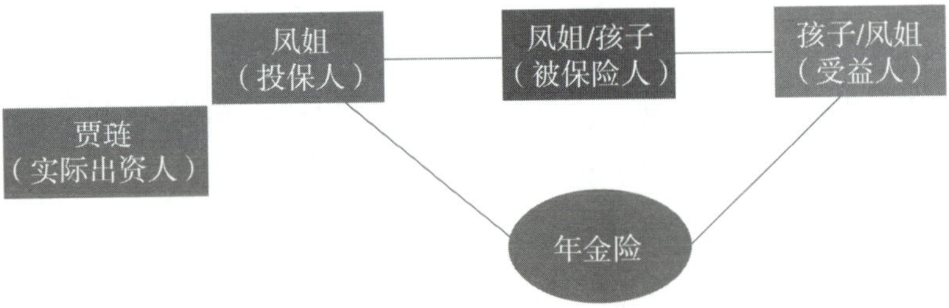

图 5-1　以夫妻共同财产投保示意图

解决问题：

（1）夫妻财产不可控。保单由凤姐控制，也就部分解决了夫妻共同财产由贾琏单方控制的局面。

（2）孩子抚养。约定领取年金的时间届满，就可以按照合同约定从保险公司领取固定的钱，这些钱自然可以用于抚养孩子。

（3）未来养老。如果领取固定年金的时间段设置为退休后的时间，那么这些钱自然可以作为养老生活的保障。这也是年

---

① 年金保险是指投保人一次或按期交纳保险费，保险人以被保险人生存为条件，定期给付保险金，直至被保险人死亡或保险合同期满。简单来说，就是将一笔钱一次或者分期投给保险公司，到了约定的时间就可以定期从保险公司处领钱。

金险的一大优势。

（4）企业债务连带问题。如前文所述，债权人无权申请执行保单。

2. 凤姐作为实际出资人，以父母名义投保

具体模式：

（1）凤姐作为实际出资人，但是以父母的名义为自己投保，凤姐作为生存受益人，孩子作为身故受益人。保单由凤姐控制。

（2）父母作为实际出资人，为凤姐投保，凤姐和孩子作为实际受益人。保单由父母和凤姐控制。

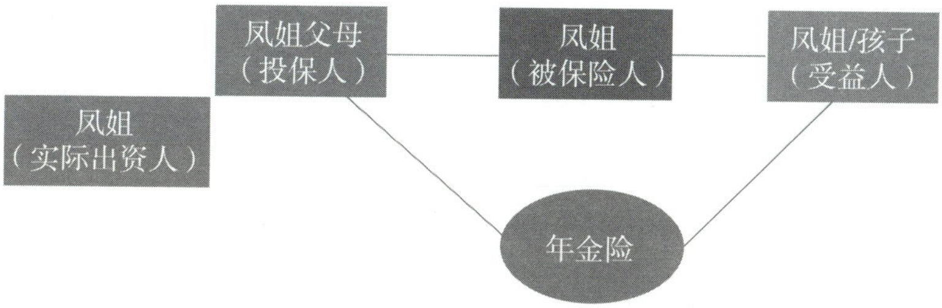

图 5-2　以父母名义投保示意图

实现效果：

（1）父母赠与财产锁定。不作为夫妻共同财产分割。

（2）避免资产混同。在自己是实际出资人的情况下，实现自己名下财产与夫妻共同财产的隔离。

（3）未来养老。

（4）隐秘性。父母持有保单，配偶不知情。

当然，可以选择的保险类型很多，本节只是简单地传达一下保险在婚姻资产规划中的作用。

信　托[1]

信托，最早起源于西方，英文名trust（信任），最基本的含义就是将财产交给自己信任的人管理，信任托管，谓之信托。

规范来说，信托其实是一种法律安排，是一种架构。比如，贾琏作为委托人将自己的一部分资产交给信托机构进行管理，并与信托机构签订信托合同，约定财产的管理方式和分配方式，并将妻子王熙凤和女儿巧姐作为受益人。

§ 设置信托的作用

1. 财产所有权转移。贾琏拿出一部分财产设立家族信托后，

[1] 参考《信托法》第二条　本法所称信托，是指委托人基于对受托人的信任，将其财产权委托给受托人，由受托人按委托人的意愿，以自己的名义，为受益人的利益或者特定目的，进行管理或者处分的行为。

声明：本章节只是简单地阐述信托在婚姻资产规划中的作用，若想了解详细信托知识，建议查阅专业书籍或联系专业人士。

这部分财产就不再归贾琏所有，也不再属于凤姐及女儿所有，而归信托机构占有、管理。

2. 财产独立和隔离。财产设立信托后，这部分财产就独立于贾琏的其他财产，贾琏不能再任意处分，当然贾琏的任何债权人也不能再觊觎，从而达到了财产隔离的目的。

3. 财产使用和管理多元化。贾琏虽然不能任意处分已经设置信托的财产，但是可以在信托条款中提前约定管理和使用的条件和方式，让财产继续按照贾琏的意愿支配，从而实现贾琏想要达到的目的，比如个人资产的保护、对家人孩子的关怀、企业债务隔离等。

懂点法律：委托人将自己的财产委托给信托公司，财产的所有权就发生了转移，从而实现财产所有权、管理权和受益权的分离，起到资产隔离和保护的作用（如图 5–3）。

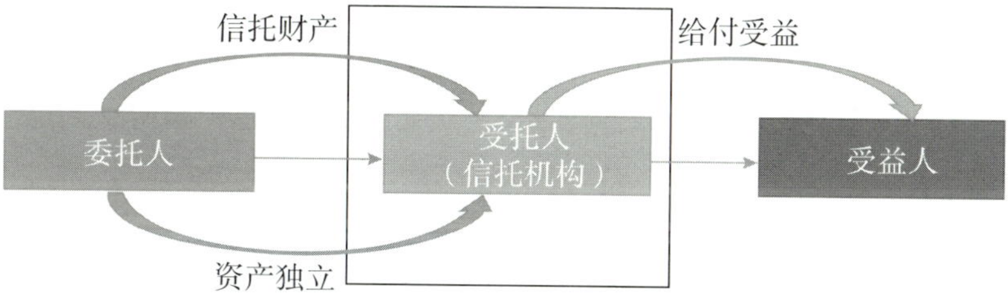

图 5–3　信托架构图

§ 如何运用信托进行婚姻财富管理？

和保险一样，信托一般适用于以下场景：

1. 个人资产巨大，避免和夫妻财产混同。用个人资产设立信托，可以达到锁定个人财产的效果。婚前，凤姐有个人资产2000万，就可以设置一个信托，将资产的所有权转移给信托公司，由信托公司打理，将来的子女作为受益人，按照设置的条件领取收益即可（如图5-4）。一旦发生婚变，这部分财产不会作为夫妻共同财产进行分割。而且这个设置会非常隐秘，不用征求贾琏一方的同意，也不会影响感情。我们前文提到的默多克在和邓文迪结婚前，不仅签署了婚前协议，其实还将其资产全部放入了家族信托，从而确保了资产的绝对安全隔离。因此，离婚时邓文迪仅获得位于纽约曼哈顿第五大道的1套豪宅，还有北京的1套四合院。

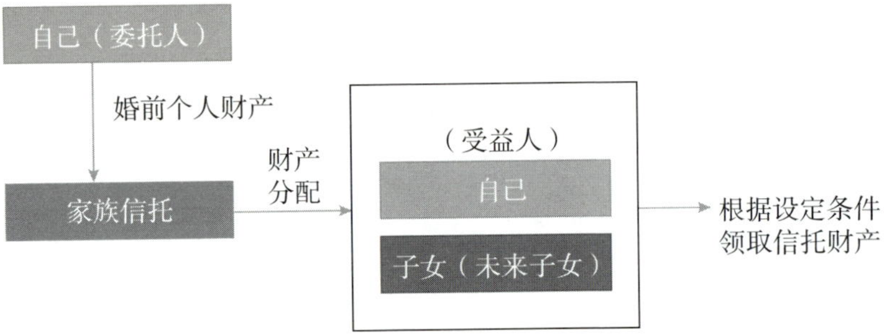

图5-4　个人财产设置信托模式图

2. 父母赠与自己巨额财产，避免婚姻风险。凤姐的父母在凤姐婚前或者婚后想要赠与凤姐财产，数额较大，为避免和婚后财产发生混同而有被分割的风险，也可以由父母作为委托人设置信托，自己或者未来子女作为受益人，从而达到个人资产被隔离保护的目的（如图5-5）。

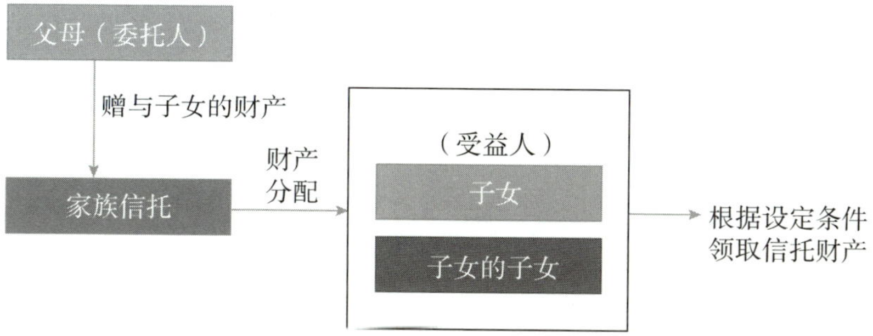

图5-5 父母赠与子女财产设置信托模式图

3.给予对方特殊关爱，家庭资产平衡。即使家庭没有经营公司的风险，但是如果夫妻两人婚后资产差距太大，比如凤姐和贾琏，一个是公司总经理，一个是全职太太，没有收入，为了稳固婚姻，增加凤姐的安全感，作为财富多的一方，贾琏就可以拿出一部分资产，专门设立信托，将凤姐作为受益人，定期领取受益金。至于领取受益金的条件，可以随意设置，如何表达爱，如何表现爱，都可以（如图5-6）。

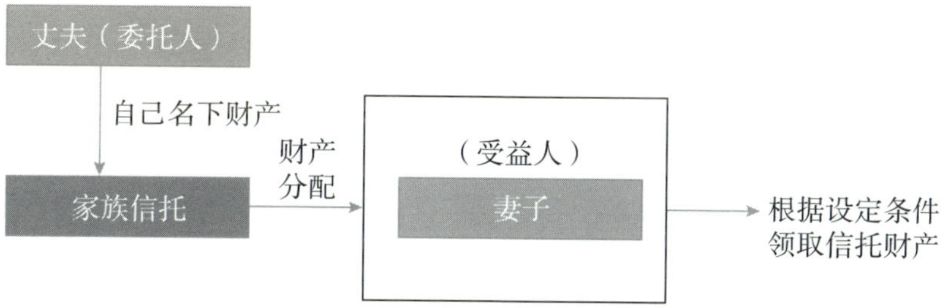

图5-6 夫妻财产较多一方为另一方设置信托模式图

4.特定资产，隔离企业外债。如前文所提，贾琏在公司经营融资过程中，经常作为企业贷款的担保人。公司经营出现问题，债务无法偿还，贾琏的个人财产和家庭资产就会面临被追偿的风险。贾琏可以在企业经营状况良好的时候，拿出一笔资产设立信托，把父母、妻子和孩子设为受益人。那么，这笔资产就和家庭其他财富以及企业风险充分完全隔离了。即便企业经营出现危机或者企业主出现任何意外或变故，指定的受益人依然可以通过信托享受利益，既保证了家庭的基本生活需求，也保证了双方父母的养老、大病医疗和孩子未来教育的支出。切切实实在家庭资产中设立了一道防火墙，充分保障了家庭生活必要的资产（如图5-7）。

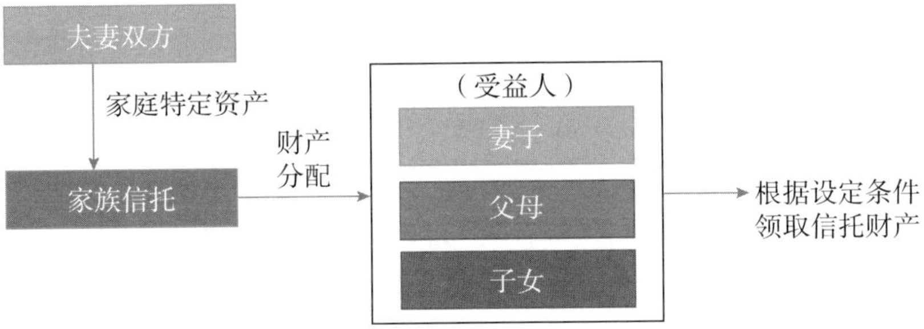

图5-7　企业主为规避债务风险设置家族信托模式图

Chapter 06

第6章

别让爱情侵蚀你的理财能力

永远不要考验人性，至少要做到，是你的我不争，但是我的你也别抢。

如何充分查找未知财产？

前文多次提到，凤姐在婚后做起了全职太太，后来遭遇婚姻危机，对于财产完全被动。丈夫贾琏从不告知理财投资情况，从不分享公司经营情况。丈夫到底有多少财产？凤姐完全不知道！这些财产都在哪儿？也不知道！如何去主张财产？去主张分割哪些财产？更不知道！

在财富规划的时候，要尽量避免当甩手掌柜，尽量防止这些情况发生。可是，如果真的陷入这样的局面，我们也要捍卫自己的权益，这就涉及未知财产如何查找。当然了，别过分焦虑，只要提前准备，总能顺藤摸瓜。

§ 对方的工资卡从不交付，该怎么办？

贾琏从不将自己的工资卡、银行卡给凤姐，最多也就给张信用卡，美其名曰“随便花”，其实是不想交付“财权”。当时，凤姐过着不缺钱的全职太太生活，倒也不在乎。但遭遇婚姻危机后，她就有点心慌了。

不少女性也遭遇过同样的问题，丈夫从不上交工资卡，对于财富也从不透露，甚至生活花销上也推崇AA制。偶尔给你买样东西，算是礼物。这种生活方式没有问题，但如果婚姻遭遇危机，该如何应对？

涨点知识：

1.如果丈夫不上交工资卡，那要多留意他的工资卡银行账号。工资收入其实并不难查询，只要留意对方的工资卡银行账号，在银行都是可以查出来的。感情稳定时，拿着对方的身份证、银行卡、结婚证就可以直接打印交易流水或者工资流水。不过如果婚姻出现问题，要想拿到对方的身份证、银行卡自然会有难度。如果想要查询，那就只能通过诉讼的方式，申请法院依职权查询。不过这还要看必要性，如果你觉得这部分财产特别多，那么果断提起诉讼就行了。

2.没有银行账号，直接锁定工作单位。如果连对方的银行账号都不知道，甚至哪个银行也不知道，也没关系，因为对方的工作单位总是知道的，现在一般都是以银行转账的方式支付工资，所以，如果真到了结束婚姻这一步，也可以申请法院到对方的工作单位查询，不仅工资多少可以查到，甚至对方的住房公积金、住房补贴、奖金等都可以查个一清二楚。

3.提供线索，申请法院调取。提起诉讼后，向人民法院申请财产查询，只要提供财产线索，比如银行、账号、身份证号等，法院一般都会准许申请，进行依职权查询，如果委托了律师，法院通常会给律师开具调查令，由律师去查询。所以，关于工资收入，只要有发放的单位或者公司，就不难查询，这部分不用担心。

§ 对方偷偷炒股理财，如何查询？

贾琏还是比较有理财观念的，所以平时会炒股，购买基金、理财产品等。凤姐倒是知道这些事，但是到底买了哪些股票、哪些基金等，她就一点都不知道了，也从未关注过。婚姻出现危机了，凤姐问张律师，怎么办？能申请法院查询吗？当然可以，但前提依旧是要有线索。

比如，股票的账号、开户机构、基金账号、开户行等，这样才方便查询。如果没有财产线索，只有可能的财产指向，那法院是不会准许调查申请的。

这个难不倒凤姐，因为她平时生活就比较细心，像贾琏的银行单据、购物小票、刷卡凭证等，这些都留存着。大大小小长长短短几十张票据，整理后居然发现了不少有价值的线索，不仅查到了大额交易的银行账户信息，而且根据这个账户信息，查到了股票和理财信息。

涨点知识：一切账户都有交易，一切交易都有记录。这些记录凭证就是线索，有了线索就能找到股票开户账号、基金账号信息，然后申请法院调取股票、基金等金融理财产品的详细信息。

真诚建议：在生活中细心一点，涉及银行、贵重物品交易的票据凭证类的东西尽量都留存着。

想点办法：如果实在找不到有用的财产线索，那在笃定对方购买了大额股票的情况下，也可以通过提供对方的身份证号，申请法院到中国证券上海结算公司或中国证券深圳结算公司调查对方的股票交易明细。但是这种申请毕竟信息有限，能不能得到法院认可，各地法院具体的审核标准目前并不确定，也不统一，所以还是建议留意其他确定的线索。

财富关键词　一切账户都有交易，一切交易都有记录。

§ 股份期权，如何查询并争取？

1. 上市公司股份。贾氏企业是上市公司，因此贾琏持有的股份，都是公开透明的，可以任意交易的，凤姐直接在公司网站、国家企业信用信息登记网站就查询到了。股份问题，贾琏倒也从不回避。

涨点知识：上市公司股份可以在公司网站、国家企业信用信息登记网站查询。

2. 有限责任公司股权。

凤姐：你到底投资了多少家公司？持有多少股权？
贾琏：小公司的股权，你就别放心上了。
凤姐：股权也是我们的共同财产，我为什么不能知道？
贾琏：股权公司你就别惦记了，你也知道，现在经济形势不好，每年都亏损。
凤姐：你总说亏损，我怎么知道真假！

贾琏一直不愿透露股权信息，凤姐难道就查不到了吗？当然不是！

涨点知识：直接登录企业信用信息登记网，输入公司名字，各个股东持股信息就出来了，而且每个股东关联的其他公司的信息也都能一并查找出来。

关键问题：公司亏损，股权就没有价值了吗？当然不是！

如果了解公司经营情况，可以对公司的发展趋势进行预判，有时候虽然连年亏损，但是公司前景好，市场估值很高。如果对公司经营状况一点都不了解，也从未参与过，对方从未透露过，可以直接申请调取年检报告、企业财务报告、资产审计报告等，衡量公司的价值。

当然，涉及这种情况，最好是请专业人士帮忙处理。

3. 公司期权。比如，贾琏关注并以技术支持的某公司，以激励的方式给了他不少期权，未来一旦兑现，价值也是相当可观。如果贾琏从未提起，凤姐也不用担心，因为公司一般都会和激励人员签订书面激励协议，期权数量或者比例，兑现条件或者期限都有明确规定。对方再否认，也是可以到公司直接调取的。

§ 大额的保单，如何查询？

作为贾氏企业的重要人物，贾琏很有保险意识，为自己购买了很多商业保险，有大额的寿险、重疾险等。这些保险自然有不菲的财产价值。

当日，贾琏和凤姐再次发生争执，凤姐提出离婚，贾琏也随口答应，于是，两人嚷嚷着要分财产。

凤姐提出要分贾琏购买的保险。贾琏则不置可否，他觉得保险是自己投的，自己交的保费，和妻子王熙凤没有关系。

凤姐这下子犯难了：保单号不知道，保险合同没见过，只知道好几家保险公司都有涉及。

涨点知识：如果知道具体的保险公司、身份信息，可以提起诉讼申请法院调取。因此，如果婚后一方购买了大额保单，而投保的保费是夫妻共同财产，那么保单就是夫妻共同财产。一旦感情生变，这些保单也是可以分割的，因此，一定要留意保单号、保险合同、保险公司等。

婚姻练习场

未知财产查询技巧

1. 工资收入查询，可以到对方公司查询，也可以根据银行卡账号到银行查询交易记录。
2. 股票的查询要留意开户机构、账号、开户行等，这样才方便查询，如果没有线索，那么需要从关联银行交易账号、信用卡交易账号等甄别出重要信息，实在不行，就通过法院向中国证券上海结算公司或中国证券深圳结算公司调取。
3. 上市公司股份、未上市公司股权可以登录国家企业信用信息登记网站查询，如果股权价值无法估量，那就调取年检报告、企业财务报告、资产审计报告等进行专业的评估。公司的期权则可以到公司确认，一般都会有员工协议。
4. 商业保单可以凭借保单号、投保人的身份证号到保险公司查询具体的保险情况，前提是申请法院调取，或者申请向律师发放调查令。

借名财产，如何确权？

像贾琏和凤姐这样的大家庭，错综复杂，必然有很多财产在家人朋友名下，比如借名买房、买车，借名开公司，代持股份等等。那么凤姐如何查找和确认呢？

§ 借名买房，如何确权分割？

在前文关于房产的章节中我们讲过，贾琏借父亲贾赦的名义在老家南京购买了1套房产，贾琏和父亲没有签署借名协议，也未就房屋归属有任何的书面约定。后来，他和凤姐的婚姻亮起红灯，凤姐就找到公公贾赦和老太太贾母评理。刚开始贾琏和贾母还劝凤姐原谅贾琏，再给他个机会。后来见两人越闹越凶，分歧越来越大，竟都话锋一转，开始数落凤姐太强势、不够宽容。谈起借名买房的事，贾赦也一口否定借名一说，说房子本来就是小夫妻俩孝敬他的。

此时，凤姐的处境不仅被动而且相当麻烦：如果主张分割借名的这套房子，必然会有两个诉讼。首先，在离婚案件中，提出分割公公名下的房产，法院一般不处理。因为，离婚案件只处理双方的婚姻及财产问题，不涉及第三人，所以只能另案处理。于是，凤姐只能另行起诉公公；其次，由于夫妻二人与公公之间没有借名买房的书面协议，丈夫与公公又是相互配合一致对外，所以证据收集起来非常困难。胜诉与否，很难预判！

1. 参与或者知情的借名买房[①]

生活中如果因为政策限购、购房资格、贷款等原因想要借名买房，最好规范操作，别嫌麻烦！

借名买房，保留证据

1. 如果是夫妻两人共同商定，借亲戚之名买房，那么一定要签署书面的借名买房协议，约定清楚内容、权限、义务以及违约责任等；
2. 留存好购房的票据、转账记录等；
3. 房屋交付后一定要实际控制，或者入住，或者出租，总之将房屋控制权拿到；
4. 房屋交付后的物业费、取暖费等票据也要留好；
5. 必要时设置抵押。

以上几个环节就基本能形成一个完整的证据链，证明借名

① 具体参考“房产的玄机”一章中关于借名买房的内容。

买房的事实，如果没有限购等原因，而且你也有购房资格的话，就可以进一步确权了。

2.不知情的借名买房，如何查找？

凤姐心下思索：贾琏会不会瞒着自己悄悄置办房产，然后登记在他父母或者兄弟姐妹的名下？有这种情况也正常。有没有签借名协议，贾琏肯定不会说，这个时候，凤姐如何查找呢？

顺藤摸瓜，查证借名买房

1. 查找配偶一方的转账记录，证明配偶交付了房款；
2. 申请调取房屋相关的买卖合同、契税发票、维修基金收据、还款的手续等材料，证明配偶是实际买房人；
3. 查找房屋物业费、取暖费等费用的交付人，证明房屋实际是配偶一方在打理。

通过以上3个方面，尽量形成相对完整的证据链，证明配偶一方实际购买了房屋，而且刻意隐瞒了凤姐。当然了，由于房产问题比较复杂，所以一定要请专业人士帮忙处理。但无论如何，都要努力争取自己的权益，即使房屋无法确权，至少房款可以追回并要求分割。

§ 借名开公司，如何维权？

贾琏一直有一个创业的梦想，他也实际去做了。在投资一些公司的过程中，他积累了一些经验，悄悄借亲戚的名义开了公司，自己做幕后经营人。凤姐只是听贾琏在醉酒的时候提过一嘴，说公司效益还不错，但公司的具体情况，凤姐一概不知。离婚风波之后，凤姐坚定地认为一定要掌握家里的财产状况，尤其是公司状况。那么如何查找呢？可以从以下几个方面入手。

1. 查看对方是否是公司股东。如果贾琏是公司的大股东，这个在工商登记中会有显示，第一节内容中提到过，直接到企业信用信息网站查询就行，一旦确定，凤姐就可以主张股权利益。

2. 查看对方是否是公司实际控制人或者经营人。如果贾琏不是公司股东，却是公司的实际控制人或者经营人，并且担任了董事、监事、CEO、CFO等重要职务，那么这些信息在公司的相关资料、财务凭证、重要交易合同里都会显示，凤姐只需要留意线索，必要时申请调取即可。

3. 可以关注公司资金流向。如果公司的资金密集、大额且稳定地流入贾琏的个人账户，或者他的关联公司账号，这也可以说明，贾琏和该公司有重大利益关系，是公司的实际受益人，取得并享有公司收益。当然，也有可能是资金先流入法定代表人个人账户（借名人），然后再转入贾琏账户，这些资金往来情况，和公司运营状况、规模大小、是否规范等都有很大关系。这方面的证据虽然不好掌握，但却是举证中的重要突破口。

4. 看被借名人的自身情况。如果以上几个方面都不好切入举证，那么，也可以从被借名人的自身情况入手，看有无控制经营公司的能力。举个例子，如果贾琏是借亲戚的名义开公司，而亲戚的年龄、阅历一看就根本无法胜任，那就可以间接地证明借名的事实。

涨点知识：借名开公司的情况很常见，如果实际管理人、决策人能够确定为配偶，或者配偶直接是公司的大股东，工商一般都登记在册，那么认定为夫妻共同财产，并争取相关利益，合情合理，只不过需要整理相关的证据链，还要注重技巧。建议请专业人士协助处理。

§ 代持股权，如何查找和确权？

和显名相对应的就是隐名。贾琏作为贾氏企业的重要人物，并不方便以大股东的身份涉足过多业务，于是，他投资的不少公司，都是选择股权代持的方式，以亲戚朋友或者其他股东的名义登记造册，他作为实际出资人，实际控制公司或者参与决策。

代持股权或者说隐名投资，其实有很大风险，特别是在没有代持协议的情况下，代持人很可能不承认，难免引发纠纷。比如贾琏借别人的名义持有股权，不仅不告知凤姐，而且还刻意回避，明显是不愿意凤姐与他共享。这时候，凤姐该怎么办？一句话，让证据说了算！

1. 查找股权代持协议。按照经营管理政策，如果贾琏确实有股权代持在别人名下，出于稳妥考虑，他一般会签署相关的代持协议，包括对代持股权的目标公司、出资金额、权益归属、股东显名安排等情况进行约定。这是最重要的证据。

2. 查找出资凭证。作为实际的出资人，贾琏肯定会将公司出资款项提供给代持人，也就是名义人。当然，如果贾琏当时是直接将出资款汇给目标公司，那就更有说服力了。如果公司再规范一些，也有可能会给出资人出具《股东出资证明书》，能查到，那就更好。

3. 其他股东知情的证人证言。一般情况下，代持股权之事，公司的其他股东应该是同意的，也许会签订股东备忘录或类似文件，明确代持股权的事宜。但这是公司内部的做法，作为局外人，凤姐取证起来可能比较困难。即使申请调取，公司也一般是不愿意将备忘录或者文件之类的东西提交。能不能说服知情的股东，让他们愿意作证，这就要看凤姐的本事了。

涨点知识：如果配偶存在代持股权的情况，想要确权，就必须尽量留意代持股权的相关证据，不仅是代持事实的证据，还有配偶一方平时提到的有关股权代持的一些证据等等。

重点提示：尽量将证据收集的工作放在平时做，如果牵涉到自身财产利益，平时就多留意。配偶和股权代持人之间往往关系非同一般，要么是亲属，要么是关系亲近的朋友，在夫妻婚姻遇到危机的时候，代持人往往是站在配偶一方的，因此，串通起来规避股权分割也是很有可能的。

婚姻练习场

练习一：夫妻两人共同商定，借亲戚之名买房，如何做？

1. 要签署书面的借名买房协议；
2. 留存好购房的票据、转账记录等；
3. 房屋交付后一定要实际控制；
4. 房屋交付后的物业费、取暖费等票据也要留好，方便形成完整的证据链，证明借名买房的事实。

练习二：配偶一方悄悄借名买房，如何查找？

1. 查找配偶一方的转账记录，证明配偶交付了房款；
2. 申请调取房屋相关的买卖合同、契税发票、维修基金收据、还款的手续等材料，证明配偶是实际买房人；
3. 查找房屋物业费、取暖费等费用的交付人，证明房屋实际是配偶一方在打理。

练习三：配偶借名开公司，如何主张权益？

1. 看配偶是否是公司股东，如果是公司的大股东，可直接主张股权利益；
2. 如果不是公司股东，那么就要看公司的实际控制人或者经营人；
3. 可以关注公司资金流向；
4. 看名义人的自身情况，有无控制经营公司的能力。

练习四：代持股权，如何查找证据？

1. 股权代持协议；
2. 出资凭证；
3. 其他股东知情情况。

私自处分大额财产，如何追回？

贾琏和凤姐的离婚风波闹得最大的时候，凤姐发现贾琏有私自转移、处分财产的情况，家里的古董、字画少了不少，而且贾琏开始频繁地出入高级餐厅、会所，购置了好几块名贵手表，明显有恶意消费的嫌疑。其实，离婚前或者离婚过程中，甚至出现婚姻危机的时候，类似情况非常普遍。这些行为一旦确定，自然属于侵犯凤姐的财产权益。

对于这些行为，我们可以从几个方面帮助凤姐梳理：第一，大额的标准是多少？第二，如果对方恶意高消费了，算不算转移财产？第三，如果对方私自转移处分了，这些大额的财产如何追回？

§ 大额财产的标准是多少？

房产、车、股权，这种家庭重要资产自然是大额资产，不经过对方同意处分，自然是私自处分，毋庸置疑。但是，如果是消费开支呢？从金钱数额来衡量，何为大额呢？凤姐发现贾琏频繁出入高级餐厅、会所，入手名贵手表，这些消费达到什么标准才算大额呢？一般情况下，夫妻之间都是有家事代理权的，一般的日常开销，比如生活消费、子女抚养教育、老人赡养等维系一个家庭的正常生活所必须的开支，只要在一定的限度内，其实是没有必要全都告知配偶一方的。也就是说，因日常生活需要而处理夫妻共同财产的，任何一方均有权决定。双方均有权决定的事情，就谈不上任意处分、私自处分了。

1. 何为日常生活需要的标准？有没有数额的限制呢？

凤姐家的日常生活开销5万，孩子教育费用3万，其他机动花销2万，那么，家里的开支标准一般在10万左右，如果某个月突然超出了这个标准，突然有一个30万元的支出，那么凤姐就可以以超出家庭日常开支为由，要求对方说明原因，除非理由合理，否则就有私自处分的嫌疑。

2. 如果累计数额巨大，算不算大额处分？

贾琏并不是一次支出几十万，而是这周3万下周5万月底8万，半年累计下来也有上百万了。这算不算大额的处分呢？当然算，因为毕竟支出较高，而且又没有用于夫妻共同生活，尽管不是一次性的，也应当累计计算，认定为大额的处分。

3. 必要支出，算不算私自处分？

凤姐发现贾琏一个账户中100多万都没了，问其原因，只说是给父亲贾赦治病了，用于手术费、住院费、医药费等各种花销。凤姐一听特别郁闷，公公生病，贾琏根本不告诉她，还一下子花了100多万，也没征求一下意见，现在还显得她这个儿媳妇失礼了。要追回的话，估计更会被大家唾弃不孝顺。左思右想，凤姐只觉得别扭。如果凤姐执意要追回，能追回吗？自然不能！因为赡养老人是子女的义务，老人患重病，自然要治疗，如果这个支出确实是治疗费用，那就是合理的支出，即使明显符合大额的标准，也不算是恶意处分。

§ 恶意消费，算不算转移财产？

离婚风波前后，贾琏频繁出入高级会所、餐厅，入手名贵手表，这和日常做派完全不同。而且谈到银行存款的时候，贾琏只说所剩无几，不必分割。凤姐就想，虽然自己没有机会经手他的账户，但卡里有个一两百万那是常态，半年不到，这么多钱去哪儿了？贾琏只说是自己这段时间工作调整，应酬多，花费自然多。

遇到类似情况，凤姐该如何维护自己的权益呢？花出去的钱还能不能追回呢？自然有办法，前提是凤姐铁了心要离婚。在提起离婚诉讼的过程中，可以申请调取贾琏的银行流水，如果有超出日常生活的大额支出，贾琏又说明不了合理的理由，而且大额支出发生在两人婚姻出现问题、协商离婚的期间，那就明显可以推断出是恶意消费，某种意义上也是毁损、转移夫妻共同财产，目的就是让凤姐分不到一毛钱。基于此，凤姐可以坚决主张贾琏有私自处分、转移大额财产的行为，从而追回自己的应得利益。

涨点知识：并不是说存款花掉了就一定要不回来，只能认命了，只要是恶意的高额消费，依旧可以通过维权追回，而且要求对方不分或者少分这部分钱款。

§ 被私自处分的大额财产，如何追回？

如果对方是恶意转出或者恶意消费，直接追偿相应的款项即可。但这毕竟是凤姐和贾琏财产中的一小部分，贾琏私自处分房产、车辆、名贵字画也是有的，凤姐还能要回原物吗？

1. 买方善意取得，只能追回损失，不能追回原物

贾琏：私自将夫妻共同的房产卖给他人。
买方：善意购买房屋，支付合理对价，办理了过户手续。
凤姐：无法追回房产，但可以追回房款。

解读：贾琏私自将他名下的房产，但本质上属于夫妻共同的房产，卖给第三方，这套房产凤姐还能要回吗？私自处分房产，显然是无权处分，按道理说是能够追回的。但如果买房人是善意的买房，并不知道贾琏私自处分，而且原以为凤姐对

卖房一事知晓，并且支付了合理的对价，买房人取得了房屋所有权，这时候，凤姐就只能向贾琏追偿房屋的损失，也就是卖房款。

2. 私自赠与、低价出卖，可以追回原物

贾琏：私自赠与好友房产1套（价值500万）。
朋友：未支付任何对价。
凤姐：可以追回房产。

解读：贾琏私下里将房产赠与自己的朋友，没有任何对价，构不成善意取得，凤姐自然可以主张私自的赠与行为无效，而将房产追回。

贾琏：私自以100万将房产卖与朋友（房产价值500万）。
朋友：支付100万。
凤姐：可以追回房产。

解读：如果贾琏以买卖形式掩饰，将房产低价卖给了朋友，从朋友的角度看，显然出发点就不对，而且远远低于市场价购买，也不是善意的，极有可能是双方串通好的，因此凤姐可以主张买卖行为无效，将房产追回。

3. 私自为他人购置大额资产出资

贾琏：私自给弟弟贾琮200万，用于购房。
弟弟贾琮：200万购房。
凤姐：只能追回房款200万。

解读：贾琏出资买房，其实是赠与弟弟房款，而不是房子，也就是说赠与的标的是钱，是房款，而不是房子，所以，凤姐只能主张返还房款。

重点提示：现实生活中，私自为自己的家人朋友买房买车，并刻意隐瞒，都是无权处分。可以通过银行转账凭证、开发商的证明、证人证言等证明配偶一方缴纳了房款、首付款，进行还贷，从而主张返还这些钱款。

§ 不离婚，就不能主张分割共同财产吗？

凤姐眼看着贾琏转移财产，十分气愤。可是毕竟两家关系错综复杂，一时间也无法就此离婚。那么，不离婚就不能分割夫妻共同财产吗？

通常情况：在婚姻关系存续期间，即使婚姻出现问题，也是不能主张要求分割夫妻共同财产的。即使提出诉讼，法院也不会支持。

例外情况：[1]（1）如果对方隐藏、转移、变卖、毁损、挥霍夫妻共同财产，或者伪造夫妻共同债务企图侵占另一方财产，那么在婚姻关系存续期间，也可以主张分割夫妻共同财产。因此但凡贾琏出现这些严重损害夫妻共同财产的行为，凤姐就可以在婚姻关系存续期间要求分割夫妻共同财产，如果对方不同意，凤姐就可以以诉讼的方式维护权益。（2）负有法定抚养义务的人患重大疾病需要医治，对方不同意。自己对家人有抚养或者赡养的义务，比如年迈的父母罹患重病，自然需要花钱救治，如果对方阻止或者拒绝支付，也可以要求婚内分割财产。

参考情况：如果自身罹患重病，需要治疗，而对方不愿意拿钱出来为你医治，这种情况下，可以诉讼请求婚内分割夫妻共同财产。本来夫妻就有相互扶养的义务，如果患病后对方不予治疗，自然是侵犯了自己的权益，可以主张分割夫妻共同财产。[2]

离婚财产救济情况：针对对方侵害夫妻财产权益的行为，离婚时甚至离婚后自然可以主张救济。对方如果隐藏、转移、变卖、毁损、挥霍夫妻共同财产，或者伪造夫妻共同债务企图

---

① 《民法典》第一千零六十六条　婚姻关系存续期间，有下列情形之一的，夫妻一方可以向人民法院请求分割共同财产：（一）一方有隐藏、转移、变卖、毁损、挥霍夫妻共同财产或者伪造夫妻共同债务等严重损害夫妻共同财产利益的行为；（二）一方负有法定扶养义务的人患重大疾病需要医治，另一方不同意支付相关医疗费用。

② 参考《民法典婚姻家庭编条文理解与司法适用》，第100～101页，中国审判理论研究会民事审判理论专业委员会编著。

侵占你的财产，在离婚分割夫妻共同财产时，你可以主张要求他少分或者不分。如果离婚后才发现对方这些侵害财产权益的行为，可以起诉请求再次分割夫妻共同财产。①

法律练习坊

1. 夫妻双方有家事代理权，日常生活的花销可以自主决定，这个标准结合各自家庭的具体情况来定，如果超过标准，又没有合理的解释，那就是私自处分大额财产。但是大额的标准，也要结合地域、家庭情况来综合认定。

2. 如果是恶意的大额消费，也是私自处分、转移财产的一种体现。

3. 私自处分的大额财产，原则上是可以追回的，但如果构成善意取得，就只能向配偶一方追偿损失了。

4. 如果对方有隐藏、转移、变卖、毁损、挥霍夫妻共同财产或者伪造夫妻共同债务等严重损害夫妻共同财产利益行为的，可以要求婚内分割全部的夫妻共同财产。

5. 如果自己或者负有法定抚养义务的人患病需要治疗，对方阻止，也是可以要求婚内分割财产的。

---

① 《民法典》第一千零九十二条　夫妻一方隐藏、转移、变卖、毁损、挥霍夫妻共同财产，或者伪造夫妻共同债务企图侵占另一方财产的，在离婚分割夫妻共同财产时，对该方可以少分或者不分。离婚后，另一方发现有上述行为的，可以向人民法院提起诉讼，请求再次分割夫妻共同财产。

婚姻练习场

这些问题也许会发生，也许不会发生，全凭对方道德层面的自我约束，即使真的发生了，你也不要只是气愤，一味地纠结“凭什么，为什么，怎么会，怎么能，太过分”！没必要，因为这就是人性！从现实的婚姻情况看，这种行为也很常见。所以，还是那句话，我们平时要注意梳理财产，留意证据，该争取的争取，该捍卫的捍卫。

Chapter 07

第7章

感情短暂，人生漫长

财富的传承如果没有规划和布局，很有可能会变成一场暴露人性的闹剧。

回看第1章中我们讲过的贾琏去世的故事。贾琏去世后，凤姐还一直照应着老家南京的弟弟妹妹。凤姐潜意识里认为自己和丈夫贾琏二人辛苦打拼的财产，那就是他们二人的，现在丈夫去世，财产自然是她和女儿巧姐的，将来自己去世，那就是女儿的，和任何人都无关。可是，事情哪有那么简单，后来弟弟妹妹的“配合”变成了“分割”。一番权衡之后，凤姐选择了协商，为此付出了500万的代价，夫妻打拼赚来的财富就这样被分流了。

回想起来，凤姐颇为遗憾，当初好友兼知己秦可卿去世，她就曾感叹世事无常，后来自己怀二胎不幸遭遇流产，身体虚弱，必须卧床，那时她就想过要为巧姐早做安排，避免身后事情难料。只是后来遇到一位神医，帮她慢慢调理身体，日渐康复，竟将财富传承事宜就此放下了。

没曾想，一向身体硬朗的贾琏突发疾病去世，后续又引来诸多纠纷。自己的父母健在，兄弟姐妹来往并不多，他日若自己也突然撒手而去，不知他们会不会也来和巧姐分财产。看来做好家庭财富的传承安排，非常有必要。

贾琏的财产是如何被继承分流的？

第一步：确定遗产范围。

我们假定贾琏和凤姐的财产都为婚后所得，都是夫妻共同财产，资产有5000万，那其中的一半2500万属于凤姐，另一半2500万才是贾琏的遗产。

第二步：确定继承人范围。

第一顺序：配偶、子女、父母。也就是凤姐、巧姐和父亲贾赦三个继承人，平均继承贾琏的遗产。

第三步：确定继承份额。

三人平均继承贾琏的2500万遗产，各1/3。

凤姐继承份额，1/3；女儿继承份额，1/3；父亲继承份额，1/3。

第四步：遗产分割。

贾琏的父亲并未想着分儿子的遗产，可是父亲因伤心过度也去世了，那父亲应继承的份额就转移到了他的法定继承人名下。弟弟贾琮和妹妹贾迎春作为父亲的法定继承人，可以转继承哥哥的遗产，他们自然不会轻易放弃。那么，父亲继承的这1/3的份额，现在如何处理？

（一）理清转继承

按照转继承，贾琏父亲的份额由他的法定继承人继承。因此，又一轮继承开始。贾琏的爷爷奶奶早就去世。那么，父亲的继承人就剩下贾琏的弟弟贾琮、妹妹贾迎春。

（二）理清代位继承

贾琏也是贾赦的法定继承人。可是，贾琏先于父亲贾赦去世，那么，自己应继承父亲的遗产份额可以由自己的女儿代位继承。也就是说，巧姐因代位继承而成为继承人，从而可以直接继承本应由贾琏继承的父亲贾赦的遗产。

因此，贾琏父亲的遗产继承人范围：弟弟贾琮、妹妹贾迎春、女儿巧姐。

三人继承贾琏父亲遗产的份额，均是1/3。

那么现在，贾琏最终的遗产分配为：

妻子凤姐：1/3；

女儿巧姐：1/3+1/3*1/3=4/9；

弟弟贾琮：1/3*1/3=1/9；

妹妹迎春：1/3*1/3=1/9。

最终贾琏的2500万遗产数额是这样分配的：

妻子凤姐：2500万*1/3≈833.33万；

女儿巧姐：2500万*4/9≈1111.11万；

弟弟贾琮：2500万*1/9≈277.78万；

妹妹迎春：2500万*1/9≈277.78万。

弟弟和妹妹因为转继承分流贾琏夫妇财产共计约555.56万。这还只是假设贾琏夫妇共计5000万资产的前提下，而实际上他们的资产远远比这更多，如果完全按照法定继承，被分流的财产可能更多。而且，从诉讼继承的角度看，诉讼成本和周期都是相当之大，凤姐在失去丈夫之后，一方面要维持公司经营，另一方面还要面对烦琐的诉讼，律师费诉讼费这些成本自然不用说，诉讼周期内的煎熬势必也会影响身心健康。

综合考虑，当时凤姐用500万协商处理了继承事宜，虽然心痛，可也算是法律传承密码之外的小钱了。

所以，正如凤姐的遗憾和感悟：婚姻财富传承的风险，必须重视且要提前预防。

案例剖析：贾琏去世后的法定继承

凤姐和贾琏的故事，正是由于贾琏没有做任何的传承安排，因此才会因法定继承而面临财富分流。[①]到底什么是法定继承，法律的逻辑到底是怎样的？

涨点知识：法定继承是指在被继承人没有对其遗产的处理立有遗嘱的情况下，直接按照法律规定的继承人的范围、继承顺序、遗产分配的原则进行继承的一种继承形式。法定继承是对遗嘱继承或者遗赠的补充，只有在没有遗嘱、遗赠抚养协议或者遗嘱无效的情况下才会使用。

1. 法定继承人都包括哪些人？

根据《民法典》的规定，被继承人的配偶、子女、父母、兄弟姐妹、祖父母、外祖父母都是法定继承人。[②]以贾琏家庭为例，我们分析一下继承关系。

（1）配偶—王熙凤。具有法定的合法的婚姻关系。同居关

---

① 后文会详细介绍。

② 后文会详细介绍。

系，离婚后未复婚等都不能享有继承权。因此，王熙凤是法定继承人。其他同居的人员，比如尤二姐（贾琏出轨对象），并非法定继承人。

（2）子女——巧姐。巧姐作为贾琏的女儿，享有继承权，而且不受贾琏和凤姐婚姻关系变化的影响，即使贾琏和凤姐离婚，作为子女，她依旧享有继承权。除了婚生子女外，还包括非婚生子女[①]、养子女、和被继承人有抚养关系的继子女。非婚生子女，假如贾琏和尤二姐在同居期间生育子女，那该子女同样享有继承权；养子女，假如凤姐收养一个男孩，该男孩就和贾琏以及凤姐形成了法律上的父母子女关系，他就同巧姐一样，享有对于贾琏和凤姐财产的继承权。当然，假如凤姐和贾琏离婚，巧姐由贾琏抚养，贾琏另娶尤二姐，尤二姐变成了巧姐的继母，抚养照顾巧姐，那么若尤二姐去世，巧姐作为继女可以继承尤二姐的财产。

（3）父母——贾赦。贾赦是贾琏的生父，贾琏生母早已去世。邢夫人是贾琏的继母，将贾琏抚养长大，如果她在世，也是贾琏的法定继承人。当然，除了生父母、有抚养关系的继父母外，还包括养父母。

（4）兄弟姐妹——贾琮、贾迎春。贾琏没有同父同母的兄弟姐妹。但是，贾琮、贾迎春是他同父异母的兄弟姐妹，在继承人范围内。除此之外，同母异父的兄弟姐妹、养兄弟姐妹和有扶养关系的继兄弟姐妹，同样也在继承人范围内。

（5）祖父母、外祖父母——贾母。贾母作为贾琏的祖母，

---

① 《民法典》第一千零七十一条　非婚生子女享有与婚生子女同等的权利，任何人不得加以危害和歧视。

也在继承人范围内。

2. 法定继承人的继承顺序有没有区别？[①]

第一顺序：配偶、子女、父母——王熙凤、巧姐、贾赦。特别补充一下，根据法律规定，如果在一个家庭中，丧偶儿媳和女婿，对公婆、岳父母尽了主要赡养义务，那么，他们虽然不是明确的法定继承人，也可以作为第一顺序继承人。举个例子，假如贾琏去世，凤姐依旧照顾赡养贾赦，为其提供主要经济支持，尽了主要义务，那么贾赦去世后凤姐也可以作为他的第一顺序继承人继承贾赦的遗产。

第二顺序：兄弟姐妹、祖父母、外祖父母——贾琮、贾迎春、贾母。

如何理解继承顺序？继承顺序其实就是法定继承人参加继承的先后顺序。被继承人死亡后，首先由第一顺序的继承人继承遗产。只有在第一顺序的继承人不存在、丧失继承权或者全部放弃继承权的情况下，才由第二顺序的继承人继承遗产。换句话说，只要有第一顺序的继承人且参加继承，第二顺序的继承人就无权参加继承。因此，贾琏去世后，他的法定继承人为第一顺序继承人，即配偶、子女、父母——王熙凤、巧姐、贾赦。

---

① 《民法典》第一千一百二十七条　遗产按照下列顺序继承：（一）第一顺序：配偶、子女、父母；（二）第二顺序：兄弟姐妹、祖父母、外祖父母。继承开始后，由第一顺序继承人继承，第二顺序继承人不继承；没有第一顺序继承人继承的，由第二顺序继承人继承。本编所称子女，包括婚生子女、非婚生子女、养子女和有扶养关系的继子女。本编所称父母，包括生父母、养父母和有扶养关系的继父母。本编所称兄弟姐妹，包括同父母的兄弟姐妹、同父异母或者同母异父的兄弟姐妹、养兄弟姐妹、有扶养关系的继兄弟姐妹。

§ 法定继承人如何分割遗产？

1. 同一顺序的继承人，原则上均等分割

也就是说，同一顺序的继承人继承遗产时，各自的继承份额相同。因此，王熙凤、巧姐、贾赦共同继承贾琏的遗产，各自继承1/3。

2. 有特殊情况的，不均等分割是例外

（1）对生活有特殊困难的缺乏劳动能力的继承人，在分配遗产时应当予以照顾。需要同时满足生活困难和缺乏劳动能力两个条件。假如贾琏去世后，贾赦年事已高缺乏劳动能力，又生活困难，那么在遗产分配时可以适当照顾。

（2）对被继承人尽了主要扶养义务或者与被继承人共同生活的继承人，分配遗产时可以多分。王熙凤和巧姐作为和贾琏共同生活的家人，可以主张适当多分。

（3）有扶养能力和有扶养条件的继承人，不尽扶养义务的，分配遗产时，应当不分或者少分。不尽扶养义务，自然不能继承遗产。多数存在于有多个子女的家庭，某个子女有能力有条件扶养老人，却不尽扶养义务，那么可以不分遗产。

（4）继承人协商同意的，也可以不均等。继承人之间相互协商继承份额，法律不干涉。王熙凤、巧姐、贾赦如果能私下达成协议，确定各自的具体继承份额，也是可以的。

§ 继承权可以放弃吗？配偶可以主张放弃无效吗？

继承人有权放弃继承，这是继承人的权利，但是放弃继承应当在继承开始后、遗产分割前做出。如果在遗产分割后，也就是继承完毕之后再放弃，放弃的就不是继承权了，而是遗产的所有权。无论放弃的是继承权还是遗产所有权，配偶一方如果反对，能不能主张放弃无效呢？

这个问题有点抽象，我们再回到贾琏和王熙凤的家庭。贾琏和王熙凤结婚第五年，继母邢夫人去世，留下房产两套。贾琏和父亲也没有急于对房产进行继承和变更过户。后来，贾琏和凤姐陷入离婚风波，凤姐提出要分割贾琏继承的继母邢夫人的房产份额，贾琏坚决反对！

凤姐：母亲（邢夫人）留下的房产，我也有权分割！
贾琏：那是我父母的财产，母亲去世自然归父亲所有，我绝不能和父亲相争，我放弃继承！
凤姐：我不同意。
贾琏：你说了可不算。

我们来看一下，贾琏的想法是否可行，他如果放弃继承，凤姐能不能反对？能不能主张撤销呢？不好意思，不能。

邢夫人去世，继承就已经开始了，但是邢夫人留下的房产并没有分割，继承也没有结束，此时，贾琏有权放弃继承。这种情况下，凤姐无法反对，也无法主张分割。

懂点法律：如果遗产已经分割完毕尚未确权，继承人私自放弃，配偶有权主张撤销。

具体到贾琏，如果他和父亲以及弟弟妹妹已经对该房产分割完了，到底谁继承多少份额已经确定完毕，即使没有过户，贾琏应该继承的份额已经因继承分割结束而属于夫妻共同财产，如果他放弃的话，就是放弃房产份额的所有权，这就侵害了妻子凤姐的权益，此时凤姐可以主张放弃无效，需分割房产。

婚姻练习场

离婚后还能再主张分割继承财产吗？

如果凤姐和贾琏后来离婚的时候，并没有主张分割贾琏继承的该房产。离婚两年后，贾琏和父亲、弟弟妹妹就母亲的遗产进行了继承分割，贾琏继承其中 1 套房产，并办理了过户手续。此时，凤姐能否主张分割这套房产呢？

也许很多人认为已经离婚了，房产就和凤姐无关了，其实不对。只要是婚姻关系存续期间取得的财产都是夫妻共同的，既然贾琏没有放弃继承，那么房产依旧是他在婚姻关系存续期间继承所得，只是没有办理继承手续而已，不影响房产是在婚姻关系存续期间所得的事实。因此，无论贾琏是在离婚前办理继承手续还是在离婚后办理继承手续，只要他没有放弃继承，凤姐都有权利以夫妻共同财产为由主张分割。

案例剖析：贾琏去世后的代位继承与转继承

在对贾琏遗产进行继承分析的过程中，我们提到代位继承和转继承。这两种继承其实也是法律规定的两种继承形式，理解起来比较抽象，但其实是法定继承的补充或者延伸。

§ 代位继承

表7–1 《继承法》和《民法典》对代位继承的定义

《继承法》第11条	《民法典》第一千一百二十八条
被继承人的子女先于被继承人死亡的，由被继承人子女的晚辈直系血亲代位继承	被继承人的子女先于被继承人死亡的，由被继承人子女的直系晚辈血亲代位继承 被继承人的兄弟姐妹先于被继承人死亡的，由被继承人的兄弟姐妹的子女代位继承

1. 什么是代位继承？

代位继承，就是代替他人之位参加继承。对此，《继承法》和《民法典》都有明确规定。具体来说就是被继承人的子女先于被继承人死亡，由被继承人子女的晚辈直系血亲代位继承。

被继承人：贾赦
被继承人子女：贾琏、贾琮、贾迎春
被继承人子女（去世）的晚辈直系血亲：巧姐

贾琏先于贾赦去世，巧姐代贾琏之位继承贾琏本应继承的贾赦的遗产。

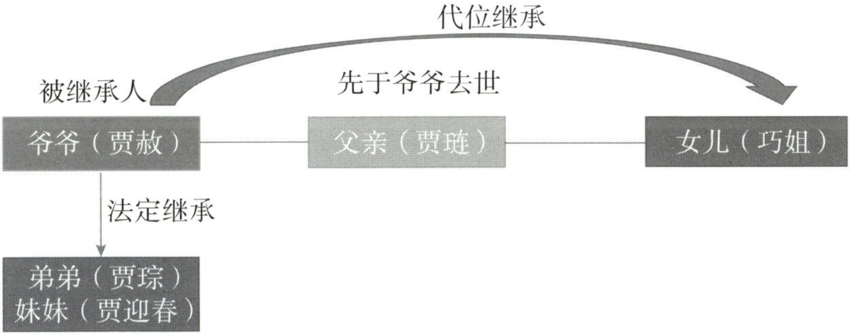

图 7-1　代位继承图示

懂点法律：依据继承法的规定，只有在被继承人有子女的情况下才可能产生代位继承，但现实生活中，假如被继承人既无子女又无其他法定继承人，可能会出现其财产无人继承的困

境。新颁布的《民法典》扩大了代位继承的范围，被继承人的兄弟姐妹的子女也可以代替其父母继承被继承人的遗产。在一定程度上，保证了私人财产权的继承流转。

2. 代位继承有哪些条件?

（1）被代位人先于被继承人去世。

（2）被代位人是被继承人的子女或者兄弟姐妹。

（3）代位继承人是被继承人子女的晚辈直系血亲或者兄弟姐妹的子女。

因此，被继承人有子女的情况下，子女先于自己去世，被继承人的孙子女或者外孙子女、曾孙子女、外曾孙子女都可以代位继承。被继承人无子女又无其他法定继承人，但是有已经去世的兄弟姐妹的情况下，兄弟姐妹的孩子，也就是侄子侄女或者外甥外甥女可以代位继承，继承也止于这一代。

举个例子，就是贾琏先于父亲贾赦去世，贾琏的子女、孙子女、外孙子女都可以代位继承。如果贾琏没有子女，且无其他在世继承人，贾琏的已经去世的兄弟姐妹的子女可以代位继承，但不能再往下一代传递。

3. 代位继承人能继承多少遗产?

代位继承人一般只能继承他的父亲或者母亲有权继承的遗产份额。简单来说，就是巧姐能够继承的遗产份额只能是父亲应继承的爷爷的遗产份额。

§ 转继承

转继承，是指继承开始后，继承人没有表示放弃继承，但又于遗产分割前死亡的，那么其继承遗产的权利则转移给他的合法继承人。[①]也就是说，继承人直接继承后，继承还没有完成前，又转由转继承人继承其应继承的遗产，实质上是就被继承人的遗产连续发生的两次继承。

贾琏去世后，贾赦作为法定继承人应该继承贾琏的部分遗产，但是遗产份额还没有分割完毕，继承还没有全部完成，贾赦又去世了，那么贾赦的继承人贾琮和贾迎春就再继承本该由父亲贾赦分割的遗产份额。实际上，贾琮和贾迎春继承的依旧是父亲贾赦从哥哥贾琏那里继承的遗产。

图 7-2　转继承图示

① 《民法典》第一千一百五十二条　继承开始后，继承人于遗产分割前死亡，并没有放弃继承的，该继承人应当继承的遗产转给其继承人，但是遗嘱另有安排的除外。

如何成功继承遗产？

贾琏去世，他的财产并非理所当然地归妻子和女儿所有，她们想要真正获得财产，还必须经过法定的继承程序。如果各个继承人之间没有太大争议，那么最简单的方法就是通过公证继承，但如果争议比较大，那只能通过诉讼方式进行继承。

§ 如何办理公证继承？

当初，为了将贾琏去世时遗留的房产过户到巧姐名下，凤姐和巧姐选择了公证继承，只是公证继承必须所有继承人都到公证处，于是贾琏的弟弟妹妹也牵涉进来，牵一发而动全身，付出了财富分流的代价。

涨点知识：公证继承，就是被继承人去世后，所有继承人到公证处，由公证处证明继承行为真实、合法，并以公证的方式确定继承权。

办理公证继承手续特别复杂，我们以贾琏去世后的公证继承为例，看一下通常情况下需要准备的材料清单：

（1）被继承人的死亡证明：贾琏死亡证明。

（2）继承人的身份证明、户口簿：王熙凤、巧姐的身份证、户口簿。

（3）被继承人遗留的财产所有权证明及财产清单，涉及房产继承的提供房屋查档证明：贾琏名下的房产所有权证书、房产档案证明。

（4）亲属关系证明：继承人中有死亡的，提供死亡证明及其亲属关系证明，如贾赦的死亡证明、与贾琏的父子关系证明。

（5）如有继承人放弃继承权，未能亲自到公证处办理的，应提交经公证后的放弃继承权声明书。比如，王熙凤放弃继承权的公证材料。

（6）在（代位）转继承中，（代位）转继承人应提交确认此种关系的证明。比如贾琮、贾迎春和贾赦是父子、父女关系的证明。

（7）被继承人生前与配偶有夫妻财产约定的，应当提交书面约定协议。比如贾琏和凤姐的书面财产协议。

以上，还只是大概的手续材料，如果贾琏在国外有资产，国外资产的继承还必须提供境外机构的相关文书。此外，如果涉及继承人数较多，又分布在全国各地甚至境外，聚到一起会非常困难，配合起来就比较有难度。而且，一旦有继承人既不到场，又不愿意放弃继承，那公证继承就无法进行。因此，这种程序烦琐也是财富传承不得不考虑的风险之一。

§ 独生子女继承最容易陷入困境

第1章中，我们提到过贾琏和凤姐均去世后，巧姐作为独生子女的继承困境！巧姐除了要提供相关的遗产权属证明（房本、存折等）外，还必须提供亲属关系证明和其他继承人全部去世的死亡证明，包括：父母死亡证明，爷爷奶奶、姥姥姥爷死亡证明，父母、爷爷奶奶、姥姥姥爷身份关系证明。当然，这些材料本身并不复杂，但却很烦琐，也会衍生出其他风险。

1. 收集手续比较难。死亡证明不仅要有死亡的事实，而且还要证明爷爷奶奶、姥姥姥爷先于父母去世，否则再发生父母的兄弟姐妹的转继承就更麻烦了，总之要证明独生子女确实是唯一的遗产继承人。如果独生子女本身已经年龄很大，爷爷奶奶、姥姥姥爷去世又很久远，相关的证明收集起来就太难了，有时候真的会陷入困境。

2. 遗产无法全部覆盖。大额的房产、车辆还可以明确查询，如果一些存款理财，没有存折、存单，亦没有其他财产证明，无法通过继承查明并确权。比如，贾琏曾在某地方商业银行有100万定期存款，但是凤姐和巧姐都不清楚，也从未听贾琏提起过。那么这个理财就只能静静躺在银行里了。

3. 未成年人监护人选择。如果独生子女年龄小，那么谁来监护就是问题，监护人对财产的管理是否安全也是要考虑的。

§ 如何提起诉讼继承?

贾琏去世后，凤姐和巧姐与贾琮和贾迎春没有就遗产分割问题协商一致，巧姐如果想要继承获得贾琏名下的房产，就必须和母亲一起将贾琮和贾迎春起诉至法院。单纯起诉贾琮，不起诉贾迎春也是不行的，因为继承诉讼案件的当事人是全部享有继承权的人。所以，如果继承人特别多的话，作为原告需要尽可能全面地列出其余继承人的准确信息。

1. 诉讼继承准备手续，基本和公证继承类似

（1）亲属关系证明。

原被告与被继承人之间的亲属关系证明。比如，贾琏和王熙凤、巧姐、贾琮、贾迎春是夫妻关系、父女关系、兄弟姐妹关系的材料，如户口本、居委会证明等。

（2）遗产的权属证明。

①房产，应提交房产证或购房合同、交款发票或出资证明。

②银行存款，提交存款、存折等，如果申请法院调查，要提交银行账号。

③车辆，应提交行驶证、车牌号。

④公司股权，应提交公司的工商登记情况、出资的证明等。

⑤债权债务，除提交借据以外，必须有相关的转账记录等证据佐证。

2. 诉讼继承周期阻力

（1）继承人人数众多。比如继承人身处全国各地，甚至境

外，送达法律文书程序繁多，路径复杂，周期长。

（2）涉及财产评估。继承人对财产价值达不成一致意见，就必须评估，尤其是房产评估、股权评估，评估费用高，周期长。

（3）调查取证。如果对于财产的有些信息不确定，比如房屋是旧房，或者涉及房改房、拆迁房等，还必须先确定到底是不是完全是被继承人的遗产。

（4）非婚生子、继子女。如果有非婚生子、继子女的存在，还可能涉及亲子关系鉴定、抚养关系认定等事项。

（5）遗嘱。如果涉及遗嘱，比如某一个继承人突然拿出来一份自己是遗嘱继承人的遗嘱，那还会有遗嘱的真实性、有效性认定，笔迹鉴定等问题，周期相当长。

总之，如果情况比较简单，一两个月可以审结，如果比较复杂，多数会使用普通程序，一般从立案到开庭审理再到最后判决，要3到6个月。特殊情况，更是会延期审理。

此外，诉讼过程中，财产有可能会被保全，尤其是股权可能会被冻结，自然会影响股权价值和公司经营收益，很多公司就是在诉讼过程中出现经营危机，最终破产。而且，诉讼继承的成本本身也不小，除了诉讼费外，还需要负担律师费，以及可能出现的财产评估费、鉴定费等等。

如何进行财富传承规划？

凤姐和贾琏夫妻的婚姻财富如何避免流向“外人”？

巧姐在继承房产的过程中，这些复杂烦琐的手续如何规避？

如何将继承成本降到最低？

这些就是财富传承要解决的问题。本节内容将结合财富传承密码，有效利用法律工具和金融工具，对婚姻财富进行系统规划，从而确保财富安全有序地传承到想要传承的人。

§ 生前如何运用赠与将财产顺利传承？

关于生前赠与，我们在财富保护章节中已经提及，具体运用到婚姻资产的传承，就是以传承为目的，生前就将自己的财产无偿给与他人。

1. 生前赠与的优势

（1）生前赠与确定明确。通过赠与协议的方式将财产进行分配，如何分配、分配给谁、何时分配等事项都明确确定，赠与完成后，财产直接归受赠人所有。这样可以避免在自己离世后继承人再就所涉财产发生继承纠纷。比如，贾琏生前就将房产赠与过户至巧姐名下，则不会发生因公证继承而引发的一系列问题。

（2）可以锁定子女个人财产。正如婚姻财富规划中我们提到的，如果想将财产给予子女，但又怕财产将来因子女婚变而被当作夫妻共同财产予以分割，则可以通过书面的赠与协议，申明财产只赠与子女个人，与其配偶（或者未来配偶）无关，那么，该部分财产就可以锁定为子女的个人财产。比照之前婚姻规划中的运用，在财富传承中，贾琏和凤姐就可以提前将部分财产通过赠与协议的方式给巧姐，并且明确是给巧姐个人的，与其配偶（未来配偶）无关。

（3）适用于全部的财产类型。既然是想将财产赠与自己的子女或者其他亲属，则自己有任意处分的权利，不受财产类别的限制。换句话说，凤姐无论是将存款、珠宝首饰给巧姐，还是将房产、股权给巧姐，都没有任何限制。

2. 生前赠与的风险

（1）子女婚变。本书在“婚姻财富规划”章节中提过，如果在子女婚后赠与其财产，而未写书面协议，或者赠与协议中没有声明是赠与子女个人的，那么就会被默认是夫妻共同财产。子女一旦婚变，该部分财产就有被分割的风险。而且即使声明是赠与子女个人的财产，但是如果子女自己没有做好个人财产与夫妻共同财产的有效隔离，加上婚姻生活中难免会使用该财产，从而与夫妻共同财产混同，那么一旦混同，则依然会面临因婚变被当作夫妻共同财产分割的风险。

（2）财产失控。财产一旦赠与给子女，则赠与人就对财产丧失所有权，财产即失控，该财产就归属于子女，子女如何使用，父母没法干涉。举个例子，比如凤姐把房产赠与给巧姐，巧姐在婚后将该房产进行抵押、出售、出租等，这些行为难免违背凤姐当初的意愿，但凤姐也无法管控，毕竟财产所有权已经转移。

§ 有效遗嘱如何立？

遗嘱是立遗嘱人生前对自己的财富提前安排，指定某一个或者某几个继承人继承。[①]这是将自己的财产，给自己想给的继承人的最传统的一种法律工具。但是遗嘱常见，有效遗嘱并不常见。

1. 遗嘱的生效要件

（1）遗嘱人在立遗嘱时必须具有完全行为能力。比如，贾

① 《民法典》第一千一百三十三条　自然人可以依照本法规定立遗嘱处分个人财产，并可以指定遗嘱执行人。自然人可以立遗嘱将个人财产指定由法定继承人中的一人或者数人继承。

琏立遗嘱时，必须意识清醒——不糊涂，非重伤弥留；

（2）遗嘱必须是遗嘱人的真实意愿，不是受胁迫的他人想法；

（3）遗嘱只能处分立遗嘱人的个人合法财产。自己的财产自己处分，不能涉及第三人财产。比如，贾琏想要将自己名下的夫妻共同财产留给巧姐继承，那么只能处分自己的份额，不能处分凤姐的份额；

（4）遗嘱的形式必须符合法律规定。比如，自书遗嘱就要自己写，代书遗嘱就必须有见证人；

（5）没有违反法律对遗嘱内容的强制性规定。比如，贾琏不能立遗嘱将财富由自己的出轨对象尤二姐继承，这既违法又违反社会公德。

2. 遗嘱的类型及形式要求

根据《民法典》第一千一百三十四至一千一百三十九条规定，遗嘱人可以通过以下方式设立遗嘱：

（1）公证遗嘱，由遗嘱人经公证机关办理；

（2）自书遗嘱，由遗嘱人亲笔书写，签名，注明年、月、日；

（3）打印遗嘱，应当有两个以上见证人在场见证。遗嘱人和见证人应当在遗嘱的每一页签名，注明年、月、日；

（4）代书遗嘱，应当有两个以上见证人在场见证，由其中一人代书，注明年、月、日，并由代书人、其他见证人和遗嘱人签名；

（5）录音录像遗嘱，应当有两个以上见证人在场见证。遗嘱人和见证人应当在录音录像中记录其姓名或者肖像，以及年、月、日；

（6）口头遗嘱，遗嘱人在危急情况下，可以立口头遗嘱。口头遗嘱应当有两个以上见证人在场见证。危急情况解除后，遗嘱人能够用书面或者录音形式立遗嘱的，所立的口头遗嘱无效。

打印遗嘱、代书遗嘱、口头遗嘱和录音录像遗嘱都必须有两个或以上的见证人，见证人不能有利害关系——法定继承人、受遗赠人、跟法定继承人或受遗赠人有利害关系的人均不能作为见证人。因此，这些遗嘱的效力因形式不同而逐渐递减。

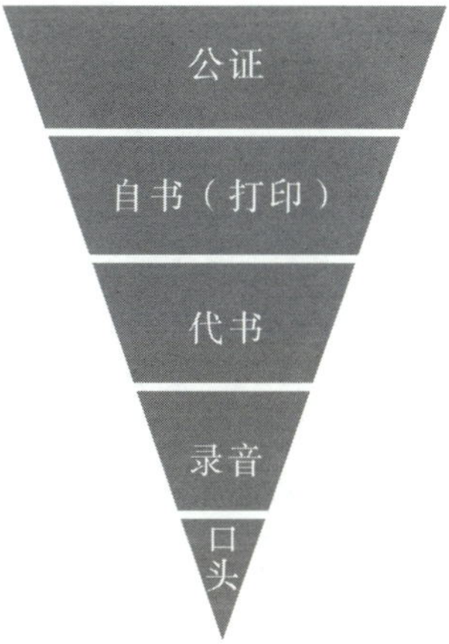

图 7-3　遗嘱效力示意图

3. 遗嘱的优势

（1）按照自己的意愿来处理财产。财产留给哪些继承人、各自继承多少，完全由立遗嘱人决定，真正做到将自己的财产给自己想给的人；

（2）定向传承、减少纠纷。一份合法有效的遗嘱做到了财产在指定继承人中定向传承，可以有效避免诉讼继承的风险，避免出现亲人之间对簿公堂的情况；

（3）降低子女婚变的损失，确保子女的利益。前文中曾多次提到，如果不立遗嘱，那么一旦自己遭遇变故，子女在婚后通过法定继承的方式继承的自己的财产，属于夫妻共同共有。子女一旦婚变，则面临分割风险。如果在遗嘱中指定遗产由子女继承，属于子女个人所有，与子女的配偶无关，即可锁定该财产为子女个人财产，即使婚变，也可保全。

4.遗嘱的风险

（1）遗嘱本身的风险。如前文遗嘱类别中所述，我们国家对遗嘱从严审核，对遗嘱的形式和内容要求都特别严格，最常见的自书遗嘱、打印遗嘱、代书遗嘱等，如果不符合法定程序，就有可能被认定为无效或者部分无效。常见的他人代书或者打印而由自己签名的遗嘱，因为没有合格见证人，往往被认定无效。录音遗嘱、口头遗嘱被认定无效的情况更是常见；

（2）遗嘱安全保管的风险。如果遗嘱未公证，那就必须对遗嘱进行妥善安全的保管，否则一旦丢失，便失去意义；

（3）遗嘱有效变更的风险。有时候遗嘱人前后会设立多份遗嘱或者多次修改遗嘱，如果不能保证有效性，内容上有相互冲突和矛盾的部分，这类遗嘱将来依旧会面临无法执行的风险；

（4）遗嘱诉讼继承风险。如果一旦有继承人主张遗嘱无效，要求分割财产，那势必又会进入诉讼程序，而一旦涉及遗嘱笔迹鉴定，时间和金钱成本都不小；

（5）遗嘱有效执行的风险。遗嘱能否按照遗嘱人生前的意愿被有效执行，这也是有风险的，尤其是在没有设立遗嘱执行人的情况下；

（6）遗嘱继承程序复杂。公证继承章节中已经提过，即便是合法、有效的遗嘱，而且继承人之间没有争议，但是办理财产凭证、所有继承人信息等手续也还是相当烦琐；

（7）财产失控。被继承人生前对继承人如何使用遗产肯定还是有期待和想法的。但是一旦自己离世，继承人继承财产后，如何使用那就是继承人自己的意愿了。

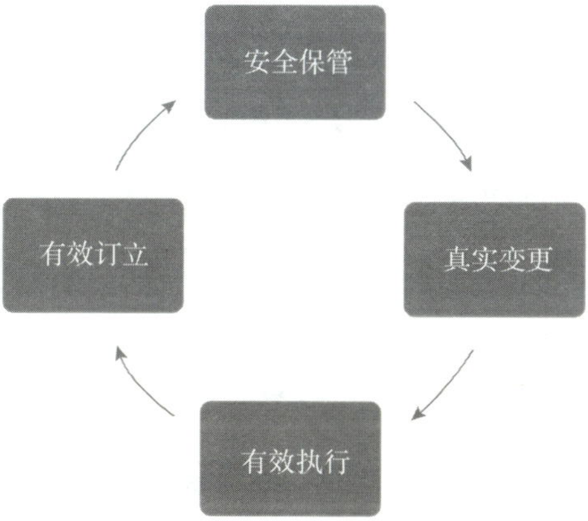

图 7-4　遗嘱订立、执行过程示意图

§ 如何运用保险进行传承规划？

前文已详细介绍过保险，这一部分，我们直接从财富传承的角度，探讨保险工具的合理利用。

1.保险的优势

（1）指定传承。将继承人设定为受益人，指向非常明确，没有争议。我们依然以凤姐和贾琏的家庭为例，贾琏为自己购买大额人寿保险，受益人是妻子凤姐和女儿巧姐，那么就能达到将来这笔保险金传承给家人，而不被其他继承人分割的目的；

（2）变更受益人，方便快捷。如果生前想变更保单受益人或者各个受益人之间的收益比例，可以随时调整，程序简单；

（3）锁定子女财富。比如，贾琏作为投保人，给巧姐投保年金险，巧姐是被保险人，身故受益人是贾琏，生存受益人则是巧姐，那么保单财富就是巧姐自己的，与她的配偶无关；

（4）简单隐秘，无争议。保单只需要投保人和被保险人签字即可生效，而且领取保险金的时候，亦不需要其他继承人在场，能够很好地避免纠纷；

（5）杠杆作用。比如，终身寿险具有保费低、保额高的特点，杠杆比例较高。自己在身前以较少的保费投保，身故后受益人可以领取大额理赔金，切实实现身后巨额财富的定向传承。

2.实例分析

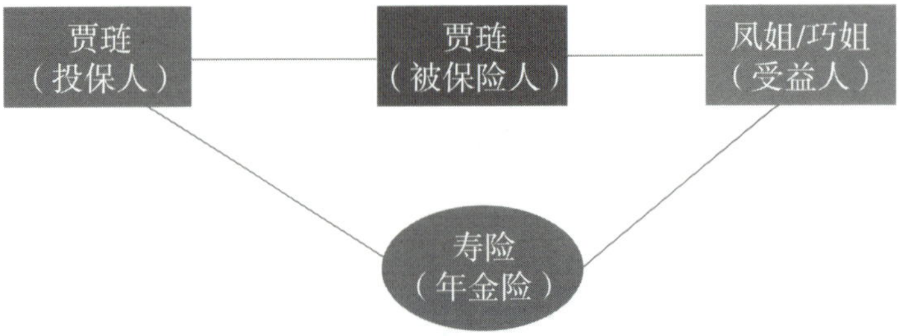

图 7-5　保险——传承示意图

购买保险解决的问题：

（1）现金流。保单抵押贷款，解决现金流问题；

（2）赠与失控。避免生前赠与财富给子女，对方任意挥霍；

（3）长期照顾。可以对妻子和子女长期照顾；

（4）抵御身后家庭风险。自己去世后，家人拿到保险金，安心生活；

（5）传承直接确定、无纠纷。

§ 如何设置信托？

信托的最基本功能就是财富传承。很多高净值家庭在考虑到财富传承的百年规划时，一般都会选择设立信托，这和信托在财富传承中的天然优势有关。

1. 灵活设置传承规划。比如，贾琏作为委托人可以非常灵活地按照自己的意愿设置信托传承计划，设定哪些人可以享受信托利益，享受多少信托利益。

2. 灵活设置支付条件。委托人可以根据受益人的情况和自己的意愿灵活设置受益支付条件，满足什么条件才能领取特定受益。比如，贾琏可以设定，等巧姐考取大学就可以领取多少钱，结婚后可以领取多少等等，防止巧姐挥霍。

3. 有效避免子女监护人侵害财产权益。如果父母一方离世，将财产留给孩子，那么财产势必由监护人管理，很难避免监护人任意处分财产的情况。如果生前将财富设立信托，设定子女或者监护人领取条件，就能达到定向传承的目的，确保财富真正让子女受益。比如，当初凤姐生病时，巧姐8岁，凤姐想将自己的5000万财富给巧姐，但是又担心贾琏将来作为女儿的唯一法定监护人，任意处分这笔财产。要解决这个风险，其实凤姐就可以用这笔钱设置信托，由信托公司根据凤姐设置的条件照顾巧姐的未来生活。

4.快捷高效性。家族信托还具有高效性的优势，不必经过公证等程序。

§ 什么是遗嘱信托？

《民法典》专门确定了遗嘱信托的效力。[①]遗嘱信托是遗嘱和信托的紧密结合。比如，贾琏作为委托人，可以通过遗嘱指定将部分遗产设立信托，在自己离世后，该部分遗产将作为信托财产交付至信托公司，由信托机构按照自己的意愿，对遗产进行管理并向指定受益人（巧姐/凤姐）分配受益。遗嘱的具体设立结构和前文所述信托的基本结构一致，只是一般信托是生前设立完成时即生效，而遗嘱信托，则是和遗嘱一样，在委托人离世后才生效。遗嘱信托的优势和特点如下：

① 《民法典》第一千一百三十三条第四款规定：自然人可以依法设立遗嘱信托。

（1）功能多重性。遗嘱信托不仅可以按照委托人的意愿管理遗产，还可以同时按照委托人的意愿对子女的教育、老人的赡养、智障亲属生活等事项进行安排；

（2）风险隔离。遗嘱信托一旦启动，需要将遗产转移至受托人，而受益人就是通常意义上的继承，不享有遗产的所有权。当受益人为债务人，被追偿时，债权人无法将信托遗产作为追偿的标的；

（3）流程简易。实际操作简便快捷，可采取自书、代书等遗嘱形式；

（4）保密程度不同。遗嘱信托和生前信托不同，不需要太多人参与，不需要信托机构生前参与审核，因此保密性高。

§ 保险金信托，非常有用

保险金信托是一项结合保险与信托的金融产品，是以保险合同的身故保险金作为信托财产，并指定信托公司为保险合同唯一身故保险金受益人。信托公司根据当初与委托人（投保人）签订的信托合同，管理信托财产，分配信托财产给受益人，并在信托期间终止或到期时，交付剩余资产给信托受益人。

适用场景：

（1）受益人未成年。如果保单受益人为未成年人，资金安排运用能力也较弱，财产容易被人侵害，设置保险金信托，在成年之前可满足生活所需，在成年之后可以领取剩余财产，这样就可以有效避免这类风险；

（2）保险金金额较大。当保单的寿险保额较大，为避免受益人任意挥霍大笔保险金，可以设置信托，既能保证受益人享受利益，又能实现安全保值。

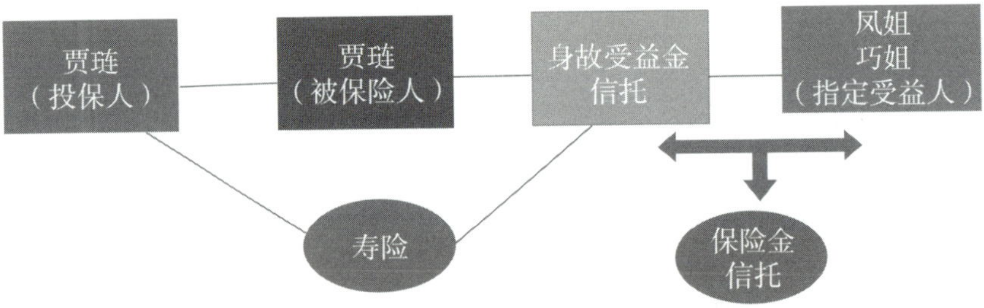

图 7-6　保险金信托——传承示意图

综上，保险金信托拥有以下优势：

（1）抵御财富分流；

（2）传承直接确定、无纠纷；

（3）防止子女挥霍。

Chapter 08

第 8 章

爱情消失，还有义务

并不是所有的出轨，都要以离婚收场！

贾琏是公认的风流公子哥，有过三次出轨的经历。第一次是因为巧姐出疹子，贾琏必须和凤姐分房睡，于是得空出轨多姑娘。第二次是凤姐过生日，家人欢聚庆祝，贾琏以为凤姐肯定会被人灌醉，一时半会儿回不来，于是出轨鲍二家的，被凤姐当场抓获，闹到老太太那里。第三次就是尤二姐，这次出轨非常彻底，在外置办房产将尤二姐娶进门，并以妻子相称，又将自己的积蓄全部给了尤二姐。

贾琏第一次出轨多姑娘，凤姐没有证据。第二次出轨鲍二家的，凤姐捉奸在床，证据确凿，双方大打出手，直闹到贾母那里，贾母劝她：小孩子们馋嘴猫似的，哪里保得住呢？第三次出轨尤二姐，双方以夫妻名义在外同居生活。凤姐对贾琏彻底失望，两个人的关系陷入僵局。

在发现丈夫出轨的时候，凤姐哭过、闹过、请求家人评理劝和过、无奈自救和第三者智斗过。这些伤心绝望的表现和反应，很多女人都有过，还有的甚至因仇恨、抑郁而患上重病。这些心理和身体的反应，源于对配偶、对爱情、对婚姻的幻灭感，在打击面前，无法理性面对，没有充分准备，平静的生活突然失控，从而失去了活下去的勇气。

所以，如果你问我，发现丈夫出轨，该怎么办？我要告诉你，最正确的做法就是，收起伤心，停止失望，冷静地控制所有局面，一方面立刻着手收集证据，另一方面，立刻梳理并掌握所有财产，包括现金、存款、有价证券，更换所有对方知道的账号密码，然后收好自己的证件和一些重要资料，必要时交给朋友、父母或者带到办公室保存。只有这样你才有能力和信心从容谈判，选择挽救或者果断分离。

如何正确收集出轨证据？

§ 常见的出轨证据有哪些？

出轨证据一定是要能够证明出轨事实的，才可以算是有效证据。很多女人发现丈夫出轨，其实是“福尔摩斯”式的，全凭第六感，比如从丈夫衬衣上的香水味道、行车记录、一张暧昧的照片甚至丈夫无意间说的一句话，就断定丈夫出轨了。但是这些所谓的第六感素材，顶多算是线索，如果想从法律上认定出轨，这远远不够。

能够认定出轨的有效证据，分直接证据和间接证据。直接证据就是直接证明丈夫和第三者之间存在不正当亲密关系的证据，比如贾琏和尤二姐的亲密照、不雅照或者录音录像等。间接证据就是，虽然不能直接证明出轨事实，但可以相互形成一个证据链，相互佐证证明不正当关系存在，比如贾琏和尤二姐共同进出小区的照片、小区物业工作人员的证明、邻居看到他们出双入对的证言等。

法律练习场

常见的证据有哪些？

1. 书证：也就是出轨者与第三者之间的微信、短信、QQ 等聊天记录，或者出轨者自己的悔过书、自认书、保证书，还有就是公安机关的出警笔录等，这一点我稍后详细解释。
2. 物证：常见的是出轨者和第三者之间的亲密照、不雅照、通话清单，或者酒店开房记录等。
3. 视听资料：证明不正当的亲密关系存在的一些录音、录像视频等。
4. 证人证言：对出轨事实知晓的朋友、邻居的证人证言等。

§ 哪些证据能够被法院采纳？

1. 最直接的证据。如前文所述，出轨双方不雅的视频、照片等。

2. 出轨者自认。比如，贾琏承认自己出轨的事实，并签署悔过书、保证书。或者在贾琏自认出轨、忏悔悔过的过程中，凤姐录制的录音录像。

3. 行政文书以及行政机关出具的相关材料。如果出轨者所在单位是国家机关、事业单位或者国有企业等，出轨行为一旦被发现，可能受到纪检部门作风处罚、通报等，这些单位的作风处罚或者通报也是强有力的证据。

4. 与第三者生育子女的证据。出轨者在婚姻关系存续期间，与婚外异性生育子女，如果亲子关系能够认定，这更是非常有力的证据。

§ 如何收集证据?

正确收集证据，就是为了避免有些证据不合法，无法采用，徒费工夫。结合现实生活中常见的证据收集方式，分析如下：

1. 跟踪拍摄

比如，凤姐发现贾琏出轨，就委托自己的朋友跟踪，并拍下他们亲密的镜头。这种做法合法吗？这些拍摄的证据能用吗？如果凤姐拿着这些证据找贾琏质证，贾琏认可，那没问题，但如果贾琏不认可，凤姐提起诉讼，法官一般是不采纳的。因为凤姐的朋友不是权利主体，他的行为侵犯了他人的隐私权，这种方式获取的证据，法院一般是不认可的。

但如果是凤姐本人拍摄，那就没问题，凤姐是权利主体，有权取证，可以跟踪拍摄，在公共场所甚至一些私密场所都没问题，只要不闯入别人家中或者别人的特定有权场所就行。所以，如果想取得照片证据，一定要自己拍。

2. 家中拍摄

凤姐怀疑贾琏有外遇，于是在自家卧室偷偷装了个监控摄像头，然后告诉贾琏说回娘家探亲，一周后回来。刚安装第二天，贾琏居然就将鲍二家的带到了家里，于是，凤姐成功地拍摄了贾琏和第三者鲍二家的存在不正当关系的证据。那么，这种方式取证合法吗？虽然我不赞成这种做法，但是从效力上来说，凤姐在自己家中安装摄像头，并没有侵犯他人隐私权及其他权利，以这种方式获取的证据，合法有效。

3. 家中取证

那天凤姐过生日，和老太太、姐妹们一起聚会喝酒，于是贾琏就将鲍二家的叫来自己家中。凤姐不胜酒力，中途先行回家，发现异常，顿时怒火中烧，踢开门闯了进去，并拿起手机当场拍照录像。这种方式取证可以吗？当然可以！在自己家中、自己卧室拍照，并没有侵犯任何一个人的权益。

4. 现场取证

凤姐怀疑贾琏再次出轨，就想立马求证，于是就跟踪贾琏，发现他经常去一个陌生小区，进去半天不出来，有时候还会过夜。经过多方努力和调查，凤姐终于断定贾琏再次出轨，出轨对象叫尤二姐。在确定了尤二姐家的具体位置后，凤姐就领着亲戚朋友三五个人闯入尤二姐家中，成功“抓获”贾琏，凤姐和几个朋友还当场拍了不少照片。可是，以这种方式取证合法吗？构不构成侵权呢？显然构成！因为，凤姐到尤二姐家里“捉奸”，侵犯了尤二姐的人格权，是要承担民事责任的，如果造成尤二姐名誉受损，尤二姐是可以起诉要求精神损害抚慰金的，这个数额也不小。所以，这种方式绝不可取。

取证技巧

1. 取证的权利主体一定是受害者本人，如果想获取丈夫出轨的证据，那你一定要自己来做；
2. 方式必须合法。作为配偶，你虽然是权利主体、取证主体，但是如果你侵犯了他人的合法权益或者违反了法律的禁止性规定，获取的证据也是不合法的。比如说，你不能到第三者家中去取证，不能侵犯别人的住宅和隐私权。

§ 如何申请法院协助调取证据？

有些证据材料自己无权调取，但是如果进入诉讼阶段，可以直接申请法院调取。

1. 有保护客户隐私义务的机构。比如酒店、医院等，酒店不会主动提供客人的开房记录，但是你可以申请法院调取。如果你确定丈夫和第三者生育子女了，第三者生孩子的住院病历，你无权调取，医院也无权给你，那么你可以申请法院调取。一些聊天记录，如果你没有收集到，申请法院到通信部门调取也是可以的。此外，涉及消费或者财产的证据，比如银行、保险公司、基金证券机构的交易流水，你无权查询，但只要你有确定的账号信息，也可以申请法院调取，如果有委托律师，也可以申请法院向律师发调查令。

2. 行政机关的文书或材料。公安机关的出警笔录、纪检部门的通报材料，个人也是无法调取的，但可以申请法院调取。

你必须提供确定的线索，比如出警记录要提供时间地点、报警人电话、事由等。

灵魂拷问　要不要大费周折去收集出轨证据？

如何理性认识出轨？

§ 出轨会不会导致离婚？

我们常说的出轨一般是指在婚姻存续期间，夫妻一方违反忠诚义务，与婚外异性发生性关系。常见的出轨行为有：

1. 通奸。就是最常见的与他人发生婚外性行为。比如，嫖娼、一夜情等。

2. 同居。通俗讲，就是没有夫妻关系的男女双方持续稳定地共同居住生活。

3. 重婚。有配偶者与他人登记结婚，或者与他人以夫妻的名义共同居住生活。

夫妻之间有相互忠诚的义务，性的忠诚是具有排他性和唯一性的。因此，无论是一般的出轨通奸，还是严重到同居或者重婚，出轨行为必然会对夫妻感情造成影响。既然如此，那么出轨会不会导致离婚？

婚姻关键词

离婚的法定情形主要有 5 种：

1. 重婚或者有配偶者与他人同居；
2. 实施家庭暴力或虐待、遗弃家庭成员的；
3. 有赌博、吸毒等恶习屡教不改的；
4. 因感情不和分居满两年的；
5. 其他导致感情破裂的情形。

从婚姻的角度来说，一般的通奸出轨归入第 5 种导致感情破裂的因素。而同居和重婚则是严重影响夫妻感情，是明确的法定离婚情形。因此出轨行为一旦确定，即使对方不同意离婚，你也可以通过提起诉讼离婚。也就是说，如果能够掌握充分的出轨证据，你就掌握了婚姻是否继续的主动权以及在双方私下谈判解决的时候占据主动权。

§ 出轨方是否会净身出户？

很多女性朋友想当然地认为，如果丈夫出轨了，他就是过错方，在财产分割上就要少分或不分，最好净身出户。其实，这是个错误认知，或者说不全面。

我国法律并没有就出轨在财产分割上的影响给予明确规定。司法实践中，如果一方被认定出轨，法官一般会综合考虑出轨因素，在财产分割时向无过错方适当倾斜，但也只是适当，照顾的力度也是有限的。《民法典》对此有新的调整，明确将照顾无过错方权益作为财产分割的适用原则之一。因此，在《民法典》正式实施之后，被出轨一方可以作为无过错方主张多分财产。[1]换句话说，出轨，对财产分割还是会有一定影响的，但并不能导致净身出户，除非对方同意。

§ 被出轨方能不能请求离婚损害赔偿？

很多女性朋友潜意识里认定，过错方就应该赔偿。《婚姻法》明确规定可以提起损害赔偿的情形只有四种，即重婚，有配偶者与他人同居，实施家庭暴力，虐待、遗弃家庭成员。并没有出轨这一项，除非出轨达到了与他人同居或者重婚的严重程度，否则无法主张离婚损害赔偿。《民法典》新增加了兜底条款，出轨可以作为离婚损害赔偿的情形之一。[2]尤其是，出轨行为对对方的伤害程度很大，比如婚外生育子女，支持损害赔偿也比较符合实际情况。

关于《民法典》新规定对于出轨婚姻的影响，以及如何提起离婚损害赔偿、损害赔偿的条件，我会在后面关于“离婚”的章节中详细介绍。

---

① 《民法典》第一千零八十七条　离婚时，夫妻的共同财产由双方协议处理；协议不成的，由人民法院根据财产的具体情况，按照照顾子女、女方和无过错方权益的原则判决。

② 《民法典》第一千零九十一条　有下列情形之一，导致离婚的，无过错方有权请求损害赔偿：（一）重婚；（二）与他人同居；（三）实施家庭暴力；（四）虐待、遗弃家庭成员；（五）有其他重大过错。

出轨谈判，如何转危为安？

并不是每一种出轨，都要以离婚收场。出轨是婚姻的一次危机，危机也可以解释为危险和机遇，如果好好处理，变危机为婚姻的机遇，也是有可能的。

凤姐就深谙这个道理，她想解除危机，选择原谅贾琏，又想为婚姻做一个保障，于是就好好利用了这次危机谈判，不仅让贾琏对自己的出轨行为进行忏悔，而且还为自己的出轨行为付出了代价。

§ 谈判的关键要点

1. 谈判时机——最好在三个月内完成。凤姐性格比较急，也不愿拖太久，因此，发现贾琏出轨一个月后就和贾琏摊牌，谈判两次就达成了共识。这个节奏很好，因为从谈判的时机来说，在双方就出轨的事实沟通后，最好在三个月内就婚姻如何继续进行正式的谈判。这和人的心理周期有关，比如，贾琏刚承认出轨时，他对凤姐、对家庭是有愧疚的，但这个愧疚的周期，或者说黄金时间顶多也就三个月。过了三个月，他的愧疚心理就会减弱，就变成了那句著名的话，“我不过是犯了全天下男人都会犯的错而已”。因此，作为女性一定要把握好这个时间，想好谈判条件，想要对方付出什么代价，想要得到什么补偿，都坦诚地说出来，不要犹豫。

2. 谈判内容——要让对方对出轨事实进行确认。既然要谈判，一定要对出轨这件事有一个定性，有一个确认，而且是书面的确认。不能对方只口头承认出轨就行了，一定要他就出轨这个事有个全面的交代，对出轨行为有态度上的悔过，对出轨事件有彻底的了断，对今后做出保证。于是，凤姐坚决让贾琏写了悔过书，确认自己出轨，悔过自新，并保证再不出轨。

3. 谈判结果——要让对方付出代价。既然出轨了，就必须认识到这是一个特别严重的错误，既然是错误就必须受到惩罚。本来贾琏想三言两语认个错，道个歉，表个态，就完事了。但是，如果凤姐就此原谅，只会让贾琏觉得凤姐没有原则、没有底线，出轨也不过如此，出轨是不需要付出什么代价的，一旦有这样的认知，他今后再次出轨的可能性就会增大。事实上，他也是屡次出轨。所以，一定要对他做出适当的惩罚。美国前总统特朗普的前妻有一句名言：“Don’t get angry，get everything.”意思就是遇上丈夫出轨别光顾着发怒，要让利益最大化。这句话虽然有点直白，但我非常赞同。所以，出轨谈判的结果，一定是要让对方付出代价。最终，贾琏在凤姐的要求下签署了夫妻财产协议，这也是惩罚出轨最有效的做法了。

§ 如何利用法律工具，巩固谈判结果？

1. 最好让对方写一份自认书、悔过书或者保证书

贾琏写了悔过书，这个悔过书有用吗？当然有用。因为无论是要求他写，还是他自己主动写自认书、悔过书等书面材料，不只是让他对出轨行为有一个认错的认知，或者有一个改过自新的态度，更多的意义是呈现书面证据的效力。因为从出轨证据收集的角度来说，很多情况下，你是没有机会正面碰上并捕捉到的。更多的情况是，在发现端倪并经过福尔摩斯式的推理后，直接向对方求证。既然他认了，就一定要让他以书面的方式将出轨的事实固定下来，不仅要对出轨有一个概括的自认，还要对出轨时间、出轨对象、出轨的过程、出轨次数等有一个全面的交代，做到将出轨情况完全呈现。除了基本事实之外，要有态度，真正意识到出轨对爱人、对家庭的伤害，还要有承诺，保证和出轨对象断绝来往，且绝不再犯。一旦有了书面材料，不仅从心理上是对对方的一种震慑，而且将来一旦关系无法修复，这也是他曾经出轨的强有力的书证，做到有备无患。

2. 婚内财产协议——最有利的武器

贾琏当时求原谅的时候，态度特别诚恳，也愿意为自己的出轨行为付出代价，凤姐就让他签署了一份婚内财产协议：约定双方名下的 ×× 房产归凤姐单独所有。这种协议一旦签订就生效，也就达到了惩罚贾琏的目的。因此，如果男方出轨事实确认，又有忏悔的意思，为了惩罚，就直接约定，某项或某几项财产归女方单独所有即可。当然，如果财产数额巨大，男方不一定同意，这要根据具体情况适当调整。婚内财产协议要注意的事项可参考第5章内容，但也要特别注意一些问题：

（1）尽量避免出现“赠与”二字。比如，男方这样写：如果我婚后出轨，导致感情破裂，我自愿将我婚前的1套房产赠与女方。那么，这个协议就很可能被认定为赠与协议，如果没有过户，他是可以反悔、撤销的。

（2）避免写成忠诚协议。如上一条举例，所附条件为“我婚后出轨，导致感情破裂”，其实含有忠诚协议的性质（忠诚协议详见下文）。

（3）避免成为离婚协议。比如有的协议是这样写的：“如若出轨，导致离婚，双方的财产按以下协议分割。”或者前面将房产、车的归属都写清楚了，后面加入一句：“如若离婚，双方同意按照本协议分割财产。”无论是前面盖帽，还是最后的重申，“导致离婚”“如若离婚”，对于婚内财产协议来说，都是画蛇添足。因为离婚协议不离婚则不生效，如果对方反悔，协议自然无效。所以，画蛇添足的事，千万别做。

（4）办理公示公证手续。从协议履行来说，如果能立即履行就赶紧履行，也就是说，既然婚内财产协议对财产归属进行了明确的约定，那么就赶紧履行，房产、车等大额财产，能办理过户的就赶紧办理过户手续。如果由于手续等各种原因，不能很快办理过户，那就尽量去公证处进行公证，确保协议的效力。

3.退而求其次，也可签订忠诚协议

忠诚协议，简单来说，也就是夫妻双方签订的，保证在婚姻存续期间恪守相互忠诚的义务，如果违反，过错一方将在婚姻关系是否存续、子女抚养、财产分配等方面履行相应约定义务的协议。常见的主要是财产方面的协议，比如一旦违约，过错方将在经济上对无过错方支付违约金、赔偿金、放弃财产甚至净身出户的协议。贾琏后来也签署了类似协议。忠诚协议的效力，目前在司法实践中也是一个有争议的问题，各地法院的观点也不尽相同。从协议性质来说，既涉及感情生活又涉及行为规范，这个复杂性就决定了协议中约定的多数内容法律都没有明文规定，它更多的是一种情感道德义务，是由夫妻双方本着诚实信用的原则自觉去履行。法律并不禁止签署这样的协议。但是，如果对方不履行，违反了忠诚协议，不去兑现当初的惩罚约定，那法院也不能明确赋予强制执行力。正因为不明确，这类协议又很普遍，所以我们来结合案例分析一下忠诚协议签署的技巧：

（1）尽量避免“净身出户”的约定。比如贾琏出轨后签署了一个协议：“本人如日后在婚内出轨，婚后所有财产归妻子所

有，本人自愿净身出户。”如果是这样的协议，将来他和凤姐诉讼离婚，凤姐想要依据这个协议要求法院判决所有财产归她所有，法院肯定不会支持，因为考虑到“净身出户”的条款实际上是限制了贾琏的“离婚自由”，这样的约定无效。但也有法院对类似的约定并不直接认定无效，而是认为“净身出户”的条件过于苛刻，如果严格执行，可能会造成男方生活困难，最终对双方的财产做出向女方适当倾斜的分割，也算是补偿。所以，从法院的裁判结果来说，最好不要有“净身出户”的条款。

（2）惩罚力度要适中。凤姐避开了净身出户的条款，但为了凸显惩罚力度，约定了一个天文数字的巨额赔偿：如果贾琏出轨，赔偿凤姐5000万。在这种情况下，如果诉讼到法院，法官一般是会考虑贾琏的经济能力，进行适当的酌情裁减，从而避免有失公平，造成贾琏生活困难。所以，如果约定了惩罚条款，惩罚力度最好适中，不要过高，这样，一旦对方出轨，考虑到诉讼成本，他多数会自动履行，即使他最终反悔，没有履行协议，你诉讼到法院，也更容易得到支持。

（3）不得涉及特定人身关系。凤姐和贾琏约定：“一旦出轨，就必须离婚，必须放弃对女儿的监护权、丧失对女儿的探视权。”这些涉及特定人身关系的条款肯定是无效的。因为离婚自由是公民的人身自由权利，不能协议限制。而抚养子女是父母的法定义务，探望权也是法定权利，你不能通过协议剥夺，对孩子来说也不公平。所以，不能有这样的约定。

出轨谈判要点

1. 谈判的时机是摊牌后的三个月内；
2. 谈判的内容，是明确确认出轨；
3. 谈判的结果，就是一定要对出轨做出惩罚。

稳固婚姻，系统规划

贾琏出轨后，凤姐也想过离婚，但是凤姐在婚姻评估的过程中发现，她的婚姻中隐藏着更大的风险，比如财富失控的风险，债务的风险，抚养孩子的风险。于是，凤姐重新审视自己在婚姻中的处境，一方面进行有效谈判，另一方面变被动为主动，实实在在掌控婚姻。

凤姐和贾琏在北京算是中产阶层，贾琏是公司主管，年入百万。凤姐自己也是职场白领，年薪四五十万。两人婚后按揭买了套三居室的房子，价值1000多万，不过每月需要还贷款近3万。两人名下各有1辆车，每月贷款加起来也有近1万。有一个女儿巧姐，今年10岁，上小学，各种特长班、辅导班，每月花销不菲。夫妻二人虽然工作忙碌辛苦，但也算是在北京扎根立足了，如果没有大的意外，生活基本可说是安稳富足，岁月静好。

但是，自从贾琏公司成功融资后，日子就悄悄地变了，凤姐发现，贾琏出差的次数多了，有时候周末也出差，而且不出差的时候，回家的时间也非常晚，凤姐难免抱怨两句，贾琏却辩解说是刚升职，得好好表现，工作压力大，加班出差都免不了。女人是直觉动物，这些老生常谈的借口，哪能蒙混过关呢？凤姐很快就发现贾琏出轨了，而且出轨对象就是他经常出差去的那个城市的女孩——尤二姐，年轻貌美，对贾琏十分崇拜。

刚发现的时候，凤姐只觉得五雷轰顶，一时间不知如何应对，六神无主，这么多年来，他们可都是众人羡慕的恩爱夫妻啊。凤姐找到了张律师，请她帮忙对现在的形势做个深度分析：

1. 贾琏目前的情感诉求：贾琏工作能力强，事业正值上升期，未来前途一片光明，这个时候最需要婚姻家庭稳定，离婚的可能性不大。一个人事业太顺利的时候，可能会有一些膨胀，而出轨就是膨胀的表现之一，分析下来，露水情缘的成分较多。

2. 凤姐的真实内心：凤姐对贾琏有感情，也珍惜这个家庭，并不想离婚！

3. 当下的婚姻状况：家庭财产除了房、车，还有一些投资理财产品，大概几百万。孩子大了，两个人的事业也都稳定上升，一切都顺风顺水，面对危机需要弥补，而不能急于推翻。

凤姐已逐渐从心理上接受这个事实，也知道自己并不想离婚，毕竟离婚的成本太高，她也不舍得让孩子受到伤害，打拼了十多年，才有现在的生活状态，她也不想就这么破坏掉。但她也意识到，必须为自己的婚姻好好规划，解决目前的婚姻危机，防止产生更大的风险以及伤害。于是，凤姐郑重地请张律师帮她好好规划一下。

规划的流程：

1.房产1套，在双方名下，不用担心。这套房产安全。

2.两辆车，各自名下1辆，少量贷款，不用担心，比较安全。

3.几百万的理财产品，在贾琏名下，对凤姐来说，没有直接控制权，相对不安全。

4.贾琏公司融资后，股权价值大涨，将来一旦兑现，收益可观。这项财产很重要。

规划建议及方案：

1.必须掌握现有已知财产的控制权。建议：按揭贷款再买1套房子。这样解决了两个问题：将贾琏账户上几百万的理财产品，变成双方可控的房产首付款。另外，每月两万的房贷，依旧是贾琏负责偿还，进一步锁定了他的部分收入。

2.必须对现有的财产归属先一步确定。建议：签署夫妻财产协议，约定现在居住的大房子归凤姐单独所有。解决问题：锁定主要资产的归属权和控制权。

3.对未来财产归属进行附条件约定。建议：签署忠诚协议，约定一旦贾琏再出轨，届时夫妻共同财产，包括贾琏公司的股权分割，70%归无过错方所有。解决问题：对双方尤其是丈夫进行忠诚义务的约束，一旦违反，出现不忠行为，则付出财产代价。

经过一系列的规划后，凤姐就开始着手实施，当然中间有些曲折，并没有那么容易，不过最终也都按照规划实现了，房子买了，贾琏也和第三者断了联系，回归了家庭，并签署了夫妻财产协议和忠诚协议。

虽然凤姐对贾琏出轨的事情仍心有余悸，耿耿于怀，但是如今安全感增加了不少，没有恐惧，没有不安，也能承受将来更多的意外和打击。而贾琏呢，现在需要还两套房子两辆车的贷款，生活压力顿时上升不少，没有心思，更没有余钱再寻求所谓的刺激了。而且，夫妻财产协议和忠诚协议一签署，他也知道一旦出轨要付出代价，还是踏实下来好好工作生活吧。

如何应对第三者？

说到贾琏的出轨对象尤二姐，她可不像当初在大观园时那么温顺懦弱，任人摆布，如今的她懂得为自己争取利益，不仅丝毫没有离开贾琏的意思，还时不时向凤姐挑衅，要求她放弃贾琏。

凤姐人称凤辣子，岂能容忍尤二姐的行为，于是她找到张律师咨询，问这两人是否构成了重婚？能否定罪？我们来根据具体情况分析一下。

§ 第三者会不会构成重婚罪？

1.什么是重婚罪？

根据法律规定，有配偶而重婚的，或者明知他人有配偶而与之结婚的，构成重婚罪，处二年以下有期徒刑或者拘役。[①]有

① 《中华人民共和国刑法》第二百五十八条　有配偶而重婚的，或者明知他人有配偶而与之结婚的，处二年以下有期徒刑或者拘役。

配偶的人与他人以夫妻名义同居生活的，或者明知他人有配偶而与之以夫妻名义同居生活的，按重婚定罪处罚。

贾琏和凤姐已经结婚，又出轨尤二姐，如果他再和尤二姐结婚，肯定是重婚。而尤二姐作为第三者，明知道贾琏和凤姐是夫妻，贾琏有配偶，还要和他结婚，尤二姐同样犯了重婚罪。当然，如果尤二姐在和贾琏结婚的时候不知道贾琏已婚，或者说婚后才发现，那就不能构成重婚罪。

回归现实生活，尤二姐和贾琏再登记结婚的可能性不大。因此，如果他们构成重婚必须满足事实婚姻的条件，也就是说，两人长期以夫妻的名义同居生活。而判定第三者尤二姐犯重婚罪，还必须有明知贾琏有妻子的故意。

2. 如何收集重婚罪的证据?

凤姐如果想要将尤二姐以重婚罪送进监狱，还必须举证证明两人是以夫妻名义同居，且尤二姐明知贾琏有配偶。只有证据充分，才能真正地定罪判刑，将第三者送进监狱。

（1）两人长期以夫妻名义同居的证据。这个在“如何正确收集出轨证据”一节中详细阐述过，比如，周围邻居、小区物业公司对他们以夫妻名义出双入对的证人证言，以及非婚生子女的出生证或者户口本上的父母栏填写人等。

（2）明知配偶存在的证据。这是主观故意，尤二姐和贾琏长期同居，向凤姐挑衅，告知凤姐她和孩子的存在，劝凤姐赶紧离婚的一些短信、聊天记录等，还有骚扰凤姐和家人的短信、电话等，都是可以作为明知而故意为之的证据。

3. 要不要将他们送进监狱，选择权确实在妻子！我国法律规定，对重婚构成犯罪的，依法追究刑事责任。受害人可以向人民法院提起自诉；如果证据不足，也可向公安机关报案，由公安机关侦查并由人民检察院提起公诉。也就是说，作为妻子，凤姐如果想追究责任，可以自己去法院提起诉讼，也可向公安机关报案。从效果来看，最好选择向公安机关报案，毕竟作为受害者个人举证，实在太不容易！

涨点知识：如果出现类似的情况，要不要追究刑事责任，是惩罚还是容忍，选择权在你。但是，你要想好，要慎重考虑，如果你想报复第三者，一时冲动起诉第三者重婚，那么，你丈夫肯定也是你要追究的对象之一。

重婚罪的认定标准

1. 有前婚，合法的婚姻；
2. 有后婚，可以是登记的合法婚姻，也可以是以夫妻名义长期同居，形成事实婚姻；
3. 重婚罪的主体，首先是已婚出轨者，其次是第三者，前提是第三者明知相处对象已婚；
4. 重婚罪触犯的是刑法，一旦定罪，处二年以下有期徒刑或者拘役；
5. 重婚罪自诉和公诉都可以，可以自己到法院起诉，也可以向公安机关报案。

§ 第三者会不会构成敲诈勒索罪？

除了重婚罪之外，第三者还有可能犯敲诈勒索罪。比如，贾琏要和尤二姐分手回归家庭，尤二姐不同意，提出要500万的分手费，不然就将两人的事公之于众，让贾琏名誉扫地。尤二姐就涉嫌构成敲诈勒索罪。

敲诈勒索罪是指以非法占有为目的，对被害人使用恐吓、威胁或要挟的方法，非法占用被害人公私财物的行为。

1. 敲诈勒索罪的要点

从法律规定来看，敲诈勒索罪主要有几个要点：

（1）以非法占有为目的；（2）占有的对象必须是公共或私人财物，也就是说是财物，不能是人；（3）使用恐吓、威胁或者要挟的方法，比如，暴力威胁、名誉要挟等，尤二姐就是以名誉要挟。

2. 如果构成了此罪，会承担怎样的法律后果

根据我国《刑法》第二百七十四条规定：敲诈勒索公私财物，数额较大或者多次敲诈勒索的，处三年以下有期徒刑、拘役或者管制，并处罚金；数额巨大或者有其他严重情节的，处三年以上十年以下有期徒刑，并处罚金；数额特别巨大或者有其他特别严重情节的，处十年以上有期徒刑，并处罚金。

根据《刑法》司法解释规定：敲诈勒索公私财物价值2000元至5000元以上是数额较大、3万元至10万元以上是数额巨大、30万元至50万元以上是数额特别巨大。当然，这个还要看

每个地区的经济发展状况。但无论哪个地区，50万以上，都构成了数额特别巨大的标准。

所以，尤二姐的行为绝对已经构成了敲诈勒索罪，而且是最严重的情形，一旦定罪，要处十年以上有期徒刑。

涨点知识：如果你或者丈夫受到第三者的威胁、恐吓、要挟，被索要财物，那你就可以收集证据，报警了。而且，这个不是自诉案件，你只管向公安机关报警就行，他们会根据你的证据进行立案、侦查，然后向检察机关提起公诉等。所以，面对第三者的这种行为，不用犹豫，可以报警。

§ 第三者会不会受到治安处罚？

很多第三者其实并没有敲诈勒索财物的想法，只是想占有感情。比如尤二姐经常不停地给凤姐发短信骚扰，开始还很文明：你老公爱的人是我，赶紧离婚吧，我们才是真爱。后来就有点过分了，时不时发一些粗俗的、下流的文字或者她和贾琏在一起的照片等，让凤姐感到困惑、愤怒甚至痛苦不安。再后来更过分，直接威胁：如果不离婚，就小心人身安全！

如果遭遇了第三者这样的骚扰，该如何维护自己的权益呢？

1. 梳理情绪，了解第三者的真实目的。第三者的目的很可能就是让你生气，希望能够击垮你的心理防线，让你跟丈夫吵架或者冷战。这恰恰反映出第三者焦急的心态，她并没有从你丈夫那里得到确定的答复，至少两人的关系还不够稳定。所以此时，如果你不想离婚，最好和丈夫努力修复关系，同时注意自身安全，防止第三者做出过激行为。

2.必要时，选择报警。第三者的骚扰行为包括：（1）写恐吓信，或者口头威胁人身安全；（2）发送淫秽、侮辱、恐吓或者其他信息，干扰正常生活；（3）散布隐私。如果第三者有这些行为，你可以选择报警，因为她已经触犯了治安处罚法，可以请求公安机关对其进行治安处罚。[①]

§ 是否可以向第三者索赔？

如果你受到的骚扰特别严重，已经造成了伤害，你也可以起诉要求赔偿。因为根据我国法律规定，公民自然人的人格尊严受法律保护，对于采用侮辱、诽谤等方式损害他人人格权的，受害方有权起诉请求精神损害赔偿。

---

① 《中华人民共和国治安管理处罚法》第四十二条　有下列行为之一的，处五日以下拘留或者五百元以下罚款；情节较重的，处五日以上十日以下拘留，可以并处五百元以下罚款：

（一）写恐吓信或者以其他方法威胁他人人身安全的；

（二）公然侮辱他人或者捏造事实诽谤他人的；

（三）捏造事实诬告陷害他人，企图使他人受到刑事追究或者受到治安管理处罚的；

（四）对证人及其近亲属进行威胁、侮辱、殴打或者打击报复的；

（五）多次发送淫秽、侮辱、恐吓或者其他信息，干扰他人正常生活的；

（六）偷窥、偷拍、窃听、散布他人隐私的。

比如，尤二姐利用短信骚扰凤姐，使用污秽粗俗语言伤害凤姐，势必对凤姐造成人格侮辱、精神损害，凤姐可以以侵犯人格尊严权起诉尤二姐承担民事侵权责任，请求尤二姐停止侵害以及赔偿相应精神抚慰金。具体精神抚慰金的数额会根据侵权的方式、手段等具体情节，以及造成的后果等来综合裁定。

郑重建议：被第三者“骚扰、威胁、恐吓”，你完全不用忍气吞声，不仅可以报警对她进行治安处罚，也可以提起民事诉讼要求停止侵害、赔偿损失。

当然，这之前你要保留好证据：

第一，保留好对方发送侮辱短信的证据。

第二，搜集能够证明短信号码拥有者就是第三者或者是与第三者有关系的人的相关证据。

掌握证据后，可果断报警或者提起诉讼！

配偶送给第三者的大额礼物，还能要回来吗？

前一节介绍过，如果第三者敲诈勒索既遂，第三者不仅需要承担刑事责任，而且她敲诈勒索的财物也需要返还给受害者。因此，对于敲诈勒索的财物，自然有公安机关以及司法机关帮助追回。但如果是配偶在和第三者感情尚好的时候，出手大方，主动赠与大额现金、豪车、豪宅等，这些能要得回来吗？

§ 配偶自己能要回财产吗？

贾琏为尤二姐买车、买房，一掷千金，后来和尤二姐感情生变，贾琏想要向尤二姐要回已经送出的大额财产，可以吗？很难！我们结合法律规定分析一下。

法律关键词

根据《合同法》规定，只有出现以下情况，赠与人才可以撤销赠与：

（一）严重侵害赠与人或者赠与人的近亲属；

（二）对赠与人有扶养义务而不履行；

（三）不履行赠与合同约定的义务。

从法律规定可以看出，如果是贾琏自愿赠送尤二姐大额财物，尤二姐没有侵害贾琏的行为，也没有侵害贾琏的近亲属，赠送之时两人是情人关系，相互没有扶养义务，而且赠与财物一般也不会签订合同，更没有附加义务。那么这个赠与行为已经完成，不存在撤销理由，故无法撤销。现实生活中，即使贾琏诉讼到法院，也很难得到支持。

当然，也有可以撤销的情形。比如，当初贾琏爱上尤二姐，并赠与她500万购买房屋1套，后来，他发现尤二姐和某年轻的男士关系非同一般，背叛了他，忍无可忍。于是，贾琏就和尤二姐发生了争吵，要求返还房产。尤二姐不仅不返还房产，还对贾琏进行殴打、谩骂，到处宣扬他作风不检点。这种情况下，贾琏能否要求撤销赠与的房款500万呢？当然可以！

因为尤二姐作为受赠人不仅对赠与人感情上背叛，而且还对其进行殴打、辱骂，损害其名誉，显然符合刚刚我们提到的，撤销赠与的第一种情况——“严重侵害赠与人”，自然也丧失了赠与的感情基础，再维护当初的赠与关系已无多大意义，因此，这种情况下，如果贾琏起诉主张撤销对尤二姐的赠与，法院一般是会支持的。

郑重提醒：主张撤销赠与还受到除斥期间的限制，也就是说，赠与人要在知道撤销事由之日起一年内提起诉讼，否则，撤销权消灭。

§ 配偶不配合，你能要回吗？

夫妻中的一方如果不是因为日常生活需要而处分夫妻共同财产，就需要夫妻双方平等协商，取得一致意见。否则的话，擅自处分，一般会被认定无效。

具体怎么理解呢？我们来回忆一下，之前关于夫妻财产制的内容，结婚后夫妻没有分别财产制度的书面约定，就推定适用夫妻共同财产制，所有的婚后收入都是夫妻共同所有，在共同共有关系下，一方对夫妻共同财产做出的重大处理决定，必须征得另一方的同意，否则，擅自处分一般会被认定无效。行为被认定无效后，你当然可以要回来！

说回到贾琏和凤姐的婚姻中，如果凤姐想要维权，就必须确定，贾琏出轨后赠与尤二姐的大额财物，是夫妻共同财产，有凤姐的份额。如果是夫妻共同财产，那么显然贾琏没有单独的处分权，没有经过凤姐的同意，处分行为无效。如果是贾琏的个人财产，那他有完全的处分权，他怎么赠与，赠与谁，都是他个人的行为，凤姐无权干涉。这种情况下，要不要追回，就要看贾琏的态度了。

涨点知识：赠与的财物只要是夫妻共同财产，就损害了你的利益，你有权主张撤销赠与行为。

§ 能要回一半，还是全部？

凤姐认为，贾琏赠与尤二姐的大额财物，有一半是自己的，将自己的财产部分赠与尤二姐，无效。这个理解虽然正常，但是切记，是不对的。因为，无效的赠与行为，并不是部分无效，也不是一半无效，而是全部无效，只要赠与的财产全部都是夫妻共同财产。为什么呢？因为夫妻对共同财产形成的共同共有，不是按份共有。根据共同共有的一般原理，在婚姻关系存续期间，夫妻共同财产应作为一个不可分割的整体，夫妻对全部共同财产不分份额地共同享有所有权，夫妻双方无法对共同财产划分个人份额，在没有重大理由时也无权于共有期间请求分割共同财产。只有在共同共有关系终止时，才可对共同财产进行分割，确定各自的份额。

涨点知识：夫妻一方擅自将共同财产赠与他人的行为应为全部无效，而非部分无效。

§ 要回房子，还是要回房款?

1. 给钱买房。如果贾琏以尤二姐的名义购房，房屋登记在尤二姐名下，这种情况下，主张返还房屋其实是不行的，因为赠与的标的是钱，是房款，而不是房子，所以，应当主张返还房款。具体到实际生活中，凤姐只要能够通过银行转账凭证、开发商的证明、证人证言等证明是贾琏缴纳了房款、首付款，并进行了还贷，就可以起诉要求尤二姐返还这些钱款。

2. 直接给房。如果贾琏直接赠与房产呢？比如贾琏为了讨好尤二姐，将自己名下的1套房产赠与尤二姐，那么，只要房产是夫妻共同财产，凤姐就可以单方主张赠与房产的行为无效，要求返还房产。如果赠与未过户，赠与行为未完成，那么贾琏随时可以自己主张撤销赠与，如果贾琏自己不愿意主张，那么，凤姐也可以单方面主张撤销。

涨点知识：赠与第三者房产，可以要房，赠与第三者房款，只能要钱！

§ 给予第三者的分手费，能不能要回?

贾琏要和尤二姐分手，尤二姐要求补偿，于是贾琏给了尤二姐500万的分手费。那么这500万的分手费，凤姐是否有权要回？如果分手费是夫妻共同财产，凤姐依旧可以以贾琏无权处分夫妻共同财产为由，要求返还分手费，但是贾琏自己无权再要回。此外，如果分手费没给，尤二姐要求支付，贾琏可以拒绝，尤二姐如果不服，起诉到法院，法院也是不支持的。

懂点法律：有配偶者与他人同居，为解除同居关系约定了财产性补偿，一方要求支付该补偿或支付补偿后反悔，主张返还的，法院不予支持；但合法婚姻当事人以侵犯夫妻共同财产权为由起诉主张返还的，法院应当受理并根据具体情况做出处理。

§ 配偶以低价将房屋卖给第三者，如何要回？

因为擅自赠与第三者大额财物的行为一般会被认定无效，有的第三者会以买卖的形式进行规避。那么，这种做法可行吗？如果贾琏将房子低价卖给尤二姐，尤二姐支付了对价，那么这个买卖行为是否有效？

我们前面曾提到过善意取得，如果买房的人是善意的，而且是支付了合理对价，并办理了过户手续，即使配偶无权处分夫妻共同财产，也应当维护第三人的合法权益。对于另一方的权益，对其他共有人的损失，由擅自处分共有财产的人赔偿。所以第三者的买卖行为有效的前提是善意的，而且是有偿的。但是就尤二姐来说，她明知贾琏有配偶，仍与之进行低价交易，显然不是善意的，因此，即使支付了对价，且房产已经过户到她的名下，凤姐也可以以贾琏无权处分，且尤二姐不符合善意取得为由，主张确认买卖行为无效，而将房产要回。

§ 配偶在遗嘱中明确留给第三者财产，有效吗？

如果贾琏和尤二姐感情深厚，虽然不直接赠与财物，但是却在遗嘱中将房产留给尤二姐，凤姐该如何维权？我们只是假设，但是现实生活中确实有类似情况出现。

如果贾琏签订的遗嘱完全符合法律规定的要件，那么，遗嘱本身是有效的。但是，尤二姐作为第三者继承别人丈夫的遗产，这个行为显然有悖于公序良俗和社会公德，对于违背公序良俗的行为，法律是不会保护的，所以这样的遗嘱内容无效。凤姐也不用担心，第三者尤二姐无权依遗嘱继承贾琏的遗产。

配偶给第三者的大额财产如何要回？

1. 如果赠与第三者的财产是夫妻共同财产，那么你有权主张赠与行为无效，要回全部的财产；
2. 如果配偶自己同意要回，那么只有在赠与行为未完成的情况下，比如，房车未过户的情况下，才会得到支持，此外如果第三者严重伤害了你的配偶，他也可以在受到伤害后一年内主张撤销赠与；
3. 无论配偶是否自己同意要回，你都可以以他无权处分夫妻共同财产为由，主张撤销赠与行为；

4. 如果配偶将大额的夫妻房产低价卖给第三者，第三者无权以善意取得进行抗辩，那么买卖行为无效，你有权要回；

5. 你的配偶与第三者共同出资买房，如果登记你的配偶的名字，那么按出资比例享有份额，你有权要回份额，如果没有登记你配偶的名字，那么你有权要回出资款；

6. 如果配偶立遗嘱将财产赠与第三者，无论遗嘱是否规范、是否公证，该遗嘱内容都因违背公序良俗而无效，第三者无权继承。

Chapter 09

第9章

面对家暴，如何自保？

如果想好好地生活下去，你无论如何都要离开那个让你受伤的人。我曾整整9年饱受家庭暴力之苦，但一旦我选择离开，我立刻就觉得乌云散尽，云开月明。无论一切看起来多么黯淡，前方总有光明。

——梅耶·马斯克，《人生由我》

贾琏的妹妹贾迎春本是如花似玉的大家闺秀，只是性格怯懦，只知退让，人送外号“二木头”，习惯逆来顺受，被人欺侮了也不敢吭声。后来她误嫁“中山狼”孙绍祖，婚后整日遭受丈夫的打骂，最终被家暴至死。虽然她也求助过娘家，但在家人的观念里，这不过是年轻的夫妻闲牙斗齿，过两天就和好了，亦是人之常情，总没当回事。孤立无援的迎春在丈夫的作践下，受尽折磨，不到一年就悲惨死去。《红楼梦》中有判词云：子系中山狼，得志便猖狂。金闺花柳质，一载赴黄粱。这是红楼梦中人的悲剧，亦是当下很多惨遭家暴的女性的写照。

当下，总有新闻爆出家暴事件，一次比一次触目惊心。可在很多人眼中，这只是新闻，多数人依旧会觉得家暴离自己很远。其实，家暴远比我们想象的要严重得多！据全国妇联统计，全国2.7亿家庭，30%的已婚妇女遭受家暴；每年有15.7万名女性自杀，其中60%是因为家暴导致；他杀原因中，家暴致死占40%。可以说，平均每7.4秒就有一名女性遭受丈夫殴打。但是，近半数的女性选择沉默，如贾迎春一般，并没有寻求法律的帮助。[①]

① 参考人民法制网：全国2.7亿家庭中30%已婚妇女曾遭家暴. http://www.rmfz.org.cn/contents/2/188719.html

让我们再次回到凤姐和贾琏的婚姻中。凤姐虽生性刚烈，但其实也遭受过家暴。两人一开始感情很好，后来因各种琐事渐生罅隙，尤其是贾琏数次出轨之后，两人便时常发生争吵，吵到激烈时，贾琏就会拳脚相加。有一次，两人又因琐事发生争执，贾琏动手将凤姐推倒，造成凤姐全身多处擦伤，凤姐立即去医院就医，并告知双方老人。事后，在家人的协商解决下，凤姐与贾琏签订协议：男方贾琏对于动手事件表示忏悔，承诺今后绝不再对女方实施任何暴力行为，否则任凭女方处置。可是，保证书并不具有绝对震慑力，事后不久，两人又发生争吵，相互厮打起来，凤姐哪里是贾琏的对手，最终手腕骨折。凤姐一怒之下，立即报警，警察出警，并做了笔录，凤姐随后就医，并做了伤情鉴定，证明构成轻微伤。经历了这几次事件，凤姐对贾琏彻底失望，思考是否离婚。贾琏的暴力行为，是否构成法律意义上的家暴呢？主张贾琏家暴，凤姐需要准备哪些证据呢？凤姐能不能申请损害赔偿呢？我们结合法律来详细分析。

到底什么是家暴？

通常在大家的认知中，家暴就是家庭成员间的身体暴力行为，比如贾琏的屡次动手行为。这种理解也对，但是并不全面。其实身体暴力行为只是家庭暴力的一种。

依据我国《反家庭暴力法》第二条规定：家暴是指家庭成员之间以殴打、捆绑、残害、限制人身自由以及经常性谩骂、恐吓等方式实施的身体、精神等侵害行为。由此可以看出，家暴不仅包括身体暴力，还包括精神暴力。家暴发生的对象，不单单指夫妻之间的暴力，还包括对子女等其他家庭成员实施的暴力。

§ 常见的家暴类型

1. 身体暴力：殴打、捆绑或限制妇女人身自由，使其产生恐惧的行为。最常见的就是殴打，比如贾琏屡次将凤姐打伤，甚至导致其手腕骨折，让凤姐的内心对贾琏产生畏惧。部分家暴婚姻中，妻子被丈夫殴打成了生活日常，比如，丈夫喝醉了要拳打脚踢，心情不好了要打，饭菜做得不好吃要打，衣服洗得不干净了也要打，妻子时刻处于恐惧之中……这种身体暴力就是法律意义上的家暴。

2. 精神暴力： 以侮辱、谩骂或者不予理睬、不给治病、不肯离婚等手段对女性进行精神折磨，使受害人产生屈辱、恐惧、无价值感。孙绍祖一味地侮辱打骂贾迎春，殴打致病后又不给治疗，导致迎春又屈辱又恐惧，其实就伴随着巨大的精神暴力。当然，单从精神暴力上讲，更多的是通过一些手段，比如有些男人威胁妻子，如果不服从就去伤害她的家人，扬言把对方全家都杀了等等，这些带有威胁的言语，让受害人精神上产生巨大的恐惧，从而对施暴者服从。这种精神上经常性的侮辱、谩骂让人产生恐惧，就是精神暴力。关键点，还是恐惧。因此，我们常说的冷暴力，如果仅仅是不予理睬，没有让人产生恐惧，就构不成法律意义上的家暴。

问： 冷暴力是不是家暴？
答： 没有让人产生恐惧的冷暴力，不是家暴！

3. 性暴力： 强迫妻子以屈辱、恐惧、抵触的方式接受性行为，或残害性器官等性侵犯行为。比如，有些女性在婚后数年都是在被迫的情况下与丈夫发生性关系，每次拒绝都会遭受丈夫一顿毒打，然后再强行发生关系。毕竟，性暴力比较隐蔽，很多女性遭遇后往往难以启齿，更不愿透露相关信息，因此很难举证。婚内强奸是最典型的性暴力，但司法实践中，很难被认定为强奸罪，而且如果没有伴随严重的暴力行为，甚至也很难被界定为家暴，导致很多女性在屈辱的婚姻中挣扎度日。

4. 经济暴力：这种暴力通常是通过对夫妻共同财产和家庭收支状况的严格控制，摧毁女方的自尊心、自信心和自我价值感，以达到控制受害人的目的。可以说，这种行为绝对能够达到控制对方，让对方服从的效果，但从司法实践上来说，很难构成法律意义上的家暴。因此，我们国家的《民法典》并没有将经济暴力列入家暴范畴，不过在具体的家暴婚姻中可以作为考量因素，毕竟每一个家庭中存在的家暴行为往往都不是单一的。

§ 家暴一般如何认定？

1. 家暴与一般的暴力如何区分？

夫妻之间难免会有矛盾，偶尔有肢体冲突，也是正常，比如一个耳光，一次厮打，并无大碍，一般也很难界定为家暴。家暴之所以区别于这种一般性的暴力，是因为实施家暴的一方追求的是绝对的权力和控制，造成被家暴的一方恐惧和服从。因此，无论是身体暴力，还是精神暴力、性暴力，只要达到这种程度，就构成了家暴。而伤害结果并不是必须的，并不是说，你必须受伤了，住院了，治疗了，才能认定构成家暴。家暴的目的不是殴打，而是控制，尤其是精神暴力和性暴力，并不必然伴随着身体暴力。如果不是以控制和让凤姐屈服为目的，贾琏的暴力行为也很难界定为家暴。

2. 一般的家庭纠纷是不是家暴？

在处理家暴案件的过程中，往往会发现，一方主张被家暴，另一方也通常会主张说自己同样遭受家暴。比如，凤姐报警时候，贾琏向警方说自己也受伤了，脸上身上多处被凤姐抓破。这种夫妻双方受伤的情况其实很常见，毕竟一方施暴，另一方自然不会坐以待毙，力所能及的"正当防卫"总是有的。可是这样的对抗行为能够认定家暴吗？自然不能一概而论。因为家暴和一般的家庭纠纷是不一样的，家暴具有长期性、反复性和周期性的特征，而且持续性、经常性的家暴构成了虐待。贾琏屡次殴打凤姐，这就不是一般家庭纠纷的范畴了，具有长期性和反复性，因此，可以认定为家暴。而凤姐在自身能力范围内反抗，则不属于家暴。当然，如果仅仅是夫妻二人偶发的冲突，相互厮打，自然构不成家暴。

家暴关键词　长期性！反复性！周期性！

遭遇家暴如何应对？

据统计，过半数的女性在遭遇家暴后，会像贾迎春一样选择沉默，所谓“家丑不可外扬”，正是这种沉默，让施暴者的行为更加肆无忌惮，最终有可能酿成悲剧。如果遭遇了家暴，到底该如何应对呢？

§ 签订保证书、悔过书

家暴具有反复性和周期性，因此，如果施暴者有暴力倾向，确实信奉暴力解决问题的理念，那么第一次家暴的时候，就要郑重而严肃地对待，最好绝对制止住，否则，还会有第二次、第三次……

当然身体的制止也许很难实现，毕竟男女之间身体力量比较悬殊。这时候，自己的人身安全是第一位的，不要对抗，也不要互殴，不要激怒对方，因为首次家暴一般是冲动而为，所以情绪控制住了，暴力行为也就停止了。但是，在施暴过程中或者事后，你要明确地告诉他，这种行为是不对的，不应该动粗，这是家暴！一方面要让他对于暴力行为有所认知，承认自己是不对的，有所忏悔，另一方面也要让这种忏悔书面化，加深认知，甚至让他付出一定的代价。

1.承认自己实施了暴力行为。有些人签署保证书，只是保证今后绝不再做，但是却没有提及此次暴力行为，那么这样的保证书就显得太宽泛，无法明确暴力事件，既起不到震慑作用，也无法成为施暴证据。

2.还原家暴的过程。前文提到的贾琏在实施家暴行为后签署的保证书，仅对暴力行为进行忏悔，并无详细描述，显然过于简单。最好是把在什么时间，基于什么原因实施了暴力行为，实施了怎样的暴力行为，对凤姐造成什么样的伤害，都写清楚，这样今后一旦面临离婚，保证书就可以直接当作家暴的强有力的证据。当然，基于谈判情况或者对方态度，可能很难让对方配合完成一份详尽的家暴还原材料，无论如何，尽量争取。

3.付出代价。既然对于此次家暴行为意识到错误，为切实避免今后再犯，一定要让他付出一定的代价。不能他一道歉，你就心软原谅，然后再施暴，再道歉，这就会陷入真正的周期性家暴。贾琏的承诺书中尽管涉及代价，但是“一切后果由女方处置”的表述，也是太过宽泛，建议优化细化。至于如何细化“付出的代价”，夫妻可以自由协商，比如，精神方面，分居两周，闭门思过；也可以财产补偿，专门就家暴行为的补偿方式，拟定一份夫妻财产分割协议，将对方个人的或者夫妻共同的一部分财产归你单独所有。至于如何签署，参考有关“出轨婚姻”的章节内容。

§ 如何寻求帮助？

凤姐在遭遇家暴后，选择就医、求助亲友、报警、进行伤情鉴定等，都为自己留下了很多证据。总结来说，如果遭遇严重家暴，导致自己身体受到严重伤害，一定要寻求帮助，可以在第一时间报警，也可以在事后报警，并向家人朋友求助，向单位、居委会、村委会、妇联等有关机关投诉、反映或者求助。

1. 报警

遭遇家暴后一定要报警。一方面，公安机关可以有效制止对方的暴力行为，让他意识到暴力行为后果的严重性，对其本人也是一个震慑。另一方面，警察出警肯定会有出警记录，今后也是证明其有家暴行为的有力证据。

（1）最好让警察到现场。有时候，警察会觉得夫妻之间吵架、打架是家务事，不愿意干涉太多，尤其是情况不算严重的时候，常见的处理方式是简单询问情况，帮助调和。所以，如果遭遇家暴，在报警的同时一定要申请警察即时出警，到家暴现场对殴打情况、伤情情况进行拍照记录，一方面可以固定证据、客观记录，另一方面也可在警察的协助下有效制止暴力行为的持续发生，确保人身安全。

（2）对双方做笔录。有时候，受害人报警后，施暴者就逃离现场了。这时候警察到来，看到没有什么危险，很可能只是对你单方面进行简单询问，然后再选择传唤对方到派出所做笔录，了解情况。但如果对方一直不去，情况又不严重，案件多数也就不了了之了。所以，在报警后一定要让公安机关对双方都做笔录，然后对案件性质有一个基本认定。

（3）进行伤情鉴定。如果伤情特别严重，在就医的同时，也让公安机关拍照记录，并申请做伤情鉴定，伤情鉴定结论公安机关一般都会入卷，这绝对是家暴的强有力证据。而且伤情鉴定等级分轻微伤，轻伤一级、二级，重伤一级、二级。如果当事人鉴定的伤情在轻伤二级以上的话，可以立案追究刑事责任，也就是可以让对方坐牢。即使伤情鉴定不构成轻伤，只是轻微伤，那也是违反治安管理的行为，也是可以对其进行治安处罚的。

（4）最终处理结果。为了避免案件不了了之，在做完笔录之后，也一定要及时和办案民警进行沟通，看看如何进行最终的处理。如果情况不严重，你同意接受和解，那就坚持让对方赔礼道歉并签下书面保证书。如果情况严重，或罚款，或拘留，自然就由公安机关依法处理。公安机关出具的报警回执、告诫书等一定要保留好。

2. 向家人朋友求助

迫于家暴本身的私密情况，以及双方的特殊情感，很多女性在遭遇家暴后，会放弃报警。但即使最终选择不报警，也一定要向家人和朋友求助，大家组织施暴者一起对家暴行为有一个正式的讨论和应对，甚至提出处理意见。从保护自己权益的角度，整个讨论和处理过程都可以全程录音，对家暴发生的原因、施暴情况、对方是否承认错误等进行全面的记录。当然，如果在家人朋友的督促下，对方写下书面的忏悔书和保证书就更好。即使不写，将来一旦面临离婚，家人和朋友也算第一时间了解了家暴过程，可以作为证人证明你遭受家暴的事实。

3. 向保姆、保安、邻居求助

如果家里聘请了保姆，可求助保姆帮助制止对方的暴力行为，即使制止不了暴力行为，也可以在合适的时机帮忙拍照、报警和就医治疗等。如果情况紧急，可以向邻居和保安求助，无论如何，第一时间想办法保证自己的人身安全是最重要的。毕竟，相对于家人和朋友，保姆、保安、邻居是最熟悉你们家庭情况的，针对对方的反复性家暴，他们出面协助，一方面可以及时真正地帮助你，另一方面，也可以作为证人，在报警和诉讼过程中帮你做证。

4. 向妇联或者居委会、村委会求助

妇联、居委会、村委会发挥着保障家庭和谐的作用，尤其是妇联，是致力于保护妇女儿童权益的部门，求助电话是

12338。必要时，可以向这些机构的工作人员求助，申请让他们出面处理，帮助制止对方的暴力行为。在工作人员的协调过程中，可以请求他们做个处理或者调解的笔录，对家暴情况进行一个整体记录，将来也可以作为家暴证据。

5. 向对方的工作单位反映

如果对方有固定工作、固定单位，那你也可以考虑向对方的单位反映家暴情况，寻求单位和领导帮助。当然，必须郑重提醒一点，从情感的角度，你向对方单位反映情况，对方一旦知道，可能会被激怒，有可能引发新的暴力事件，所以，还是要在确保自身安全的情况下，视情况而定，做出权衡、选择。

§ 如何固定家暴证据？

1. 录音录像拍照留存。无论是否立马进行维权，你都要有保存证据的意识，将施暴过程、自己受到伤害的证据进行固定和保存，及时录音、录像、拍照留存。如果情况允许，最好是录像，这样可以反映整个过程，也能记录时间。当然，如果家里安装摄像设备那就更好了，及时打开，记录整个施暴过程。如果没有相关设备，那最好及时逃离家庭，跑到楼道或者小区里，这时对方一般不太敢继续实施严重的殴打行为，即使实施了，楼道、电梯、小区的监控录像也都有记录。

2. 及时就医，保存伤情诊断证明。很多女性朋友受伤了就默默忍受，请假躲在家里休养，事后离婚维权的时候，只有自己的主张，没有丝毫证据，丧失离婚的主动权和索赔权。因此，如果受伤，无论轻微还是严重，都要去医院进行治疗，将诊断证明、检查结果、住院记录、病历等都保存好。就医时间最好和报警时间一致，不要间隔太久，无故拖延，否则将来对方否认伤情是他的暴力所致，你再举证就会非常被动。

3. 对外求助注意留有书面记录。如前文所述，在报警和向居委会、村委会、妇联等单位求助的过程中，申请做好相关的书面记录，在情况允许时，也可以录音。接到求助后工作人员一般会出面协调解决，这个过程也最好有记录，事情处理完毕后，如果最终有处理意见或者处理结果，最好也申请一份书面结果，以备后续维权所需。

4. 保姆、保安、邻居、朋友的证人证言。如果对方施暴的过程中，这些见证人刚好在身边，就可以请求他们帮助报警并拍照录像，事后一定要留存好他们的联系方式，必要时申请他们出庭做证。

5. 形成完整的证据链。

（1）医院证明、病历资料；

（2）警察记录及伤情司法鉴定；

（3）证人证言：亲戚朋友、邻居、保姆、保安；

（4）居委会、村委会、妇联、工作单位的求助或投诉记录；

（5）视频、录音、照片；

（6）保证书、忏悔书、承诺书。

这些证据如果都有留存，就可以形成一份完整的证明家暴事实的证据链，必要时可以以此界定家暴，申请离婚损害赔偿。

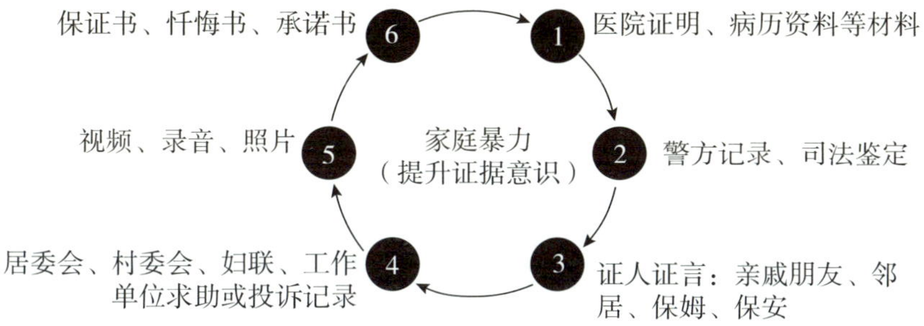

图 9-1 证明家暴过程示意图

如何申请人身安全保护令？

“那一刻，我感受到了死亡！”凤姐回想起贾琏家暴自己的时候，说了这句话。这是很多被家暴的女性都会聊到的至暗时刻。毕竟家庭暴力多数是身体暴力行为，人身危险性还是比较高。因此，如果情况特别紧急，在寻求帮助的同时，也可以直接向人民法院申请人身安全保护令。[①]当时贾琏情绪失控，打红了眼，造成凤姐身体多处受伤，几乎窒息。凤姐报警的同时，也申请了人身安全保护令。

① 《中华人民共和国反家庭暴力法》第二十三条　当事人因遭受家庭暴力或者面临家庭暴力的现实危险，向人民法院申请人身安全保护令的，人民法院应当受理。当事人是无民事行为能力人、限制民事行为能力人，或者因受到强制、威吓等原因无法申请人身安全保护令的，其近亲属、公安机关、妇女联合会、居民委员会、村民委员会、救助管理机构可以代为申请。

§ 申请人身安全保护令的条件

1. 正在遭受家庭暴力。比如，凤姐正在遭受贾琏的暴力行为，这个时候可以直接申请人身安全保护令。

2. 面临家庭暴力的现实危险。这是对第一种情况的补充，并不是说一定得是正在遭受家庭暴力才可以申请，比如，凤姐受到威胁、恐吓，贾琏扬言要杀了她，凤姐确实有遭受家暴的危险，也可以申请人身安全保护令。

除了这两种情况，如果既不是正在遭受暴力，也不存在暴力的现实危险，即使申请了人身安全保护令，法院一般也不会准许。举个例子，如果贾琏家暴凤姐之后，凤姐就回娘家居住了，两人无任何交流和互动，相当于分居状态。这种情况下，凤姐没有现实急迫的危险，申请人身安全保护令，法院不会支持。

§ 如何申请人身安全保护令？

1. 向法院书面申请。申请人身安全保护令必须以书面的形式提出，也就是说要写一份书面的申请材料提交法院。可以向自己居住地的法院申请，也可以向对方居住地、家暴实施地的法院申请。

2. 家人或者机构代为申请。如果情况特别紧急，自己被强制或者恐吓无法申请，也可以由家人、公安机关、妇女联合会、居民委员会、村民委员会、救助管理机构代为申请。

3. 法院72小时内做出人身安全保护令。法院受理后，一般会在72小时内做出保护令或者驳回，情况紧急的24小时内就会做出。如果申请被驳回，也可以申请复议一次。

4. 不收费！申请人身安全保护令不收取申请费，且不需要提供担保。

§ 申请人身安全保护令需要准备哪些材料？

1. 证明法院有管辖权的相关材料。申请人身安全保护令不是随便哪个法院都行，必须是有管辖权的法院。向自己或被申请人居住地的人民法院申请人身安全保护令，就必须准备并提交自己的或被申请人实际居住地的相关证据。向家庭暴力发生地的人民法院申请人身安全保护令，需要报警记录、基层组织或相关社会组织的接访登记等能够证明家庭暴力发生地的证据。

2. 身份信息材料：如果是自己的近亲属帮助申请，需要提供亲属关系证明。比如，如果是凤姐的母亲帮助凤姐申请，就需要提交母女关系证明。如果是公安机关、妇女联合会、居民委员会、村民委员会、救助管理机构代为申请，则需要提交加盖机构公章的申请书，以及事件双方的身份信息等材料。

3. 遭受家暴或者面临家庭暴力现实危险的相关材料。也就是遭受家暴的证据。包括：自己陈述、录音录像、医院病历、伤情照片等，以及求助记录。

§ 人身安全保护令的保护措施

贾琏暴力事件当天，凤姐向居住地人民法院提交人身安全保护令申请书：要求禁止贾琏对自己实施家庭暴力；责令贾琏搬离住处；禁止贾琏骚扰、跟踪、接触自己及家人；责令禁止贾琏在距离自己住处和公司200米内活动。

凤姐提交的申请书是基于贾琏的暴力情况和凤姐自身需求而定的申请书，总结来说，人身安全保护令的具体措施如下：

1. 禁止被申请人实施家庭暴力。

2. 禁止被申请人骚扰、跟踪、接触申请人及其相关近亲属。根据家暴情况，有些法院还会在保护令中明确裁定被申请人具体的隔离距离和活动范围，比如凤姐的申请书中，就明确要求贾琏与自己的生活圈保持200米的距离。因此，如有必要，也可以在申请书中自己请求隔离被申请人的距离和范围。

3. 责令被申请人迁出申请人住所。这是物理隔离，是非常有力的保护措施。

4. 保护申请人人身安全的其他措施。这是兜底条款，需要根据施暴者和受害者双方的具体情况，以及施暴情况、危险程度，具体由法院裁量。

5.违反保护令要受到惩罚。比如，贾琏违反人身安全保护令，依旧对凤姐实施暴力或者威胁恐吓等，法院会给予训诫，处以1000元以下罚款或者15日以下拘留，构成犯罪的，依法追究刑事责任。

6.期限6个月。人身安全保护令的期限是6个月，如果6个月后危险依旧未解除，可以在6个月期限届满前申请延期。

7.公安机关协助执行。法院一般会将人身安全保护令裁定向申请人、被申请人或同住成年家属、申请人现居住地的辖区公安机关、妇女联合会、村（居）民委员会送达。毕竟人身安全保护令的执行需要各部门的配合，尤其是公安机关的协助执行，因此，也会发送协助执行通知书。

你还要继续忍受吗？

现实中，多数的女性遭遇家暴后选择沉默，可能会有恐惧，会有担忧，会有顾虑。如果你还想忍受，那么，我想请你思考几个问题：

1. 你是他的私有财产吗？

这是施暴者最常有的观念。比如，有妻子被丈夫打到五官扭曲，路人劝阻，而丈夫居然理直气壮地说，这是我老婆。在他的观念中，老婆就是私人财产，可以任意处置，甚至任意践踏。这就是家暴婚姻的日常，很多女人在这样的生活中逆来顺受，在所谓“嫁鸡随鸡，嫁狗随狗”的观念中，以宿命的理由自我安慰、自我欺骗，在痛苦中度过一生。

可是，你是财产吗？结婚证是他认领你的许可证吗？家暴婚姻是你此生的结局吗？

2. 他真的爱你吗？

早年间有一部叫作《不要和陌生人说话》的都市剧，向我们诠释了爱是家暴控制中最冠冕堂皇的理由。他以爱的名义控制你，威胁你，打骂你。他不愿看到你和男性朋友有亲密接触，是太爱你了。他不准你和任何男人交往，也是太爱你了。他不准你和任何人交往，依旧是太爱你了。于是，你不仅没有男性朋友，甚至没有女性朋友，最后连亲人都没有。这真的是爱吗？

3. 你是否完全依附于他？

在不对等的婚姻中，以经济作为控制手段很常见。以全职太太、豪门婚姻最为典型。这种可怕的逻辑是，他给了你物质、金钱、身份乃至你所拥有的一切，就足以换取对你的绝对控制。但凡你有丝毫的不顺从或者反抗，便给予经济制裁和身体暴力。而这种经济制裁，实际上是比身体暴力更让人痛苦的精神暴力，因为你无力反抗、无从反抗，它践踏着你的自尊、自信甚至存在感。你真的要从财务依附沦落到人身依附吗？

4. 他会改吗？

有多少施暴者，拳头刚刚落下，便急忙道歉说“我错了，我错了，以后不会再犯了”，而你一时心软就选择了原谅。然后就是再犯，再道歉，再原谅……恶性循环。立马道歉成为家暴者的惯用伎俩，而暴力成为一种条件反射。演变成条件反射的习惯，能改吗？

5. 你是为了孩子好吗？

他当着孩子的面肆无忌惮地对你打骂侮辱。然后，他打累了，扬长而去，留下你和孩子抱头痛哭。你想结束这种生活，你想摆脱这种恐惧，可是，你又觉得孩子是无辜的，不能让孩子在一个不健全的家庭中成长，孩子必须拥有完整的父爱和母爱。于是，为了孩子，你选择忍受。

可是，你试着了解过这个小小的家暴目击证人吗？据调查显示，暴力家庭中成长的孩子，自杀、犯罪、吸毒、酗酒的概率会比正常家庭中成长的孩子高很多，而且长大成家后，多数也会成为施暴者。

你真的是为了孩子好吗？你的逆来顺受，不只是对自己的不负责任，更是对孩子成长的不负责任。与其在貌似健全的家庭中不健康地成长，倒不如在所谓“不健全”的家庭中健康成长。

回答了这五个问题，我想你会对自己、对他、对孩子有一个重新认识。

郑重提示

1. 你不是他的私有财产；
2. 充满控制欲的爱，绝对不是真爱；
3. 永远不要在财产和精神上依附于他；
4. 家暴只有零和无数次的区分——他永远不会改；
5. 忍受家暴对孩子也是一种巨大的伤害；
6. 家暴就像牙痛，越拖越严重，如果不拔，甚至会丧命！

所以，如果你或者你的朋友遇到家暴，只有一个正确的解决方式，那就是——对抗，依靠法律的武器保护自己。

Chapter 10

第10章

结婚后不一定幸福，但离婚一定是为了幸福

离婚并不意味着人生失败，反而是一个新的开始！

在真正做出离婚决定之前，相信很多人都曾在心中辗转纠结过几千遍。处于这样一个人生的十字路口，很多女性感到茫然无措，不知道该往哪里走，不知道未来会怎样。作为一个经手过很多婚姻纠纷案的律师，我想给女性朋友一些忠告。很多时候，一旦面临离婚；婚姻便只剩利益博弈，如果没有准备，你只会输得一败涂地。无论是财产、孩子抚养权，还是其他权益，都需要理性处理，避免因冲动和无章法的应对让自己陷入被动的局面。总之，离婚前，首先要对自己、对婚姻有一个深度的认知和专业的评估。

离婚时机评估

贾琏和凤姐几经波折，最终还是离婚了。两人的故事非常具有典型性，能够映射出很多夫妻的婚姻状况，所以，这一章节依旧试着从凤姐的角度对婚姻做一个风险的评估。在发现贾琏出轨的那一刻，凤姐想要离婚，可是如果立刻离婚，凤姐将要面对什么样的后果，有哪些风险，凤姐能争取多少财产，能不能争取孩子的抚养权？夫妻感情还在不在，想不想挽留，要不要修复，想不想离婚，要不要离婚？这是凤姐的情感纠结之处，也是每一个面临离婚的人真实的内心写照。但是，情感归情感，婚姻毕竟不只是情感，还牵涉到财产和孩子。因此，必须从法律层面做一个评估。

夫妻共同财产有房产，存款理财，公司股权，借名买房等，家庭财产的具体状况复杂而不可控。夫妻共同财产共同所有，这是法律规定的，凤姐也是这么理解的。

所以，凤姐的想法是：

1.财产分配：

房产、存款、理财、股权等等都是夫妻共同的，那就一分为二，而且贾琏出轨，应该少分，最好净身出户！

2.孩子抚养：

为了稳固婚姻，两人后来又生育了一个儿子，现在是一子一女。凤姐希望两个孩子都由自己来抚养，贾琏负担抚养费就行了，每个月付5万，然后再一次性补偿500万。

她的这些想法可以实现吗？

§ 预期评估

我们看一下凤姐的处境：

法律事实1：

出轨对财产分割没有太大影响，净身出户更是不可能。

法律事实2：

我们国家没有离婚后前夫赡养前妻这一规定，所以，索要过高的生活费可能得不到支持，经济补偿也没有法律依据，除非贾琏自己同意。

法律事实3：

除非贾琏同意，否则凤姐争取到两个孩子抚养权的可能性不大，而且索要的抚养费过高。

§ 财产评估

凤姐会遇到的问题：

1. 贾琏到底有多少财产，不知道！

据凤姐所知，贾琏有数百万的理财产品，但不知道到底有哪些，到底买了什么股票。这意味着什么？意味着如果没有明确的线索，那就有可能查不到，即使诉讼到法院也查不了，那肯定就分不了。

2. 借名买房，主张不了！

贾琏在老家买了1套房，登记在父亲贾赦名下，据说已经卖掉了，那房款能否追回，如何追回，还要看财产证据。而且，本来就是借名买房，涉及第三人利益，法院一般不会处理。

3. 公司股权不好分割！

凤姐知道贾琏在多家公司持股，但不知道贾琏公司的经营状况到底如何，每年盈利如何，公司未来趋势如何。虽然股权是夫妻二人的财产，但是她能分得股权吗？能进入公司成为股东吗？如果她自己不愿意进入公司，股权资产怎么分，如何估价，要多少折价款？这些她心里都没有数。如果分割股权的话，她是相当被动的。

评估建议：

如果凤姐想要离婚，她就必须提前梳理财产，查找财产线索，至少确定贾琏到底有多少存款、多少理财产品，具体在哪个银行、哪个证券公司，借名买房的证据有哪些，公司大概的经营状况，近期有没有股权变更交易等等。这些准备没有做好，自然是不能冲动离婚的。否则完全陷入被动局面，别说补偿款争取不到，就是本属于自己的财产可能也捍卫不了。

这就是凤姐的处境，但凤姐的案例绝非个例。我在处理很多离婚案件时，被问到最多的问题就是，“我知道他有财产，但我不知道他到底有多少财产，我该怎么办？”所以，各位亲爱的朋友，如果家里的资产状况比较复杂，那一定要做好财产梳理，千万不要冲动离婚。

财产评估关键词——绘制财产地图

1. 哪些是自己的个人财产？
2. 哪些是夫妻共同财产？
3. 哪些财产是知道的产权，数额清晰的？
4. 哪些财产是知道但具体情况不清楚的？
5. 哪些是未知的可能存在的资产？
6. 哪些财产是虽然知道，但法律可能处理不了的？比如涉及第三人利益的财产、国外的资产等等。

如果财产清晰、明确，那你就可以着手离婚谈判，如果财产不清，数额不明，那最好还是先梳理查找线索，然后再谈离婚事宜。

§ 孩子抚养权评估

凤姐和贾琏生育两个孩子，一儿一女。两个孩子的家庭，在保证子女利益的前提下，一般会在父母之间做一个分配，一人抚养一个，这样两个人都有孩子抚养，避免由一个人抚养压力太大，也无法充分照顾孩子。那凤姐家庭最大的可能性是一人抚养一个。

凤姐希望两个孩子全部都由她来抚养，虽然不是绝对不可能，但是非常有难度，必须至少满足以下条件才有胜算的可能：

（1）有经济能力，能够抚养孩子，甚至两个孩子；

（2）有住房条件，能够为孩子提供稳定的居所和成长环境；

（3）两个孩子从小一起成长，感情特别好；

（4）抚养习惯：一直以来都是凤姐抚养和照顾两个孩子，孩子们已经习惯了。

对于凤姐来说，条件2、3、4基本可以满足，但是第1条，她却没有把握。就像电视剧《我的前半生》中的罗子君一样，她已经脱离职场很久了，没有工作，没有稳定的收入来源，除了存款以外，她几乎没有其他胜算。

评估建议：提前找工作，找一份稳定的工作，哪怕工资只有几千元也可以，保证有稳定的经济来源，证明自己有抚养孩子的经济能力！

§ 评估意见

最后经过专业分析，认定无论是从财产方面还是孩子的抚养权方面，凤姐的准备都不充分，一旦对方给的方案不够好，那她会陷入被动。因此最终的建议：从长计议，提早准备，然后再着手离婚。

（本节关于评估的标准和依据，会在接下来的内容里详细地阐述。）

如何进行有效的离婚谈判？

离婚真的不是简单的事，需要从情感到法律方方面面地分析，从证据到结果仔仔细细地权衡。这个过程中，有效谈判就显得非常重要。很多朋友在离婚协商的过程中，最大的问题其实是，不知道如何开口谈判，要么被自己的情绪带着走，要么被对方带着走，总之，毫无章法。等领了离婚证，才发现自己太冲动了，该争取的权益没有争取，该规避的风险没有规避。可惜，为时已晚。

想要进行有效谈判，就需要结合自己的婚姻情况，区分不同的场景，综合利用离婚中常见的三大砝码。

§ 砝码一：离婚的法定标准

离婚的法定标准，其实是谈判的第一筹码，也是开启离婚谈判的前提。要不要离婚，能不能离婚，你说了算不算？对方想离婚，你不同意，或者你想离婚，对方不同意，如果诉讼到法院，会不会判离婚？这些都是要好好分析的。

我们结合贾琏和凤姐的婚姻故事来分析一下，贾琏屡次出轨，凤姐想离婚，如何正确开启呢？

她首先要考虑的就是他们的婚姻状况，有没有达到离婚的法定标准。

《民法典》第一千零七十九条——离婚条件的规定

有下列情形之一，调解无效的，应当准予离婚：

（一）重婚或者与他人同居；

（二）实施家庭暴力或者虐待、遗弃家庭成员；

（三）有赌博、吸毒等恶习，屡教不改；

（四）因感情不和分居满二年；

（五）其他导致夫妻感情破裂的情形。

一方被宣告失踪，另一方提起离婚诉讼的，应当准予离婚。

经人民法院判决不准离婚后，双方又分居满一年，一方再次提起离婚诉讼的，应当准予离婚。

贾琏没有家暴，也没有赌博、吸毒等恶习，两人更没有因感情不和分居满两年。那如果想要认定感情破裂，就必须坐实出轨。她手中掌握的证据有贾琏和第三者的聊天记录，非常暧昧，有同居照片，还有一些录音录像等，这些证据其实已经形成了认定贾琏出轨的证据链。如果凤姐起诉离婚，从法律的角度，被支持的可能性非常大。因此，这就是她在离婚谈判时的筹码之一。

离婚谈判场景模拟

凤姐：我们离婚吧，这是我拟定的离婚协议，你看一下，有什么意见?

贾琏：你说离婚就离婚，我不同意。

凤姐：我们的婚姻已经名存实亡了，还是好聚好散吧。

贾琏：我在乎的是家庭的完整，我坚决不同意。

凤姐：（将出轨证据甩到贾琏的面前）你不同意，那我就去起诉!

贾琏：（沉默）……

贾琏看到证据后非常震惊，没想到凤姐已经收集了这么多他出轨的证据。这个时候，婚姻的主动权在凤姐手中，贾琏要么努力争取，挽回凤姐感情，要么仔细看离婚协议方案，协商离婚。

这就是最常用的砝码。当然了，如果证据不充分，无法证明夫妻双方感情破裂，首次起诉，法院一般是不会支持的，为的是给两人一个冷静期和缓和期。这个时候，如果对方急于离婚，而你并没有那么想离婚，那你也可以利用这一点，好好谈判。

§ 砝码二：离婚的时间成本和对于社会身份的影响

如果无法证明夫妻双方感情破裂，一方首次起诉，法院一般是不会支持的，再次起诉要等 6 个月以后了，如果二次起诉依然没有被支持，那就要再等 6 个月。

即使进入真正的离婚程序，离婚案件还要经过诉前调解，调解不成，才进入正式的庭审审理。从审理期限分析，一般情况下，简易程序3个月，普通程序6个月。但凡对于财产分割、孩子抚养有争议，尤其是争议比较大的时候，则需要权衡双方的证据综合论证，因此时间往往都在半年以上。如果涉及申请法院调取证据，审理周期就无法预料了。

我经手的案子，最长的有3年之久，夫妻双方最后都特别疲惫，对于工作和生活影响特别大。我们可以感受一下，假如你正在外地开会，会期一周，法院通知你下周开庭，你是不是要提前结束会议，赶紧买票回来，进行相关诉讼准备。即使你委托了张律师代理诉讼，不用亲自参加庭审，可是中间各种决策总要自己决定，也相当劳神。

所以，如果你们的情况比较复杂，一次两次庭审不可能完全解决，而对方对时间和精力成本还有自己的社会身份特别看重，这就会成为你重要的砝码。

离婚谈判经典场景

凤姐：全职太太，刚刚转为自由职业者，工作不稳定。
贾琏：贾氏企业CEO，事业正值上升期，家族特别器重。

凤姐坚决要离婚，提出的财产方案对贾琏特别不利，贾琏当时就没同意。凤姐直接起诉至法院，然后把诉状和诉费收据发给了贾琏。当天晚上，贾琏就在离婚协议上签了字。第二天，两人就到民政局离婚了。

总结：比起上千万的财产损失，贾琏更看重他的身份和名誉，还有时间和精力成本。

当然了，每个人情况不一样，最看重的点也不一样，这才有了谈判的余地，彰显了谈判的重要性。离婚谈判，本来就是各种情况和因素权衡的过程。所以，知己知彼，找准砝码，真的很重要。

§ 砝码三：财产分割和孩子抚养权的相互影响

财产和孩子抚养是离婚谈判最核心的内容。大部分夫妻之所以走上法庭，要么是对财产分割达不成一致意见，要么就是对孩子抚养权各不相让。第一节已经分析了如何对财产和孩子抚养权进行评估，评估的目的一方面是提前做好准备，另一方面就是为了更好地谈判。也许你会问，这明明是两个角度的问题，为什么放在一起讲呢？其实就是因为财产分配和孩子抚养权往往是无法割裂的两部分。

可能你会觉得，一对夫妻离婚，几乎所有的财产都归了一方，对另一方太不公平了。但其实这背后可能是双方多次谈判的结果，也是夹杂着情感因素的最佳方案，一方失去了财产利益，可能就获得了更重要的利益，比如孩子的抚养权以及离婚的自由。

所以，从谈判权衡的角度，如果对方特别看重财产，那么你就可以以此为切入点，以某些不那么重要的财产为代价，让他放弃孩子抚养权。当然了，如果你觉得对方没有那么想要孩子的抚养权，那么或许稍微地财产倾斜，或者适当降低抚养费的标准，你们就能很快达成一致意见。记住，这个场景仅仅适用于你特别想要抚养孩子，而又没有足够把握的情况。本身抚养孩子就要花费大笔的金钱，如果在离婚的时候再放弃太多财产，那么离婚后的日子会很艰难。如果对方根本不想抚养孩子，平时生活中根本不关心孩子，这时候你就可以为自己争取更多的财产利益，因为依照法律规定，财产分割的时候，要照顾女方和孩子的利益，谁来抚养孩子，自然要适当照顾。

这是从孩子抚养和财产综合的角度分析，那么具体到财产这个点，其实也有很多的谈判维度。我们来看几个场景。

场景一：财产分割的法律标准。这也是我一再强调的让大家绘制财产地图的原因。因为梳理清楚了婚姻财产，就知道从法律上自己大概会分割多少财产了，这是财产谈判的一个基准。如果没有这个基准，盲目去谈判，效果肯定一般。比如，贾琏和凤姐双方名下大概有2000万的资产，其中房产价值1500万左右。这个时候，如果凤姐直接对贾琏说，房产归我，其他财产归你，贾琏肯定不同意。但是凤姐调查清楚财产状况，知道贾琏老家将要拆迁的房屋中，凤姐也有份额，而贾琏原本以为这和凤姐无关，那贾琏肯定会重新考虑凤姐的方案。没准权衡拆迁房屋的价值后，立马就同意了呢。

场景二：即时付款的冲击力。贾琏和凤姐婚后购买两套房子，一大一小，离婚的时候，凤姐就想要这套大房子，可是贾琏也不想放弃。本来从房产价值的角度分析，谁要大房子，谁补给对方500万左右房屋折价款即可，几次谈判下来，贾琏有所松动，但他张口就要600万。凤姐想给钱了事，却又不甘心。最后一次谈判的时候，凤姐将500万钱款准备好，出示在贾琏面前，只要签字就给转账。在这种即时获得的冲击下，贾琏立马就签字同意了。因为贾琏也要考虑，诉讼到法院，他不一定能分到大房子，更不可能一次性获得钱款。

场景三：诉讼影响的利弊考量。贾琏婚后和朋友合伙创业的某公司，他持有60%的股权，公司经营状况非常好，已经完成了首轮融资。这个股权从法律的角度说，就是夫妻共同的。如果两人要离婚，凤姐就可以要求分割股权财产价值，贾琏就必须拿出这笔钱，如果拿不出，势必要在其他方面妥协。如果也不愿妥协，那进入到诉讼程序，势必影响下一轮融资，而且如果一旦股权被冻结，势必会影响公司正常经营，损失可就大了。所以，从凤姐的角度看，掌握了贾琏公司的信息，就能号准命脉，大胆和他谈判。

这就是离婚谈判中常用的砝码，切入的角度，无非就是离婚难度、时间精力、社会影响、诉讼影响，谈判的基准就是法律的标准和双方最关注的点。

财产如何分割?

离婚涉及财产分割。但是财产，比如房产、车辆、股权等具体如何分割，往往会有争议。这也是很多离婚纠纷的症结所在。所以，面临离婚还必须知道如何具体分割。

§ 房产一般如何分割?

我们以共同房产为例，最基本的原则是，房产归一方所有，给另一方折价补偿。比如，1套500万的房子，贾琏想要，凤姐也同意，那么贾琏就要给女方250万元房屋价值补偿。这个方法使用的前提是只有一方主张要房，而且双方对房屋价值没有争议。但实际上我们通常会遇到以下4个问题：

1. 如果双方对房屋价值有争议怎么办?

2. 双方都想要房子怎么办?

3. 双方都不想要房子，想要折价的现金怎么办?

4. 房屋还有贷款没还清，怎么算？

下面我们来分析一下。

1. 如果凤姐和贾琏对房产价值有争议怎么办？先协商，协商不成，就可以委托评估机构按照市场价格对房屋的现价值进行评估，然后贾琏按照这个评估价值对凤姐进行折价补偿。

2. 如果凤姐和贾琏都想要房子呢？

凤姐：房子我住习惯了，我不想搬，我就要这套房子。
贾琏：我也一样，坚决不搬！

（1）双方竞价。一般情况下，如果两人名下的房产情况差不多，就会让双方进行竞价，谁出价高，谁就取得房屋所有权，然后按照高的价值给另一方补偿，当然这个出价也不会高得太离谱。

（2）综合考量。如果凤姐和贾琏对房屋价值达成了一致，或者已经申请对房屋价值进行评估了，那么法院一般会综合考量双方的各种因素，如经济条件、购房能力，是否有利于抚养孩子，买房的过程，以及房屋所有权的登记人等，做出一个相对公平的判决。

考量因素一：谁抚养孩子。双方都想要房子，但凤姐需要抚养孩子，那么从孩子的利益出发，法院一般就会判给凤姐。

考量因素二：谁的房产多。比如贾琏本来自己就有另外1套房子，现在这套房子是夫妻共有的，那么，法院很可能会支持凤姐的请求，将房子判归凤姐所有。

考量因素三：谁对房产贡献大。如果这套房子虽然登记在凤姐和贾琏双方名下，但其实是贾琏婚前一手操办、一手装修的，只是后来加了凤姐的名字，那么，这个时候根据买房的实际情况，会判决房子归贾琏所有。

考量因素四：给付能力。有时候因为房屋价值较高，折价款可能无法及时兑现，所以法院会根据折价款的支付能力来判定，比如，前文中我们举例，如果凤姐能够及时拿出250万元来支付给贾琏，但是贾琏现在没有那么多的现金来给付折价款，或者短时间内无法支付，那么法院也会判定房屋归凤姐所有。

3. 都不想要房子怎么办？如果两人都各自有住房，都不想要房子，只想要房屋折价款，那么法院就会依法将房屋进行拍卖，然后将拍卖款进行分割。

4. 房屋尚有贷款未还怎么办？从实质上来讲，贷款就算是双方的共同债务，一般情况下，取得房屋的一方负责偿还全部债务，另一方则在应得的房屋折价款中减去应还贷款的部分。

5. 法院不予处理的房产情况有哪些？离婚诉讼中，很多情况下，法院对于某些特殊的房产是不予处理的，只能自行协商或等权属明确了再解决。

（1）没有房产证。对于没有取得房产证的房子，如果双方对房屋归属无法协商一致，很多情况下，法院是不予处理的，一般建议等房产证办理完毕，房产确权明确了，再重新要求分割。当然，如果房屋已经交付入住，有的法院也会先对房屋使用权进行判决，获得房屋使用权的一方承担办理产权证所需要的相应费用及今后归还贷款的义务，并支付给对方相应的补偿款，而获得补偿款的一方有协助对方办理房产证的义务。

（2）与他人共有房产。与父母或子女共有，这种含有第三人利益的房产，如果协商不了，法院一般不在离婚案件中处理，而是建议另行起诉。

（3）小产权房。小产权房在现实生活中大量存在，这种房产因为没有房产证，其合法性也无法确定，法院在离婚案件中一般不予处理。

当然，正如我们在前面关于“房产”的专题章节中提到的，父母出资、按揭买房、婚后换房等各种情形下房产的归属和份额都不同，因此，还要在基本原则之下具体情况具体分析。

§ 公司股权如何分割？

如果夫妻共同财产涉及股份有限公司，尤其是上市公司的股份，这个很好解决，是双方直接分割股份，还是持有股份的一方继续持有股份，给对方折价补偿，都可行。具体的分割方式，夫妻可自由协商，协商不成法院根据情况直接裁判，这些都不成问题。

但是如果是有限责任公司的股权，因为和人身属性紧密相关，分割程序上就相对麻烦，即使是在双方自愿协商的前提下，也必须遵循《公司法》的规定，并受公司章程的约束。

1. 夫妻双方都是公司股东

夫妻都是公司股东，无论谁名义上占有多少份额，都是夫妻共同的股权，分割的时候，其实本质上都是股东之间的股权转让，只需夫妻双方协商好，然后通知公司进行股东名册变更即可。

2. 只有一方是公司股东

折价补偿。比如，贾琏婚后持有某公司60%的股权，凤姐如果不想成为公司股东，就可以主张要30%的股权折价款。当然，股权价值到底多少，股权折价款给多少，由双方协商，协商不成，也可委托法院进行股权价值评估，然后再进行分割。

分割股权。如果凤姐也要求持有股权，这就要看公司章程具体的规定。如果公司章程对配偶持股进行了限制，不允许配偶进入公司成为股东，那么凤姐就只能折现，不能分股权。如果没有限制，凤姐可以成为股东，那么她和贾琏首先对转让的股权数额及价格协商一个方案，然后由贾琏（作为股权持有方）将股权转让事宜通知公司其他股东，看其他股东是否愿意购买该股权，如果有股东在30天内表示愿意以同等价格购买股权，那么凤姐就只能获得股权转让款。如果其他股东明确表示不愿意购买，或者30天内没有明确答复，那么，相应的股权就可以直接转让给凤姐了。

懂点法律

1. 公司章程限制配偶一方进入公司——股权分割请求失败——分割股权折价款；
2. 公司章程没有限制——转让事宜告知公司——其他股东不同意转让 + 行使优先购买权——股权分割失败，配偶无法成为公司股东——分割股权转让款；
3. 公司章程没有限制——转让事宜告知公司——其他股东不同意转让 + 不行使优先购买权——视为同意转让——配偶成为公司股东。

§ 保险如何分割？

现代社会，越来越多的家庭都会购置保险，比如大额人寿保险、重疾险、年金险。对于这类保险，尤其是可以分红的保险，是否能够分割，如何分割，主要看购买保险的费用，也就是保费，是否是夫妻共同财产，如果是，那么保险就可以作为夫妻共同财产分割。一般以保单的现金价值为准，分两种方式：一是选择退保的，则退保后分割保险金；二是选择继续投保的，由继续投保一方向另一方支付折价款。比如，凤姐用夫妻共同财产交保费，为自己投了一份年金寿险，贾琏如果主张分割，凤姐可以退保然后分割保险公司支付的保险金，也可以选择继续投保，然后分割保单当下的现金价值，后者对凤姐来说更合适。

§ 债权债务的分割标准是什么？

如果是夫妻共同债权，分割原则，一般是谁经手债权就归谁所有，给另一方补偿。比如凤姐的兄弟姐妹欠凤姐的钱，那自然是债权归凤姐，凤姐就是债权人，毕竟是凤姐的家人亲戚，这个主张起来也方便。

夫妻共同债务是难点，这点在第 4 章中已经介绍过。如果双方对债务界定为夫妻共同债务没有异议，则基本的偿还原则是共同承担，在不损害债权人利益的情况下，一般也可以由一方全部承担，另一方从夫妻共同财产中给予补偿，但债主如果指定某一方还债的话，就没办法了，你就只能先还了，然后按照你们之间的约定，向对方再追偿。如果双方对债务是个人债务还是夫妻共同债务争议特别大，法院一般在离婚案件中不直接处理，而是建议双方等债权人另行起诉时再应对处理。

婚姻练习场

要不要对夫妻共同财产做一个简单的分配？

如何争取多分财产？

§ 照顾多分的情况

1. 照顾妇女和儿童利益原则

夫妻共同财产分割的基本原则是平均分割，但是一个整体的原则是照顾妇女儿童的利益。所以，凤姐和贾琏离婚，如果凤姐抚养孩子，那么争取适当地多分财产的可能性就大。因为凤姐实际抚养孩子，那么各种花销肯定不少，占据的精力和时间也会很多，这个时候财产比例自然要对凤姐有所倾斜。当然，倾斜的力度要结合双方的经济情况由法官自由裁量。此外，从财产分割方式的角度，如前文所述，如果1套房屋，凤姐和贾琏双方都想要，凤姐要抚养孩子，所以获取房屋所有权的可能性就大，那给贾琏的房产折价款也会相对有所减少。

2. 照顾无过错方

如果一方有出轨、与他人同居、家暴或者虐待遗弃家庭成员、赌博吸毒，甚至重婚等过错行为，另一方在离婚的时候可以主动申请离婚损害赔偿，为自己争取更多的权益。比如，凤姐有充分的证据证明贾琏与尤二姐长期同居，就可以直接向贾琏主张一定数额的经济赔偿。具体到司法实务，除了离婚赔偿，在财产分割上，法院一般也会适当照顾无过错方，当然倾斜力度不会很大，但最好也要尽量争取。

§ 法定多分的情况

如果夫妻一方出现故意隐藏、转移、私自处分夫妻共同财产或者伪造债务的行为，那就要承担不利后果——在财产分割上不分或者少分。因此，如果对方有相关行为，就要大胆主张，维护自己的权益。

1. 隐藏财产。最常见的是把金银首饰、古董瓷器等贵重物品隐藏起来。比如贾琏自己就有小金库，有凤姐不知道的理财产品，离婚的时候刻意隐瞒、拒不申报，一旦凤姐有线索，查找出来，是可以主张让贾琏不分或者少分的。

2. 转移财产。把大额资产无偿转移给亲戚朋友，达到让对方无法分割的目的。一旦确定对方有这种行为，可以主张多分财产。

3. 私自处分财产。比如，贾琏私自变卖夫妻共同的房产或者车辆等。这个在前文中我们已经介绍过，如果买卖双方是恶意的，凤姐可以申请撤销处分行为。此外，恶意消费，如频繁进出高档餐厅、出国旅游等，目的是消耗夫妻共同财产。如果能够证实恶意消费，也可以主张让他不分或者少分。

4.故意毁损财产。对于一些贵重物品，以故意毁损的方式，达到让对方不能分割的目的。这些行为一旦被认定，也可以主张多分财产。

5.伪造债务。有些离婚诉讼中，确实会有一方恶意伪造大额债务，要求对方共同偿还的现象。这种行为一旦坐实，不仅需要承担少分财产的后果，而且极有可能因为触犯刑法构成犯罪承担刑事责任[①]。所以，这个后果还是很严重的。

当然了，对方有以上5种行为，一旦确定，你就可以主张多分财产，关键前提是——举证：

1.必须证明这些行为对象是夫妻共同财产。

2.最好证明这些行为发生在离婚前或者离婚进行时。这段时间比较敏感，证明是故意行为的可能性就大。当然了，如果离婚后发现这些行为，你也可以单就隐藏、转移的财产请求再次分割，为自己争取权益。

3.补充声明：无须证明用途。只需要证明这类行为发生了即可，至于用途就由对方举证，如果对方证明不了合理用途，那就推定行为成立，你就可以主张多分财产。

---

① 《中华人民共和国刑法》第三百零七条　以捏造的事实提起民事诉讼，妨害司法秩序或者严重侵害他人合法权益的，处三年以下有期徒刑、拘役或者管制，并处或者单处罚金；情节严重的，处三年以上七年以下有期徒刑，并处罚金。

§ 如何有效阻止对方转移财产？

如果你发现对方正在悄悄地转移财产，怎么办？

当然要制止了，不然财产都被转移了，你再去追回来，那就特别被动了。

具体如何阻止呢？最有效的方式是提起财产保全。起诉离婚前，你可以向法院提起诉前财产保全，管辖法院就是对方的住所地或者申请保全的财产所在地的法院。如果在离婚诉讼中，你可以直接向离婚案件受理法院提起财产保全申请。当然，申请财产保全还必须满足一定的条件：

1. 被申请保全的财产必须明确具体。一般是请求分割的夫妻财产、对方名下的财产或者其他与案件有关的财产。当然，如果有借名或者代持情况，比如他人占有的动产或者登记在他人名下的不动产及其他财产权，这个他人，也就是第三方，如果书面确认申请保全的财产属于你的配偶，那你也可以申请法院保全。

2. 需提供被保全财产的信息或者线索。比如，如果是房产，要提供房屋所有权证书或者提供房屋具体位置，如果是存款，要提供具体账号等。

3. 需提供担保。毕竟情况紧急，法院也只是一般审查，因此出于防止保全错误的考虑，法院一般要求对保全财产提供一定的担保。担保的方式可以是财产担保，也可以是人保。财产担保一般是现金、房屋等，当然了，可以是你名下的财产，也可以是亲戚朋友等第三人名下的财产。担保金额，如果是诉前财产保全，应当提供相当于请求保全数额的担保，比如申请保全的财产价值300万，那你提供担保的金额也要相当于300万。如果是诉讼中财产保全，担保数额不超过请求保全数额的30%，比如300万的30%，即90万。另外，如果保全的300万财产是你们夫妻双方有争议的财产，那担保数额不超过争议标的价值的30%。现在有很多保险公司都有开展保全的业务，让保险公司出具保函也是可以的。

4.保全措施。如果财产保全申请被法院审核通过，一般会对财产采取相应的保全措施，比如银行存款一般会冻结，车辆等动产一般是查封、扣押，房产一般是查封，这样对方就不能隐藏、转移了。

5.保全期限。一般保全也是有期限的，比如银行的存款，冻结时间不超过一年，如果是车辆等动产，不超过两年，房产不得超过三年。如果保全期限内你们的离婚诉讼还没有完全解决，对财产还没有分割，那么你可以申请延期。

6.提起诉讼。如果是诉前保全，你在法院执行保全措施后的30天内，就必须向法院提起诉讼，否则法院会解除保全。

法院已经对财产进行了查封、扣押等保全措施，而另一方仍然实施隐藏、转移、变卖、毁损的行为，怎么办？没关系！如果对方依然我行我素，法院可以根据情节轻重对他进行罚款、拘留；构成犯罪的，依法追究刑事责任。这个后果是很严重的。

§ 离婚后，也可以追回财产权益！

如果离婚后才发现自己的财产权益受到侵害，或者有未分割的夫妻共同财产，那你依旧有权利主张分割。这就是财产权益救济的问题了。

1. 财产追偿。这种情况主要是针对损害夫妻财产的情况。如前文所述，贾琏隐藏、转移、变卖、毁损夫妻共同财产，或伪造债务，凤姐离婚后才发现贾琏的这些行为，那么凤姐依旧有权请求再次分割这些被隐藏、转移、变卖毁损的共同财产，也就是追偿自己的财产权益，但是我要提醒一点，一旦发现就必须在两年内提起新的诉讼，否则过了时效，权利就不再受法律保护。

2. 未处理分割。如果贾琏和凤姐是协议离婚，但是在离婚协议里遗漏了夫妻共同的财产。比如，贾琏在婚姻存续期间继承父亲的1套房产，离婚的时候双方没有分割，离婚后凤姐依旧可以主张分割。再比如，我们之前提到的涉及借名、代持等涉及第三人权益的财产，在离婚案件中法院一般不处理。如果离婚后这些财产被确定是夫妻共同财产，那么双方依旧可以重新进行分割。对于未处理的或者遗漏的财产，一般没有时间限制，不过同样建议越快处理越好。

3. 欺诈胁迫协议撤销。比如在协议离婚的时候，贾琏以欺诈、胁迫的方式让凤姐在离婚协议上签了字。那么，签字离婚的一年内对于财产分割的部分，如果凤姐想反悔，是可以请求法院变更或者撤销该协议的。一旦欺诈、胁迫事实确定，离婚协议中关于财产的部分便可变更或者撤销，凤姐就可以要求重新分割。

如何争取孩子的抚养权？

“孩子是妈妈的心头肉。”

“孩子和妈妈是过命的交情。”

“孩子就是妈妈的全部。”

……

这是不少女性客户跟我说过的话，也是很多母亲的心声。前几年，姚晨和马伊琍联合主演的电影《找到你》，两个女人，两个家庭，两种命运，但对于孩子的爱，却都是义无反顾的，尤其是同为女律师的姚晨，面对离婚，为了争取孩子的抚养权，在工作和家庭两边艰难往返，在孩子丢失后极度崩溃，让人无比动容。

正应了那句话：为母则刚。

作为母亲如何争取孩子的抚养权？如何为孩子争取更多权益？为了争取孩子的抚养权，哪些让步是必要的，哪些是不必要的？万一争取不到孩子的抚养权该怎么办？这些都是离婚过程中必须思考和面对的问题。

§ 协商确定，可以轮流抚养吗？

夫妻离婚，对于孩子抚养，一般是由一方直接抚养，对方支付抚养费的方式确定。与抚养权相对应，对方的探望权也要约定清楚，探望的时间、地点、方式，都可以进行约定，避免离婚后产生新的纠纷。比如，贾琏和凤姐离婚的时候，双方就约定贾琏每个月探望不少于4天，周末探望可以接走，寒暑假可以带孩子旅游或者接到家里，这种约定就比较详细，比较好执行。

不过，也有父母双方都想要抚养孩子，都不想错过孩子成长的情况。这个时候，双方也可以约定轮流抚养，但前提是必须有利于保护子女利益，也就是说不能影响孩子的健康成长，保障孩子充分地享受母爱和父爱，减少离婚对孩子的伤害。司法实践中，有的法院也是支持这样的约定的，但是也要结合双方的实际情况，比如，居住地的远近，是否方便执行等。巧姐就读的初中离凤姐家比较近，凤姐来抚养自然合适，后来巧姐上高中了，高中的学校刚好在贾琏家隔壁，贾琏提出孩子读高中时由他来抚养，凤姐也是同意的。记住，只要是为了孩子好，都可以协商。

§ 协商不成，法院一般会如何判？

这也是很多人关心的问题。一旦协商不成，那就面临离婚诉讼。对于孩子的抚养权归属问题，要结合孩子的年龄段来区分。

1. 2岁以内的孩子。大多还处于哺乳期，通常是由女方直接抚养较为适宜，除非女方不愿意抚养，或者有不适宜抚养孩子的情况，比如患病、无固定收入和居所等。

2. 8岁以上的孩子。8岁是一个界限。现在孩子发育都比较好，智商也比较高，8岁的孩子基本都有自己的判断了，所以随父亲生活还是随母亲生活就要征求孩子自己的意愿。但这其实对孩子挺不公平的，所以不到万不得已，千万不要让孩子有太重的心理负担，还是和平协商比较好。

对孩子施压的错误示范

“你一定要选妈妈，妈妈对你这么好，只有妈妈爱你！”

“没有你，妈妈可能活不下去……”

“我没有你爸爸有钱，你想要荣华富贵就选他，跟着我呢，可能要吃苦，你自己定。”

3. 2~8岁的孩子。这个阶段的孩子是离婚纠纷中抚养权争议最多的。这就要结合父母双方的情况，法院考虑的重点也是孩子的利益最大化，评估的因素，正如我帮凤姐分析的，基本的经济能力，稳定的生活环境，满足孩子基本的生活和学习条件，有利于孩子身心健康成长。所以全职太太或者收入不高的妈妈们也别担心，并不是说谁有钱谁学历高，法院就一定会把孩子判给谁。

除了以上刚性的参考因素外，还有比较弹性的参考因素：

弹性因素

1. 自己有充分的时间照顾孩子；
2. 自己的父母可以帮忙照看孩子；
3. 离婚后自己抚养，孩子的生活习惯及环境不会有太大改变。

除了自身的这些弹性因素外，还有对方的不利因素可参考：

对方的不利因素

1. 对方有严重过错，比如重婚、私生子、家暴、虐待遗弃家庭成员，不利于抚养孩子；
2. 对方有赌博、吸毒、酗酒等不良的生活习性，显然不利于抚养孩子；
3. 对方患有严重传染性疾病或者其他重病，无法抚养孩子；
4. 对方工作太忙，经常出差加班，很难自己照顾孩子。

这样就能从正反两方面为自己争取孩子的抚养权加分！当然除了这些直观的因素外，法官有时候还会从孩子成长的角度考虑，比如父母有没有教育孩子的意愿，有没有陪伴督促孩子学习的时间和能力等。总之，确定孩子抚养权是从孩子的利益出发，综合各方面因素得出的一个结果。

需要提示一下，虽然孩子由谁照顾比较多，或者当下由谁照顾会是有利因素，但也不是绝对的。有些家庭，尤其是爷爷奶奶、姥姥姥爷怕争取不到孩子抚养权以后见不到孩子了，就去抢夺藏匿孩子，这其实没必要，对孩子也不好，这样做还有可能承担法律责任。建议不要做这样的事！

§ 两个孩子都能判给一方抚养吗？

很多情况下，如果是两个孩子，或者更多，在保证子女利益的前提下，一般会在父母之间做一个分配，比如一人抚养一个等，保证双方都有孩子抚养，避免一个人抚养压力太大，也无法充分照顾孩子。不过这不是绝对的，因为很多情况下，兄弟姐妹，尤其是双胞胎、多胞胎孩子，从小在相同的环境中长大，感情也比较好，如果因为父母离婚非要把他们分开，对他们来说，也是一种情感上的巨大伤害。因此，出于对孩子身心健康的综合考虑，条件允许的情况下，法院也会考虑把子女判给一方来单独抚养。

§ 确定后的抚养权还能变更吗？

当然可以！如果男女双方生活工作情况甚者经济情况发生了变化，心境也发生了变化，那么为了孩子成长，也可以协商变更抚养权。当然，如果一方坚持变更，另一方不同意或者无法协商一致，也可以通过法院诉讼变更抚养权，但必须符合一定的具体条件：

1.抚养一方身体患病或者残疾，无能力继续抚养。

2.抚养一方工作发生变化，破产失业了，无条件继续抚养。

3.抚养一方不尽抚养义务或有虐待子女的行为，或其生活习惯不好，与子女共同生活对子女的身心健康确有不利影响。

4.抚养一方不亲自抚养孩子，而是交由他人代为抚养。

5.8周岁以上的未成年子女，表示愿随另一方生活，而另一方也有抚养能力。

6.不适合抚养孩子一方的条件发生变化，比如疾病治好了，工作稳定了，收入提高了，有住房了，有能力抚养了等。

出现以上这些情况，是可以申请变更抚养权的，但必须举证证明直接抚养一方的不利条件和另一方的有利条件，否则法院是不会支持的。

§ 如果没有争取到孩子抚养权，如何保障探望权？

探望权是法律规定的父母的权利，就是离婚后，不直接抚养子女的父母一方，有探望子女的权利，另一方有协助的义务。如果对方不协助、不配合，可以申请法院强制执行。当然了，探望权执行的标的毕竟是孩子，所以不能对孩子进行强制，最好协商处理。最常出现的情况是，一方获取抚养权后不让对方探望，或者干脆直接将孩子藏匿起来，不让对方探望，这就要负法律责任了。如果法院参与强制执行，对方依然拒不履行协助另一方行使探望权，根据情节轻重，法院一般会对其采取拘留、罚款等强制措施。

在探望权执行上，如果孩子不满8周岁，那就按照离婚协议或者判决上确定的时间和方式执行，但如果孩子已经年满8周岁，有自己的意愿了，那么法院的执行工作人员也会征求孩子的意见，避免对孩子造成伤害。所以，探望权的行使，双方还是尽量协商配合。

§ 探望权可以中止吗?

如果一方的探望行为不利于子女身心健康，或者有给子女的身心造成损害的风险时，那么直接抚养的一方就可以申请法院中止探望。这是法定的中止理由。自然也要符合一定条件，比如，探望人患有严重传染性疾病或者其他严重疾病，可能危及子女健康的；探望人在行使探望权时对子女有侵权行为或者犯罪行为；探望人与子女感情严重恶化，子女坚决拒绝探望的。当然，探望中止后，如果这些情况消灭了，不存在了，也是可以申请恢复的。

§ 离婚后抚养孩子的女方能不能单方为子女改姓?

作为母亲一方，离婚后往往有让孩子脱离父亲的想法，想让孩子随自己的姓，但是受传统文化的影响，父亲一方往往不同意，从而引发纠纷。尽管法律规定孩子可以随父姓，也可以随母姓。这一般是在新生儿上户口的时候，不过姓名登记以后也是可以变更的，但前提是父母双方都同意，如果一方不同意，对方擅自变更子女姓氏，法律也是持保留态度的。因此如果离婚后想要为子女变更姓氏，最好在离婚协议中写清楚。

抚养费如何确定？

父母对子女有抚养教育义务，父母不履行抚养义务时，未成年的或不能独立生活的子女，有要求父母给付抚养费的权利。父母离婚后，一方抚养子女，另一方应负担必要的生活费和教育费的一部分或全部，抚养费用的多少和期限的长短，由父母双方协商确定。协商不成的时候，交给法院裁判。

§ 抚养费如何约定？

抚养费一般包括生活费、教育费、医疗费等费用。具体数额由双方约定，约定给多少都行，只要双方同意。但约定的抚养费具体包含的内容，还是要慎重考虑。最常见的做法是，对于基本生活费、教育费和医疗费有一个笼统的约定数额，对于过高的费用支出则按照实际发生时的具体数额进行给付。比如，贾琏和凤姐就约定，巧姐由凤姐直接抚养，贾琏每月给付

1万元抚养费，如果有大额的教育、医疗支出，则待实际发生的时候凭票据另行分担支付。当然了，如果不考虑非正常的大额支出，也可以直接约定一个固定的抚养费数额，包含全部的费用，这对于抚养一方来说，就会有一定的过高支出风险。

除了抚养费内容，对于抚养费的给付方式也要约定清楚，一般是定期分期给付，比如每月1号或者最后一天支付当月的抚养费，或者每季度、每半年、每一年支付一次，当然，有条件的可一次性给付。重点提示两个问题：

1. 不要意气用事，约定独自抚养。有的女性朋友一心想尽快地争取孩子的抚养权，就在财产上妥协，甚至承诺由自己独自抚养孩子，不让对方再管，更不让他付抚养费。这种做法，不建议，更不赞成。离婚时生气、冲动，要独自抚养孩子，不让对方参与，后来孩子的花费越来越大，会是沉重的负担。那时该怎么办？其实抚养孩子不仅是父母双方的义务，更是孩子的权利，你不能代替孩子决定放弃这个权利，这对孩子也不公平。如果因为一方的过于忍让或者强势，免除了对方的抚养义务，进而影响孩子的正常生活和合法权益，那对孩子的伤害更大。

2. 放弃财产份额冲抵抚养费要明确。如果达成协议，由对方独自抚养孩子，你以放弃财产份额的方式支付抚养费，那么你要将约定方式写清楚，放弃的财产份额冲抵的抚养费数额要写清楚，避免模模糊糊，万一将来他再起诉你要抚养费，而你又说不清楚，就很难处理了。

约定抚养费的注意事项

1. 不要意气用事，约定独自抚养；
2. 放弃财产份额冲抵抚养费要明确。

§ 抚养费的标准是什么？

抚养费主要参考子女的实际需要、父母双方的负担能力和当地的实际生活水平确定。有固定收入的，抚养费一般可按其月总收入的20%~30%的比例给付，负担两个以上子女抚育费的，比例可适当提高，但一般不得超过月总收入的50%；无固定收入的，抚养费的数额可依据当年总收入或同行业平均收入，比例和固定收入一样；有特殊情况的，可适当提高或降低上述比例。

1. 子女实际需要如何界定，尤其是节节攀升的教育费用？

孩子实际需要的费用中，基本的生活费其实好估量，通常争议点是在教育费用上。现在父母都很重视孩子的教育问题，都不想让孩子输在人生的起跑线上，有的孩子两岁多就送去幼儿园了，还要读私立幼儿园或者国际幼儿园，一年学费几十万，花费真是不菲。对于教育费用如何界定呢？其实，孩子是没有主观的意思的，也没有清晰的判断，主要还是直接抚养孩子的父母一方的认知，如果完全不限制，很可能出现任意扩大的教育问题。所以，从法律的角度来说，一般也是支持必要的教育。所谓必要教育，主要是结合孩子的年龄、学习教育的内容、一般正常的学习教育的支出来综合判断。比如，凤姐会给孩子报兴趣班、辅导班，如果是一两项，这也合理，但是钢琴舞蹈书法绘画英语计算机人工智能甚至编程等，每样都要报一个，显然就是过度教育了，如果贾琏不愿意负担由此产生的额外教育支出，那么凤姐起诉到法院，法院是不支持的。

2. 父母的负担能力如何考量?

在子女需要的前提下，还要考虑父母的负担能力，如果父母本身无法负担这么多，或者支付完抚养费之后已经影响他自己的基本生活了，肯定也不现实。举个例子，巧姐是上普通幼儿园还是上国际幼儿园，是上 1 个辅导班还是上 2 个甚至 10 个辅导班，这要看贾琏收入的具体情况。关于收入，一般是参考固定收入或者月平均收入，如果收入渠道比较多，也会考虑整体收入。所以如果凤姐以教育费用高为由要求贾琏支付过高的抚养费，那凤姐就要举证证明贾琏的收入完全可以承担。

抚养费确定后可以申请增加吗?

1. 对子女来说，只要申请增加数额是合理的、必要的!
2. 对支付抚养费的父母来说，只要收入大幅度增加!

§ 孩子 18 周岁之后的抚养费怎么办？

这其实就是成年子女的抚养费问题。根据法律规定，抚养费一般是支付到孩子18周岁为止。也就是说，18周岁以前是法定义务，18周岁之后，是道德义务。根据我们国家的实际情况，一般是抚养到大学毕业甚至研究生毕业，参加工作能够独立生活为止。这个要根据双方的约定，如果到了18周岁以后，孩子依然还在学校未能独立生活，对方如果不愿意承担这个费用，申请到法院，法院多数也是会支持的。如果之前没有约定，那就不好说了，毕竟上不上大学其实很难说，这是一个待定的问题，而不是确定的问题，所以如果不是实际发生了，法院一般也不会提前确定支持。而且司法观点也不统一，有的认为，在全日制大学就读的成年子女，完全可以通过助学金、奖学金、助学贷款和校内勤工俭学等形式独立完成学业。如果成年子女以上学、读研、读博来逃避工作，这就要看父母的个人意愿了。

§ 离婚后，对方不支付抚养费怎么办？

1. 申请强制执行。现实生活中，由于各种因素，对方不按时支付，甚至不支付、拒绝支付抚养费的情况时有发生。这个时候，其实是可以申请法院强制执行的。根据法律明确规定：如果离婚后一方不支付抚养费，那么另一方可以向一审法院申请，由一审法院对不执行判决的一方进行教育、警告，促其履行抚养子女的义务。如果该当事人方仍然不听劝告，不接受教育，拒不执行判决，那么另一方当事人可以向一审法院提出申请，要求强制执行。

2. 强制执行期限。请求支付抚养费，没有诉讼时效的限制，[①]所以，无论是多长时间之前的抚养费，都可以申请强制执行。

3. 强制执行方式。父母一方向法院申请执行抚养费判决或者调解书的，就像刚刚我提到的，一般是通知对方尽快支付，并进行批评教育，督促支付。但如果依旧不执行，或者拒绝执行，那么法院就会采取强制措施了，具体强制措施一般有以下几种：

（1）查询、冻结、划拨存款。法院向银行等机构查询对方的存款情况，一旦发现有存款，就会进行冻结或者直接划拨。冻结是指不准他提取或转移，划拨是指直接要求银行机构根据执行书、决定书的数额划入申请执行人，也就是直接抚养人一方的账户内。

（2）扣留、提取收入。不直接抚养人未按执行通知履行法律文书确定的义务，那法院就可以根据情况直接扣留、提取他的收入。

（3）查封、扣押、拍卖、变卖被申请执行人的财产。如果

① 《民法典》第一百九十六条　下列请求权不适用诉讼时效的规定：（一）请求停止侵害、排除妨碍、消除危险；（二）不动产物权和登记的动产物权的权利人请求返还财产；（三）请求支付抚养费、赡养费或者扶养费；（四）依法不适用诉讼时效的其他请求权。

没有存款或者其他收入，那法院也会根据情况通过查封、扣押、拍卖、变卖的方式强制执行。查封是一种临时性措施，就是对他的部分财产贴上封条，就地封存，不准任何人转移和处理的执行措施。拍卖是以公开的形式、竞争的方式，按最高的价格当场成交，出售一方的财产。如果流拍，也就是拍卖程序没有人买，那也可以直接变卖，以所得价款支付应支付的抚养费。

（4）搜查隐匿的财产。如果在执行过程中没有发现财产，但是直接抚养人发现对方有其他的藏匿转移财产，那在提供财产线索的情况下，法院可以进行搜查。

这些是最常见的，除此以外，还有加倍支付迟延履行期间的利息和支付迟延履行金等强制执行措施。

离婚协议，如何签署？

如果婚姻的危机无法解除，问题无法解决，那最好的结局就是协议离婚，好聚好散，一别两宽，不必追究谁对谁错。因为有时候，走进旷日持久的离婚大战，不是伤害对方，而是消耗自己。所以协议离婚无论是从时间成本还是精神成本来说，都是首选。

§ 协议离婚的条件

1.夫妻双方均有离婚的合意，也就是说都同意离婚。如果只有一方同意，那么就不适合协议离婚。

2.双方均是完全的民事行为能力人。如果一方患有精神疾病或者其他疾病，无法完全辨认自己的行为能力，那么这种情况下就必须进行诉讼离婚了。

3.就子女抚养和财产分割问题达成一致。这是离婚协议最重要的内容。如果你们双方只就离婚达成一致意见，但是对孩子抚养权及财产分割问题依然有争议，那就只能进行诉讼离婚了。

4. 以领取离婚证为准。一些朋友认为只要签署了离婚协议，那就是离婚状态了，其实不是，如果没有到民政局进行审核备案，发放离婚证，你们就依然是合法的夫妻关系。所以说协议离婚、取得离婚证，才算正式解除婚姻关系。

§ 协议离婚与离婚冷静期

不少朋友会问，离婚麻烦吗？大概需要多久？离婚大概要花多少钱？每每遇到这样的问题，我都只能告知，如果去民政局协议离婚，准备好身份材料和协商一致的离婚协议，也就是几块钱的事，整个流程顺利的话也就半小时。听完也许你不相信。但结婚自由，离婚也自由。当然，为了避免冲动离婚，新的《民法典》设置了离婚冷静期。[①]于是就有了关于离婚的步骤：

1. 申请离婚登记。比如，贾琏和凤姐要离婚，必须先向婚姻登记机关递交离婚登记申请。

2. 冷静期。提交登记申请后有一个30天的冷静期。30天

---

① 《民法典》第一千零七十七条　自婚姻登记机关收到离婚登记申请之日起三十日内，任何一方不愿意离婚的，可以向婚姻登记机关撤回离婚登记申请。前款规定期间届满后三十日内，双方应当亲自到婚姻登记机关申请发给离婚证；未申请的，视为撤回离婚登记申请。

内，凤姐和贾琏任何一方都可以向婚姻登记机关撤销离婚申请。也就是说，在这个冷静期内，凤姐和贾琏可以再认真、慎重地考虑，要不要离婚？该不该离婚？离婚是不是自己的真实想法？从而避免冲动离婚。

3. 申请离婚证。过了30天的冷静期，贾琏和凤姐如果依然坚持离婚，两人就必须在新的30天内，也就是从离婚申请之日起第31~60天内，亲自到婚姻登记机关申请离婚证。如果两人没有共同去申请，则视为撤回离婚登记申请。

虽然离婚冷静期引起了全民关注，某种程度上让离婚没那么“快捷”了，但无论如何，在避免冲动离婚的前提下，协议离婚都是最简单直接的离婚方式。

§ 离婚协议如何约定？

细化梳理，条条列清。

1. 财产要梳理清楚，指向明确，避免漏项。对于要分割的夫妻共同财产，都要涉及到，避免遗漏重要财产，如果将来再要求分割，就比较麻烦。存款理财一定要详细列举，指向明确，写清楚银行账号余额等。因为很多时候你并非了解对方名下的全部财产，将自己知道的列举清楚，为不知道的账户财产留有分割的权利。股票账号要写明代码、账号、开户机构等，约定清楚分割或者折价补偿的方案。

2. 公司股权也要慎重处理。是分割股权成为股东，还是主张折价款，都要想好，调查清楚有没有障碍。

3. 房产分割要考虑过户和搬离的问题。虽然过户和搬离是辅助义务，但是如果登记在对方名下的房产约定归你所有了，离婚后对方一直不配合过户，也不搬走，那么你会陷入很被动的局面，尤其是在房屋还有贷款的情况下，只要对方不配合，你仅凭一份民政部门盖了章的离婚协议，是无法独自完成产权过户手续的，因此建议在离婚协议中明确约定，如果逾期不办理房屋过户手续，就要支付一定数额的违约金，以此督促对方即时搬离并积极配合你办理过户。

4. 债权债务最好也写清楚具体债权人或者债务人。尤其是债务，一定要列举完全，并注明双方再无其他共同债务。这主要是为了避免离婚后，对方又提出尚有巨额债务，或者你被第三人突然起诉，要求偿还夫妻共同债务。

5. 经济补偿款与财产分割中的价值补偿款一定要区分。比如有的协议中男方因为自己有过错同意补偿女方50万元，但是与财产折价款混同，直接约定男方给付女方折价款、经济补偿款等共计100万元。那么一旦对方不履行，到底财产补偿款多少，经济补偿款多少，说不清楚，就会引发新的纠纷。

6. 抚养费内容要明确。一般包括生活费、教育费，但是对可能出现的医疗费支出或者大额的教育支出，也要事先约定好，比如一人负担一半。

7. 抚养费的支付方式和时间要明确，而且最好约定高额违

约金。如果对方不及时支付抚养费，申请法院强制执行的话，周期太久，时间成本太高，倒不如提前约定违约金，对对方也是一个督促。

8. 对抚养的时间约定清楚。一般法律规定抚养孩子到18周岁止，但是孩子18周岁刚上大学，没有独立生活的能力，所以对于孩子上大学的费用也要事先约定一下，避免今后需要时，又没有依据。

9. 对于探望权要约定详细。如果对方抚养孩子，那你探望孩子的方式、次数都要约定好。而且也可以约定变更抚养权的情况。比如，约定如果对方不照顾孩子，或者不直接照顾孩子，就可以变更抚养权。

§ 离婚协议中常见的坑

1. 避免“无共同财产分割”这样的约定。很多时候是否真正没有共同财产，离婚的时候你是无法确定的。所以这种表述一定要避免，除非双方十分确信。

2. 避免“各自名下的财产归各自所有”这样的表述。和第一种情况一样，双方经济地位不同、信息不对等，尤其是经济上处于弱势的女性，比如全职太太，多数是不清楚配偶真正的财产状况的。一旦这样约定，很可能丧失巨大的财产利益。

3. 兜底条款的措辞一定要慎重。有的朋友为了谨慎起见，专门写一个兜底条款，比如双方再无其他财产纠纷，双方再无其他财产分割，这些描述其实都不准确。如果一定要写兜底条款，最好写上双方就上述财产分割再无争议，上述财产单指上述离婚协议中已经列举的这些财产。

§ 离婚协议能不能约定财产归孩子所有？

财产尤其是房产归孩子所有，这也是离婚协议中常见的约定，往往也是双方对财产分割的一个折中和妥协的方案。从性质上来说，虽然是财产赠与子女的条款，但是其实也属于财产分割协议，是以离婚为条件达成的财产分割协议。因此一旦离婚，除非双方都同意撤销，否则这种协议不能随意单方面撤销。也就是说除非双方同意，否则是不能反悔的。如果存在欺诈、胁迫等情形，那就另说了。

§ 离婚协议签订后未领离婚证还有效吗？

前文我也提到，签署了离婚协议，并不代表双方已经离婚了，只有到民政局领了离婚证，或者到法院确定协议离婚，领取了判决书或者调解书，那才算真正的离婚。

很多人要问了，已经签署的离婚协议还有效吗？离婚协议是以离婚为主要内容的协议，如果没有离婚，自然不能生效，即使你们已经签字了。当然如果双方依旧以该协议内容为准，再次到民政局协议离婚或者到法院诉讼离婚时，双方都认可该协议的内容，那就代表你们重新确认协议内容。

§ 离婚协议可以撤销吗？

没领离婚证的离婚协议可以随时撤销，但是一旦完成离婚程序，民政局已有备案，离婚协议自然就不能随意撤销了。不过，如果签订离婚协议的时候存在欺诈胁迫的情形，涉及财产的部分一年内可以反悔，并申请法院变更或者撤销该财产协议。除此之外还有一种途径维护财产权益，简单来说，就是离婚后发现有未分割的财产，或者发现遗漏了重要财产，那么可以请求再次分割。对于离婚后发现一方有隐藏、转移、变卖、毁损夫妻共同财产或者伪造债务，企图侵占另一方财产的，也可以请求再次分割。请求再次分割的诉讼时效是两年，你可以从发现漏分财产或者对方转移隐藏财产的行为次日起计算。

诉讼离婚，有何条件和限制？

离婚谈判总要有一个结果，要么达成一致意见，和平离婚，要么无法达成一致意见，比如对财产分配争议太大、孩子抚养权互不相让，这个时候，如果一方坚持离婚，就只能通过诉讼的方式解决。无论是主动诉讼，还是被动应诉，在整个诉讼过程中，都需要好好把握和利用程序权利及调解因素，从而达到想要的结果。

§ 如何提起诉讼离婚？

1. 向哪个法院起诉？一般情况下，诉讼离婚一定要向被告住所地的人民法院起诉，而不是单纯在户籍所在地起诉。被告住所地与经常居住地不一致的，要向经常居住地的人民法院起诉。

2. 经常居住地如何认定？法院一般是通过暂住证、村民委员会和居民委员会出具的居住证明，以及其他的一些居住生活的证据材料进行综合认定。

3. 能不能向原告居住地的法院起诉？如果被告不在国内或者下落不明，宣告失踪了，或者被监禁、被采取强制措施了，那可以向原告所在地，也就是你的经常居住地的法院起诉。

§ 法院支持离婚的条件

法院判决是否解除婚姻关系有一个最重要的标准，那就是夫妻感情破裂。感情状况本来就没有一个可以直接参考的标尺，很多情况下，法官也是从婚姻基础、婚后感情状况、主张离婚原因、夫妻关系的现状、有无和好的可能等方面综合分析。依据法律规定以及司法实践，认定感情破裂的因素，归纳起来有9种。

1. 一方重婚，另一方可以提出离婚。比如，贾琏和凤姐结婚了，然后又和尤二姐结婚，或者虽未结婚也以夫妻名义长期同居，这就是重婚，凤姐可以直接起诉离婚。

2. 长期与他人同居。比如，贾琏和尤二姐长期同居，同样违反了夫妻忠诚的义务。作为无过错方，凤姐如果因此提出离婚，主张夫妻感情破裂，一般是会被支持的。这里的同居，是指不以夫妻名义持续稳定地共同居住。如果是以夫妻名义长期同居，那么就有可能构成第一种的事实重婚。

3. 有赌博、吸毒等恶习，且屡教不改的。如果影响共同生活和夫妻感情，长期不履行家庭义务，一般也会认定为夫妻感情破裂。

4. 实施家庭暴力或者虐待遗弃家庭成员的。关于家庭暴力，我们在“家暴婚姻”中详细介绍过，一般是指以殴打、捆绑、残害、强行限制人身自由或者其他手段，对另一方的身体、精神等方面造成一定的伤害后果。持续性的经常性的家庭暴力构成虐待。如果有这些情况，受害方提出离婚也会得到法院的支持。

5. 因感情不和分居满两年。分居两年是法定的认定夫妻感情破裂、夫妻关系已经名存实亡的标准。符合条件，一般法院也是会准许离婚的。分居的具体含义，是指夫妻双方不再共同生活、互相履行夫妻义务的情况。如果是由于工作学习等原因造成的分居，这不是法律意义上的分居。此外，现实生活中很多夫妻感情出现问题后，采取了分居不分家的方式，这个时候如果对方也认可你们是分居的状态，那就没有问题，但是如果你想提出离婚，对方不同意，不认可你们是分居的状态，那么你举证就很被动了。所以郑重建议，如果离婚态度特别坚决的话，就彻底分居，最好不要采取分居不分家的模式，而且分居的状态一定要持续，最好别间断。

6. 闪婚闪离。闪婚很常见，闪离也常有。如果是闪婚，婚前缺乏了解，草率结婚，婚后未建立起夫妻感情，而且双方矛盾较大，实在难以共同生活，即使分居未满两年，也是可以认定为夫妻感情破裂的。

7.对方下落不明。如果对方下落不明满两年，找不到人又没有任何音信，你起诉离婚，经过法院的公告程序查找，确实找不到他的，法院一般也会准许离婚。

8.对方因刑事犯罪依法被判刑。对方如果因刑事犯罪，依法被判处有期徒刑，失去人身自由，自然会影响夫妻生活和感情。如果你提出离婚，也是会被准许的。即使不是判刑的问题，而是违法犯罪行为本身严重伤害了你的感情，造成夫妻感情破裂，那也是可以要求离婚的。

9.对方身体原因，无法过正常的夫妻生活。对方患有疾病或者有生理缺陷，或者其他的原因，造成你们无法过正常的夫妻生活，且难以治愈的。这种情况下，如果证据充分，经过法院的审查，确实能够证明这种疾病治疗难度特别大，那这种情况也可以作为感情破裂的认定标准。

§ 重新起诉离婚有时间限制吗？

对于离婚的案件，其实是可以随时起诉的，起诉之后也随时可以撤诉，撤诉之后也可以重新起诉。但是重新起诉，程序上会有一定的要求。比如，法院判决不准离婚和调解和好的离婚案件，没有新情况、新理由，作为原告在6个月内又起诉，法院不予受理。再者，如果是你撤诉或者你起诉后不去参加开庭审理，抑或不交诉讼费，案件按撤诉处理了，那如果没有新情况、新理由，6个月内又起诉的，法院也不予受理。总结一下：如果是你起诉后撤诉，按撤诉处理。判决不准离婚，以及法院调解和好，你又希望继续起诉离婚的，如果没有新的情况，新的理由，那么必须在撤诉、按照撤诉处理、调解以及法院判决生效之日起的6个月以后，才能再重新起诉。当然如果是出现了新的情况，比如对方出现家暴、吸毒、犯罪等，你就可以突破6个月的限制，再次提起诉讼。

§ 男方不得提起离婚的情况

女方在怀孕期间，分娩后一年内或者终止妊娠后6个月内，男方是不得提出离婚的，因为这个时期胎儿或者婴儿正处于发育阶段，女方的身体也正是需要呵护或者康复的阶段。如果这个时候男方提出离婚，显然会对女方造成严重的伤害，也不利于孩子的成长。所以如果男方起诉离婚，法院是不会受理的。不过如果是女方提出离婚，或者法院认为确实有必要受理男方的离婚请求的话，那就另当别论。

婚姻练习场

离婚的周期和成本你了解吗？

当原告或被告，如何进退有序？

§ 主动诉讼，如何争取先机？

离婚谈判久谈无果，或者对方一直敷衍了事，无法达成一致意见。这个时候，如果你坚定了离婚的决心，大可以主动应诉。

1. 缩短时间成本

离婚诉讼，如果没有法定的离婚情况，比如重婚或者有配偶者与他人同居、家暴或虐待遗弃家庭成员、有赌博吸毒等恶习屡教不改的、因感情不和分居满两年等法定情况，那么首次起诉可能不被支持。但是，不被支持也并不代表起诉就没有意义。首先，主动起诉，表明你离婚的决心。其次，对方如果不同意离婚，肯定会表示还有感情，还有挽回的可能，那么他就必须做出一些修复关系的行动。否则，第二次起诉就有可能被判离婚。即使第二次依旧没有被支持，可是你6个月后再起诉，这已经是第三次了，足见你离婚的决心之大，而且，这一年时间，对方没有任何修复的努力，那法官也没有理由不支持你离婚。这比你制造法定的分居满两年的客观条件，是不是足足缩短了至少一年呢？

2. 赢得诉讼先机

我们做好离婚评估，做好财产梳理和规划，就是为捍卫自己的权益做准备。这个过程可能是一个月、两个月甚至一年半载。因此，从程序利益上来说，做好了扎实的财产梳理和证据准备，然后果断起诉，而对方被动应诉，严格按照法律规定的答辩期，准备的时间也只有15天。我们可以想象一下，他能够像你一样做好财产梳理吗？能够把证据搜集得足够扎实充分吗？能够实现个人财产和夫妻共同财产的完全隔离吗？不能说肯定不能，但是相对来说，绝对没有你有时间优势。举个例子，凤姐起诉离婚，贾琏应诉，他想要主张婚后父母出资的房子是他个人的，和凤姐没有关系，那么他至少要提供房款出资来源、首付款支付、房屋还贷的银行流水、装修的票据、买家具的收据等证据，这些都要一项项梳理提供。如果时间太久，有些资料无处查找，就会非常被动。

再举个例子，凤姐和贾琏婚后的大部分财产都由贾琏控制，他又不承认这些财产，但机智如凤姐，早就掌握了贾琏的银行账号、股票代码等财产线索，申请法院调取即可，贾琏再不情愿，在证据面前也无可奈何。另一方面，既然贾琏控制了大部分的财产，极有可能出现转移、藏匿、私自处分财产的想法。如果在诉讼之前，他已经进行一些看似合理的转移，那没有办法控制。但是，在诉讼期间，转移个人名下资产的行为，要承担诉讼后果——不分或者少分。从这个角度来说，如果双方已经进行过离婚谈判，确实担心对方有转移、藏匿财产的行为，那么可以通过诉讼，直接提起诉前或者诉讼财产保全申请，一旦申请被支持，就可以对财产进行查封、扣押、冻结，让对方没有转移的机会。当然了，对方也许会以不同意离婚为由，为自己争取半年的时间，好做财产规划。但这是主张的感情破裂期间，进行大额资产的转移、处分都需要有特别合理的解释，比如用于夫妻共同生活、共同经营、必要的义务支出等，否则也同样会有被认定为恶意转移、处分财产的可能性，从而要承担不利后果。所以，如果做好了准备，就果断提起诉讼，掌握先机，为自己争取更多权益。当然也要提醒一下，诉讼保全是程序性和专业性很强的法律行为，最好请专业人士协助处理。

这是财产方面的考虑，从孩子抚养权来说，如果双方抚养孩子的条件势均力敌，那就主要看证据。既然你做好了准备，不仅梳理自己有利的证据，还梳理了对方不利于抚养孩子的充分证据，此时提起诉讼，对方措手不及，那证据上自然也会十分被动，至少很难收集到你不利于抚养孩子的一些证据。

§ 被动应诉，如何后发制人？

同样从诉讼周期的角度考虑，有时候双方都想离婚，但是又无法很快达成一致意见，如果你起诉，又担心对方可能会以感情还没有破裂，不同意离婚为由无故拖延时间。这个时候，倒不如引导对方起诉，然后应诉表示同意，从而推进离婚进入实质程序。其次，从诉讼利益考虑，你需要对财产做充分的梳理准备，需要和孩子培养更深的感情，创造更为有利的争取抚养权的环境和条件，那么，以不变应万变，才是最佳诉讼策略。如果事先没有任何准备，突然接到对方起诉离婚的通知，或者突然接到法院发来的对方起诉的诉状和传票，那也不要慌张，最主要的还是核心的需求和底线，做好准备，理性应诉即可。

1.如果不想离婚，那就好好利用法官调解。离婚案件必须调解，如果你想好了，暂时还不想离婚或者坚决不同意离婚，那么按时应诉，表明态度，依托法官以及调解员的丰富经验，说不定能够帮助你们化解争议，缓和矛盾。很重要的一点是，不能大吵大闹甚至大哭，而是要诚恳地向法官、调解员表达你想修复婚姻、挽救婚姻的诚恳态度。

2.如果可以离婚，那就利用诉讼时机，进行有效谈判。既然对方起诉，那自然是离婚心切，比较着急。处于离婚的琐碎和烦琐的过程中，可能双方心情会受影响，也许会更焦虑。这个时候，可以庭下好好谈判，利用时间成本、社会影响等砝码，让对方在财产和孩子抚养权等方面适当让步或者妥协。这个时候，如果仅仅是针对财产和孩子抚养权达不成一致意见，也可以求助法官进行协商谈判，法官经验比较丰富，往往能够引导对方说出最关注的点或者离婚的底线，在法官的主持下，谈判协商的效果也许会更好。

3.如果准备不充分，好好利用6个月的冷静期和缓和期。这个前文介绍过，在没有法定离婚事由的情况下，首次起诉不会直接判决解除婚姻关系的，再起诉只能等6个月之后。而这个时期一般称为冷静期、缓和期，更是修复期。所以，不想离婚，你就采取行动，尽力修复，尤其是不能维持分居的状态。考虑离婚，那就利用这个期间梳理财产、准备证据，为下次应诉做好充分的准备，变被动为主动。

如何为自己争取更多的利益？

§ 为家庭付出较多，如何请求经济补偿？

我在第1章中详细提到过家务劳动价值补偿。《民法典》第一千零八十八条规定：夫妻一方因抚育子女、照料老年人、协助另一方工作等负担较多义务的，离婚时有权向另一方请求补偿，另一方应当给予补偿。具体办法由双方协议；协议不成的，由人民法院判决。从该规定来看，家事劳务价值补偿有如下考虑：一是适用时间为离婚之时；二是平等地适用于夫妻双方中承担家事劳务较多的任何一方；三是家事劳务内容包括抚育子女、照料老人、协助对方工作等。

因此，如果你因抚养子女，照顾老人，协助对方工作付出较多，离婚时可以向对方请求补偿。

重点提示：必须离婚时主张，离婚前主张不行，离婚后再主张也不行。

§ 离婚后生活困难，如何申请经济帮助？

《民法典》第一千零九十条规定：离婚时，如果一方生活困难，有负担能力的另一方应当给予适当帮助。具体办法由双方协议；协议不成的，由人民法院判决。从规定来看，申请经济帮助的条件包括：

1.生活困难。这里的生活困难，一般是指身患重病或者残疾等原因，没有劳动能力而导致生活困难，又或者是虽然有劳动能力，但由于某些特殊原因，依靠个人财产和离婚时分得的财产无法维持当地的基本生活水平。当然，如果你离婚后没有住处，又没有稳定的收入负担房租，也可以要求另一方帮助。

2.生活困难必须是离婚之时。也就是说离婚的时候，个人财产以及离婚所分得的财产无法维持基本生活。

3.经济帮助只是暂时性的。这种帮助只是暂时的，比如你疾病康复后恢复劳动能力或者困难原因消除后，对方也就没义务再帮助了。

4.经济帮助的形式根据实际需要灵活协商。可以申请对方给予一些经济帮助款，或者暂时性获取房屋居住权。

§ 对方有过错，如何申请离婚损害赔偿？

表 10-1 《婚姻法》和《民法典》对提出离婚损害赔偿的条件规定

《婚姻法》第四十六条	《民法典》第一千零九十一条
有下列情形之一，导致离婚的，无过错方有权请求损害赔偿： （一）重婚； （二）有配偶者与他人同居； （三）实施家庭暴力； （四）虐待、遗弃家庭成员。	有下列情形之一，导致离婚的，无过错方有权请求损害赔偿： （一）重婚； （二）与他人同居； （三）实施家庭暴力； （四）虐待、遗弃家庭成员； （五）有其他重大过错。

1.可以申请离婚损害赔偿的情形

《婚姻法》第四十六条是对离婚过错赔偿的列举性规定，且没有例外条款。也就是说只有出现重婚、有配偶者与他人同居、家暴、虐待遗弃家庭成员这些情况的时候，无过错方才能申请离婚损害赔偿。《民法典》在这四种情况之外加入了兜底条款，这便意味着重大过错的情况将突破已经明确列举的四种情况。

（1）重婚。重婚如果被认定，那么不仅可以要求对方损害赔偿，而且可以单独起诉主张对方重婚，让其负担刑事责任。

（2）与他人同居。这是相对于第一种事实重婚而言，如果配偶一方和第三者长期同居，但又不是以夫妻的名义同居，那么就构不成重婚，但是你可以要求损害赔偿。现实生活中，虽未与他人同居，但多次与他人发生关系，或者婚外生子等情况也并不算罕见，这些都对无过错一方造成了精神伤害。因此，有的法院也是根据过错的情况，酌定是否赔偿。

（3）实施家庭暴力。很多人觉得家暴很遥远，其实并不是，这是除了性格不合、出轨之外的第三大离婚原因。由于家暴具有隐秘性，也关系到一个人的个人隐私，因此很多人不愿意说。如果遭遇家暴，在提起离婚的过程中，可以主张损害赔偿。

（4）虐待、遗弃家庭成员。虐待一般指打骂、恐吓、患病不予治疗、限制人身自由等行为。遗弃一般是指负有赡养、扶养和抚养义务而不履行，比如，父母不抚养孩子，成年子女不赡养父母等。这些行为其实关系到一个家庭的稳定和谐，对于婚姻家庭的破坏性也是很强的。一旦发生，可以请求损害赔偿。

（5）其他重大过错。这是《民法典》新增加的兜底条款。结合司法实践，现实生活中常发生的一夜情、出轨、婚外生子等情况，只要符合重大过错，那么无过错一方就可以主张并获得离婚损害赔偿。

2.如何申请离婚损害赔偿

（1）自己必须是无过错方。《婚姻法》和《民法典》均将主张离婚损害赔偿的主体限定为无过错方，也就是说有过错方是无法主张的。因此如果夫妻双方均存在过错，那么双方都不能主张离婚损害赔偿。

（2）只能向配偶主张，无法向第三者主张。离婚损害赔偿是过错方对无过错方的侵害，因此赔偿的义务主体仅限于过错方。这就排除了介入夫妻婚姻中的很重要的另一主体，也就是第三者。即使一些第三者的行为非常过分，明知对方已经结婚还与其保持不正当的男女关系，甚至同居生子，导致对方夫妻感情破裂，严重侵害无过错方的身心健康，无过错方依然不能向第三者主张赔偿。未来第三者能否成为赔偿义务主体，还有待司法的进一步论证。

（3）必须在离婚的时候提起。因为过错行为导致离婚，无过错方才有权主张离婚损害赔偿。如果过错行为没有导致离婚，或者婚姻关系一直存续，那无过错方是不能单独提起损害赔偿的。因此，如果你是无过错方，在离婚的过程中放弃主张损害赔偿，那离婚后便不得再次主张。

（4）可以申请物质赔偿+精神赔偿

离婚损害赔偿的形式并没有限定，可以是物质赔偿，也可以是精神赔偿。违反夫妻忠诚义务的行为导致离婚的，对另一方的伤害主要是精神层面的，因此主要是精神损害赔偿。但如果是家暴，受害人不仅受到身体上的伤害，还会承受长期的精神恐惧的折磨，因此可以同时请求物质损害赔偿和精神损害赔偿。

离婚不离家，风险必须提前预防

从现实的婚姻状态看，基于社会身份、父母家人，尤其是保护孩子的考虑，很多夫妻会采取“离婚不离家”的模式，签署离婚协议，领取离婚证，然后回家依旧过日子。刻意地将离婚的状态暂时隐瞒，这种初衷可谓用心良苦，但是，隐瞒婚姻状态的同时，也隐藏着更大的法律风险，如果处理不好，很可能引起新的纠纷。

凤姐和贾琏协议离婚后并未真正分开，为了巧姐，两人决定依旧生活在一起，家人朋友也都不知情。后来贾琏突然离世，涉及财产继承，离婚的事实无法再隐瞒，也因此带来很多麻烦。

协议离婚后两人一直在一起生活差不多6年，和离婚前没有任何区别，一起抚养孩子，一起应对生活开销，还一起购置车辆。现在贾琏突然离世，凤姐一时间接受不了。更让她难以接受的是，贾琏去世不到一个月，公公婆婆就找上门来谈财产继承。这下她慌了。因为公公婆婆并不知道他们早就离婚了，一旦发现，肯定会争财产。尤其是贾琏名下的1套房产，也是两人一直居住的房屋，是夫妻在婚姻关系存续期间，也就是离婚前买的，但是协议离婚的时候，归了贾琏所有。凤姐对张律师哭诉说，其实协议离婚后双方就后悔了，本想着复婚，可是又嫌麻烦，就一拖再拖，没有去登记、走法律程序。

张律师对凤姐的情况做了简要分析：房子在离婚协议中归属了贾琏，就属于贾琏的个人财产，凤姐确实无权继承。所以，很残酷的法律事实是他们夫妻购买的这套房产，女儿只能继承1/3，而爷爷奶奶要继承2/3。换句话说，贾琏名下的财产，他的女儿可以继承，女儿的爷爷奶奶也可以继承，但是，朝夕相处、相互扶持的凤姐无权继承。就因为双方曾经冲动地协议离婚，早就不是夫妻关系了。

离婚后购置的车辆，是这几年两人的一大支出，当时花了100万，可以算是双方的财产，但由于付款人是贾琏，所以凤姐要主张分割也相对比较困难。

对于凤姐的情况，整体的建议是：双方婚后的财产其实是混同的，共同购置的车辆可以主张分割。但是考虑到账目情况比较久远，最好是和爷爷奶奶协商，为女儿巧姐争取更多的权益。

最初，爷爷奶奶坚决要争房和车，因为担心这个已经和儿子离婚的儿媳妇改嫁。后来考虑到二人年纪大了，还要依靠儿媳妇照顾孙女，所以就放弃了继承权，但份额都给孙女巧姐了。凤姐觉得既然给女儿了，那自己也别无所争，也就默默接受了。

故事虽然简单，但折射出来的法律问题确实非常重要，在现实生活中也非常常见。我们来思考一下，如果爷爷奶奶不放弃继承，那凤姐的利益是不是很难维护？共同购置的车辆如何分割？这是涉及继承的特殊情况，之所以分享这个故事，也是想更简单直接地分析同居和婚姻的区别。更多现实的情况是，夫妻离婚后同居，双方对于抚养孩子、大额开支、财产分配等均没有约定清楚，一旦同居结束，回归到真实的离婚状态，往往会因为财产和孩子的抚养费用等发生纠纷。因此，对于离婚后同居的现象，我们需要认真分析一下。

§ 离婚后同居和婚姻的区别

同居是符合婚姻法的实质要件，但没有履行结婚登记手续的男女自愿共同生活在一起，相互享有权利、承担义务的一种两性结合方式。同居虽然有婚姻的实质要件，但却不享有婚姻关系所自然产生的法律身份上的权利，比如夫妻家事相互代理权、相互继承权等。换句话说，同居和婚姻的区别，领证和不领证的区别，就是一个受法律保护，一个不受法律保护。

1. 相互继承权。同居的男女双方，除非有遗赠协议，或特别的财产约定，否则无论同居时间多久，无论是否曾是夫妻关系，双方互不享有继承权。在上述的案例中，夫妻双方离婚后依旧生活在一起，离婚不离家，其实早就不是法律意义上的家人了，而是一种同居状态。所以，相互不享有继承权。

2. 家事代理权。夫妻家事代理权，简单来说，就是夫妻双方中的一方，处理日常生活事务，无须得到对方授权，也不必以对方的名义，自己可以直接处理，处理的后果直接约束夫妻双方。比如，离婚前，凤姐购买生活用品，贾琏购置家具家电，各自决定，双方有效。但是同居就不同了。贾琏和凤姐离婚后再同居，凤姐的行为并不直接约束贾琏，贾琏的行为也不直接对凤姐产生效力。换言之，同居的男女双方是相互独立的，各自的行为仅代表自己，和对方没有关系。比如，贾琏借款1万买了台空调，虽然是日常生活所需，但是仅代表自己，这个借钱行为也仅仅代表自己，同居的凤姐不承担连带责任。那相对应地，回到前面的故事中，贾琏购买车辆的行为，显然超出了日常事务，属于重大开销，其实是双方的共同行为，但是由于双方是同居关系，所以从法律上来说，这个买车行为，首先默认是贾琏的个人行为。所以如果是同居期间，那重大的财产事项，一定要双方约定清楚，否则只会默认是一方的行为。这一点我接下来详细说。

3. 同居财产的归属。同居生活期间，双方所得的收入和购置的财产，按照法律规定，是按照一般共有处理，同时为共同生产、生活而形成的债权债务按照共同债权债务处理。这就是同居和婚姻关系在财产上的区别。

总结一下：（1）各取所得。婚姻期间，适用法定夫妻共同财产制，“你的就是我的，我的就是你的”。但同居不同，同居期间，原则上是“我的就是我的，你的就是你的”；（2）一般共有。同居期间共同购置的财产属于双方，但按份共有。比如，贾琏和凤姐同居期间共同购置的车辆，通常是按照双方的共同出资额来认定按份共有。因此，如果凤姐无法证明自己的出资份额，那么主张分割车辆就比较困难。

§ 离婚不离家，如何维护自己在同居期间的权益？

前文贾琏和凤姐的故事中，双方离婚后依旧同居多年，财产也和婚姻存续期间一样，相互混同，不分你我。对于凤姐来说，如果真的针对车辆维权，就要从法律上考虑到双方同居期间的收入账目情况、日常生活支出状况，以及双方对于共同生活的贡献情况等因素，对于共同购置车辆的行为进行界定。这就要具体案情具体分析了，因为证据收集起来，本身就很困难。但是如果当初双方约定清楚，尤其是对重大事项约定清楚，就不会陷入被动了。所以，针对离婚后同居期间如何保障自己的权益，一定要注意以下事项：

1. 严格执行离婚协议。对于离婚协议中约定的各项内容，应该严格执行，尽管依旧住在一起，关于孩子的抚养费、房屋过户、房屋折价款、经济补偿款、债权债务等事项也要按约定执行，按时支付。

2. 签署同居协议。除离婚协议之外，最好和对方再签署一份同居协议，明确约定同居期间的权利义务，包括财产管理、收入归属、日常开支、孩子抚养等。

3.各自独立，做好隔离。对于双方的财产，在执行同居协议的同时，也最好做到各自隔离，你的是你的，他的是他的，避免账目混同，难以分辨。个人或者共同购置大额财产，进行共同投资，要留好凭证，避免发生案例中明明支付了相应款项，却难以主张权益的情况。

4.账目往来，留好凭证。对于双方之间重大的金钱账目往来，一定要留好凭证，如果是两人之间发生借贷借用资金，建议写个借条，备明用途，免得分手后索要，对方不认可，你又无凭无据，陷入被动。

5.对外债务，约定清楚。对于个人或双方共同对外举债，要约定清楚，尤其是双方共同对外举债的时候，举债的用途，各自负担的份额一定要约定清楚，避免产生纠纷。

6.涉及房产，慎之又慎。如果已经在离婚协议中明确房子的归属问题，但是还涉及贷款问题，婚后继续帮助还贷，那么出资还贷的时候，一定要保留这部分还款凭据，将来作为主张权益的凭证。另外，在离婚后同住的情况下，如果是对方以没有居所为由，非要住在一起，最好签订租赁协议，避免对方实施妨碍居住的行为，有了协议也好在确保自己权益的前提下，要求对方搬离。

7.涉及股权，更要规范操作。股权的估值可能是某些夫妻比房产还重要的资产，因此在离婚的过程中，有可能无法处理完毕，毕竟，公司运转好的时候，股权价值是相当高的，分割的时候立马兑现股权折价款也很困难。比如，在离婚协议中分割方案写得很清晰，但是离婚后依旧是事实夫妻，尤其是夫妻创业的公司，公司其他股东不知情，工商也不会变更，员工更不知情，随着公司经营的变动，比如，股权转让，价值降低，后续再去主张相应的权利，就会变得很被动。因此，还是提前切割清楚、款项支付完毕比较好。

灵魂拷问　离婚后，你会为了孩子和他生活在一起吗？

后　记

谢谢您，读到了最后。给了我坚持下去的决心。

工作中，总有客户对我说，和你聊完后，忽然觉得踏实了。其实这种踏实，无非就是法律逻辑下的婚姻真相。混沌的时候，总会不安，清晰的时候，才会坦然。对自我和婚姻的认知，的确是一个成长和探索的过程。

这本书知识体系的构建，要感谢在法院6年的工作经历，为我积累了丰富的婚姻冲突样本。记得2016年的春节后，还未返岗，庭长打电话问我是否愿意参加全国法官的婚姻家事专题培训，我欣然应允。自此，开启了婚姻家事专业之路。那些和同事们一起研讨案件的时光，总是让人难忘。

从法院离职后，得到于永超律师等前辈、同仁的指引，我开始试着从财富管理的角度进一步审视婚姻安全。书中许多法律方面的关键问题，也有赖于各位优秀的同仁朋友不吝赐教、共同探讨。

我没有在这本书中加入过多的个人情感表述，但刻意融入了一些心理分析，要感谢潘幸知女士创立的华人女性心理平台——幸知在线，我在担任平台特约律师和讲师的过程中，获得了上千个婚姻危机中的关于女性困顿的心理数据。潘幸知本人也是我非常钦佩的极具婚姻管理理念的成功女性，她在女性婚姻成长方面造诣非常深厚。

中科院心理研究所的祝卓宏教授是我心理学的导师，通过向他系统学习ACT（接纳与承诺疗法）的心理学理论，我将法律和心理学有效衔接，让我在解决婚姻纠纷中，有了得心应手的实操方法，也为处于婚姻危机中的朋友带来了切实的心理抚慰。还要特别感谢中央民族大学的雷明光教授对于本书结构体系给予的宝贵建议。

书稿开始写作时，正赶上新冠病毒肺炎疫情开始，春节后返京，和好友伍妍隔离在她的小房子里。看着每天感染人数的增加，惶恐中思考生命的意义。既然不能出门，我们两个人开始平静而负责地对待活着的每一天。伍姐喜欢下厨，极爱烟火气，而我刚好特别享受美食的快乐。于是，每天我写作，思考，她做饭，阅读，然后一起交流爱情和婚姻的话题。我们有一个共识，首先要成就自己，才能真正成就婚姻。在这里要特别感谢她给我码字的底气和幸福感。

疫情稍微缓解的时候，我会到附近的咖啡馆写作。常约好友Freja一起交流想法，她是从英国留学回来的心理咨询师，那时候刚好在研发一门关于女性幸福主题的课程。于是我们常常相约一起写作，我把我新写好的章节给她读，她总能给我一些不一样的启发和灵感。

记得我们曾对遭遇家暴的女性有过深入的探讨，我不明白为什么从家暴中被拯救后，有些人又选择回归家庭或者复婚。Freja从心理的角度分析，对于有些女性，家暴的生活是她熟悉且可以掌控的，而平静的没有暴力危险的生活，她不熟悉，不可控，因此而惴惴不安。她这一番话让我对女性，对婚姻，对安全感，对某些不可思议的选择，有了更为深刻的理解。

书稿从写成到最终定稿几易其稿，但这个过程十分愉悦。特别感谢中信出版集团文艺分社的社长李静媛，她在策划方面非常专业，从写作风格到呈现形式，她都给了我很多宝贵而精准的建议，常常一两句话便能说中要害。借用《红楼梦》中的人物王熙凤和贾琏来展开现代婚姻故事，也是她的建议，这让本来枯燥的社科普法书，顿时变得风趣而轻松。

《红楼梦》写尽了人生的百般滋味，也道破了情感真谛。开篇的《好了歌》告诉我们：世人都晓神仙好，只有姣妻忘不了！君生日日说恩情，君死又随人去了。

在岁月静好时，做好风险管理，运筹帷幄，才能在兵荒马乱时，从容应对，全身而退。

不做梦中人！希望这本书会带给您幸福婚姻的底气！

张佳佳

2021.4.30于北京市康达律师事务所

附录 1

婚姻家事百问百答

1 为什么女人一定要了解婚姻法?

凤姐：以前我觉得婚姻法的知识不用了解，有问题的时候找律师帮助解决就行。现在婚姻真的出现问题了，我才发现懂点法律多么重要，要是早点学习就好了。

佳佳律师：任何时候学习都不迟，当然，婚姻法的知识越早学习越好。就像为了身体健康我们会学习一些治未病的方法一样，为了婚姻健康，我们也需要提前学习一些婚姻管理、危机处理的方法，这样当我们的婚姻出现问题的时候，我们才能够从容应对、及时解决。

2 婚姻需要刻意经营和规划!

凤姐：为什么你一直说，婚姻需要刻意经营和规划呢？我听过学习需要规划，事业需要规划，但是我没有听过婚姻也需要规划!

佳佳律师：英国有个作家叫阿兰·德波顿，他写过一本书叫《爱情笔记》，书里有一个观点特别经典，“爱情是流动的”，意思就是我爱你等于我现在爱你。我永远爱你，也只是此时此刻我永远爱你。反向思考，可以得出结论，我爱你不等于我永远爱你。所以爱情是流动的，单靠爱情支撑不了婚姻的全部，婚姻是需要刻意经营和规划的！

3 女人一定要有自己可以控制的财富！

凤姐： 我就要结婚了，作为一个婚姻律师，你对我有什么建议呢？

佳佳律师： 一句话，女人一定要有自己可以控制的财富。有了自己可以控制的确定的财富，你就会有更多的话语权。有了更多的话语权，你就会有更多的选择权和决策权。有了更多的选择权和决策权，你就会有更多的安全感，尤其是婚姻的安全感。有了更多的安全感，你就能够更好地掌控你的婚姻。

4 女人一定要提升自己在婚姻中的影响力！

凤姐： 我是一名全职太太，毫无安全感可言，既没有稳定工作，也没有任何收入，如果婚变的话，对我来说就是一场灾难，我该怎么办呢？

佳佳律师： 记住一点，提升你在婚姻中的影响力。全身心地投入你的婚姻和家庭，不只是在家务劳动方面，还要在情感、社交、生活技能、理财、健康管理等方方面面投入，投入越多，你在婚姻中的价值就越高，你的价值越高，在婚姻中的影响力就越大，影响力越大，你的婚姻就越稳定。所以，全方位地投入家庭，提升你的影响力吧！

5 法律帮助婚姻中的弱者，但是不帮助懒惰者！

凤姐： 我有一个姐妹特别惨，她丈夫出轨，她却要净身出户，该怎么帮助她呢？

佳佳律师： 他们家的房子她出资了吗？她有存款吗？她有稳定的工作吗？她有想过要工作吗？她知道丈夫有多少资产吗？

凤姐： 没有！没有！没有！从来没有！一点都不知道！

佳佳律师： 房子没有出资，没有存款和稳定的收入来源，没有共同财产分割，没有能力争取孩子的抚养权，可不就要净身出户了。法律帮助弱者，但不帮助懒惰者。有些事情，只能自己承受。

6 婚姻矛盾的四个阶段，离不离婚请自测！

凤姐： 我和贾琏现在无法沟通，他长期对我冷暴力，你说我们的婚姻还有救吗？我要不要离婚呢？

佳佳律师： 很多人都问过我类似的问题。婚姻矛盾其实是有不同阶段的，一般的矛盾还是可以化解的，婚姻也可以挽救。中科院心理研究所的祝卓宏教授把婚姻矛盾划分为四个阶段：第一个阶段是指责，他说你不对，你说他不对，相互指责；第二个阶段是屈从，也是讨好，要么你屈从他，要么他屈从；第三个阶段是打岔，你说东他说西，也就是逃避；第四个阶段是超理性阶段，也就是无所谓了，你说什么就是什么，我不想和你争论了。如果到了第四个阶段，那婚姻也就很难挽救了。所以，你们的矛盾具体到了哪个阶段，还是要自测一下。

7 离婚不等于失败，请允许自己的人生有一点迂回！

凤姐： 我觉得我这10年的婚姻特别失败，我为了丈夫、为了家庭、为了孩子抛弃了事业，放弃了工作，但是现在他要和我离婚了，我觉得特别失败，特别不值得。

佳佳律师： 离婚真的就等于失败吗？当然不是。和你分享几句话，是金韵蓉老师在《你要的是幸福还是对错》一书中所讲：但凡有足够长生命经验的人都会同意，人生其实是以每十年为一个计量标准的，如果事情不是按照预期的直线前进，不要着急不要慌，允许自己的职业生涯有一点迂回，只要在迂回的弯路上不放弃自己，就能在弯路的尽头走上平坦宽阔的高速公路。

8 丈夫觉得全职太太没有价值怎么办？

凤姐： 我是一名全职太太，家里收入全靠丈夫，所以他觉得我对家里贡献小，特别没用，一点都不尊重我，我该怎么办呢？

佳佳律师： 给他算一笔账，看一下全职太太一天的工作内容。做饭，一顿饭200元，一天三顿共计600元。陪孩子写作业，一个小时200元，一天4小时共计800元。洗衣服、打扫卫生一个小时100元，一天4小时共计400元。一天算下来1800元，一个月30天，共计54 000元。算给你丈夫听，如果他还觉得全职太太贡献小没价值，那换他来！

9　长期同居，为什么一定要签同居协议？

凤姐： 我和男朋友决定短期先不领证，先同居。你说要不要签同居协议呢？

佳佳律师： 当然要签同居协议了。不知你有没有听过一句话：如果你爱一个人，那就和他同居，因为那是天堂；如果你恨一个人，也请和他同居，因为那是地狱。同居可谓是一半火焰一半海水。为什么呢？因为同居虽然很甜蜜，但是也隐藏着巨大的风险，尤其是财产的风险，所以最好签订一份同居协议，对同居期间的财产和债务进行一个明确的约定。

10　办了婚礼没领证，算不算夫妻？

凤姐： 我和贾琏早就在各自的老家办了婚礼，但是一直没有去领结婚证。我们都一起生活多年了，算不算夫妻？

佳佳律师： 当然不算。必须到民政局办理完结婚登记手续，领取结婚证，才算是合法的夫妻关系。没领证的话，即使办了婚礼，一起生活多年，你们也只是同居关系，不受法律保护。所以为了明确相互之间的夫妻身份和权利义务，还是及早登记结婚比较好。

11 婚前协议要不要签？

凤姐： 我就要结婚了，你说我要不要和贾琏签订婚前协议呢？

佳佳律师： 看你们的具体财产情况，钱多吗？房产多吗？涉及股权吗？收入差距大吗？有再婚情况吗？如果有这些情况，钱多、房产多、涉及股权、收入差距大、再婚，那么最好签订婚前财产协议，而且越清晰越好。签订的目的，不仅是避免将来产生财产纠纷，更重要的是，可以让你们的婚姻更稳定、更幸福！

12 想签婚前协议，怕对方有顾虑怎么办？

凤姐： 我要结婚了，想在登记结婚前签订婚前协议，但又怕对方有顾虑，影响我们的感情，怎么办？

佳佳律师： 第一，不要给自己压力，签订婚前协议在现代生活中是非常常见的。尤其是在双方财产都较多的情况下，是有必要签署婚前协议的。第二，要坚信婚前协议的签订是为了让你们的婚姻更稳定、更幸福，避免财产纠纷的风险。我相信你男朋友会理解，大胆地和他沟通你的想法吧。

13 忠诚协议要不要签？

凤姐： 我要不要和贾琏签订忠诚协议？

佳佳律师： 忠诚协议的效力没有被法律明确确认和支持，因此要不要签订忠诚协议需要自己去把握。忠诚协议，其实赌的是你丈夫的人品，如果他特别注重信誉，签了字就认，那么你就和他签，大胆地签，如何约束都行。但是，如果你说不准，他有可能不认，那签订忠诚协议的时候，不要涉及“净身出户”条款和“天价违约金”条款，在合情合理的情况下，法律也有可能支持忠诚协议的效力。

14 分手后前男友一直在微博上侮辱谩骂我，该怎么办？

凤姐： 和前男友分手后，他一直在微博上对我侮辱谩骂，我该怎么办？

佳佳律师： 对于这种渣男一定不要手下留情，可以直接要求他删除微博内容并赔礼道歉。如果他不同意，可以直接以侵害你名誉权和隐私权为由起诉他。第一，要求他停止这种行为；第二，要求他对你赔礼道歉；第三，要求他赔偿你的经济损失；第四，如果对你的精神造成重大影响，还可以要求他赔偿精神损害。

15 前男友以发布裸照威胁我，该怎么办?

凤姐：和前男友分手后，他一直骚扰我，威胁要发布我的裸照，要求复合，并索要大额财物，我该怎么办?

佳佳律师：对于这种渣男，不能妥协，不能手软，你越妥协，他越变本加厉。和家人朋友做好信息互动，保护好自己的人身安全。然后收集证据材料，比如威胁你的短信、微信记录以及录音，必要的时候立即报警。如果对方向你索要大额财物，就涉嫌敲诈勒索，可以直接将他送进监狱。

16 婚礼取消了，彩礼怎么办?

凤姐：我和男朋友的婚礼取消了，那他给我们家的彩礼还要不要还呢?

佳佳律师：这要分情况了。登记结婚了吗？共同生活了吗？如果登记结婚了，也共同生活了，从法律上来说，就已经结婚了，彩礼就可以不还了。如果没登记结婚，也没有共同生活，那不好意思，如果对方主张要，这个彩礼还是要返还的。好聚好散吧。

17 要彩礼，违法吗？

凤姐：听说《民法典》实施之后，结婚就不能向对方要彩礼了？再要就违法了？

佳佳律师：《民法典》明确规定，禁止借婚姻索取财物。但这里的索取财物主要是指非正当目的的索要，是把结婚作为借口，以婚姻为工具牟利，并不包括索要彩礼。彩礼是我国传承已久的结婚风俗习惯，不会突然就变成违法行为了。所以想要还是可以要的。

18 彩礼什么时候给比较好？

凤姐：我和我男朋友决定结婚了，彩礼也说好了，但是他家里还没有给。到底是我们领证前给好，还是领证之后给比较好呢？

佳佳律师：当然是领证之前给比较好。领证之前给你彩礼，就是你婚前的个人财产。领证之后再给你，那你们已经是夫妻了，彩礼就变成了夫妻共同财产。

19 恋爱期间送的钻戒，要不要还？

凤姐：我生日的时候，男朋友送过我 1 枚钻戒，现在我们分手了，他要我还回去，我要不要还呢？

佳佳律师：这个要分情况，如果当时他送你钻戒，是向你求婚，以结婚为目的赠送的，那么，现在你们分手了，不结婚了，你是要还回去的。如果当时他并没有求婚，仅仅是为了向你表达爱意，那么要不要还，就看你心情了！

20 同居买房，分手了如何处理？

凤姐： 我和我男朋友在同居期间共同买了1套房子，现在我们分手了，不结婚了，这套房子该如何分割呢？

佳佳律师： 如果你们俩对这套房子的份额有明确的约定，就按照约定的份额比例进行分割。如果没有明确的约定，就要根据出资情况分析。如果你出资多少、他出资多少都特别明确，那就按照出资比例进行分割。不过出资情况，需要举证证明！

21 同居的男女朋友能不能相互继承财产？

凤姐： 我的好姐妹，和男朋友同居6年，正在谈婚论嫁的时候，男朋友突然猝死。他们居住的房子是男朋友自己买的，这个姐妹能不能继承这套房产呢？毕竟他们感情非常好，在一起后一直生活在这套房子里，有很多珍贵的回忆。

佳佳律师： 同居关系是不受法律保护的，别说他们同居6年，就是16年，他们也只是同居男女朋友的关系，相互之间不享有继承权，无法继承各自的财产。对于这个姐妹，我只能表示遗憾了。

22 他买房，我装修，这种备婚模式合适吗？

凤姐： 我要结婚了，我男朋友家准备买房，让我们家负责装修就行了，这样是不是挺好的？

佳佳律师： 当然不好！我给你算一笔账，假如你男朋友家花费200万负责买房，你们家花100万进行豪华装修。那5年之后，200万的房子价值300万，而100万的装修，最多也就折算10万。而这套房子依旧是他婚前的个人财产，增值的部分和你没有关系。具体要怎么做，你应该已经心中有数了吧！

23 承诺婚后房本加名，很有诚意吗？

凤姐： 男朋友虽然没有在他婚前的房本上加我的名字，但是他承诺婚后一定加上我的名字，是不是也很有诚意？

佳佳律师： 不要太天真，承诺加名，只是一个承诺，在没有加名之前，他随时可以反悔。要么加名，要么不加名，哪有什么承诺加名，所以，一定要想清楚！

24 AA制是不是分别财产制？

凤姐： 我和贾琏结婚后，实行的是AA制，各自的钱各自管，各自的花销自己负担，是不是就是法律上的分别财产制？一旦离婚，是不是就不涉及财产分割了？

佳佳律师：这主要看你们有没有签书面的AA制财产协议，如果签了，那你们就是分别财产制。

如果没有签署书面协议，那这顶多也就是你们之间的生活模式，你们适用的依旧是法定夫妻财产制，婚后所得都是共同的，他的就是你的，你的就是他的，都是你们夫妻共同的。一旦离婚，还是要涉及共同财产分割的问题。

25 丈夫的钱就一定是你的钱吗？

凤姐：我一直认为丈夫的钱就是我的钱，我们是夫妻，他的就是我的，难道不对吗？

佳佳律师：这样理解没有问题，婚后所得都是夫妻共同财产，是不分份额的共同共有，他的就是你的，你的也是他的。但是有例外，如果是别人赠与他的或者他通过遗嘱继承所得的财产，且赠与或者遗嘱明确声明是给他个人的，那这些财产就是他个人的财产了，和你没有关系。

26 丈夫一直不上交工资卡该怎么办？

凤姐：结婚后，贾琏从来没有上交过他的工资卡，有没有什么好的办法呢？

佳佳律师：其实无所谓。从法律上来说，只要你们没有签订书面的分别财产制度的协议，他的收入或者你的收入就都是你们夫妻共同的，换句话说，他的就是你的。你来保管或者他来保管，其实没有区别，只要他不乱花就行。

27　结婚多少年，个人财产才能变成夫妻共同财产？

凤姐： 我听说，结婚几年后，个人财产就自动变成夫妻共同财产了。有这个说法吗？到底要几年？

佳佳律师： 这个问题一直有人问起，尤其是一些大爷大妈。现在我明确地告诉你，无论结婚多少年，10年、20年甚至更久，婚前的个人财产都不会自动变成夫妻共同财产。除非对方愿意和你分享他的个人财产，主动将其个人财产变成夫妻共同财产。

28　公积金是不是夫妻共同财产？

凤姐： 贾琏婚前自己付首付款买的房子，婚后用他自己的公积金还的贷款，他说这套房子和我没有关系，对吗？

佳佳律师： 当然不对。因为公积金也是夫妻共同财产，你丈夫婚后用公积金还贷款，其实就是用夫妻共同财产还贷款，婚后还贷的部分以及相对应的房屋增值部分，你是有权利要求分割的。

29 婚后买的钻戒是个人财产还是夫妻共同财产？

凤姐：贾琏婚后才给我买的钻戒，是我个人财产，还是夫妻共同财产？

佳佳律师：虽然钻戒是你丈夫婚后购买，但是给你买钻戒的行为，视为对你个人的赠与，已经给你了，赠与就完成了。而且钻戒是你个人使用，可以认定是你个人专用的生活用品，所以婚后买的钻戒是你个人财产。

30 婚前的房子出租，租金是个人财产还是夫妻共同财产？

凤姐：贾琏将他婚前的房子出租，收来的租金他说是他个人财产，和我没有关系，对吗？

佳佳律师：当然不对了！就一句话：婚前的房产婚后出租，租金是夫妻共同财产。记住了吗？

31 创业夫妻各自名下的公司股权就是各自的个人财产吗？

凤姐：我和贾琏婚后一起创业开公司，我俩都是股东，他持股80%，我持股20%，是不是就意味着我只有公司20%的股权？

佳佳律师：当然不是了！婚后所得的公司股权，无论在谁名下，无论多少，都是夫妻共同股权。所以，这个公司依旧是你们夫妻二人共同拥有100%股权的公司。如果离婚，你可以主张要求分割50%的股权份额。

32 保险是夫妻共同财产吗?

凤姐：我在婚后买的保险，是我的个人财产还是夫妻共同财产?

佳佳律师：主要看你投保的保费来源，如果你投保的保费是你的个人财产，那么保险就是你的个人财产，但如果保费是夫妻共同财产，那么保险也同样是夫妻共同财产。但是也不用担心，因为如果离婚，你丈夫要求分割你的保险，也只能分割保单的现金价值，这部分从保险最终的价值上来说，还是很少的，毕竟保险也会有杠杆的。

33 个人用的名牌包包，对方有权分割吗?

凤姐：我在结婚之后，买了很多的名牌包包，是不是就是我的个人生活用品，对方无权分割呢?

佳佳律师：《民法典》规定，个人生活用品是个人财产，但是个人生活用品是个人在日常生活中的基本物品，比如衣服、化妆品、日用品等等。名牌包包动辄十万几十万，这就是奢侈品的范畴了，一般会界定为夫妻共同财产。但是如果你们夫妻的收入特别高，这个名牌包包在你们的家庭收入中微不足道，那就可以界定为你的个人生活用品，不需要分割。

34 奖牌、奖金是个人财产还是夫妻共同财产？

凤姐：我最近参加马拉松比赛，获得了金牌，还有10万元奖金，这个金牌和奖金是我的个人财产还是夫妻共同财产？

佳佳律师：竞技类的比赛和个人的身份和荣誉密切相关，所设置的奖金和奖牌，主要是对个人的奖励，因此，你获取的金牌和奖金都是你个人的财产，不是夫妻共同财产。

35 购买婚房，必须要做的事有哪些？

凤姐：我和男朋友终于要结婚了，而且决定购买婚房，买房前有哪些事必须要做呢？

佳佳律师：第一，必须共同出资买房，登记在两个人名下。不要他负责买房，你负责装修，然后只登记在他一个人名下，否则将来产生纠纷，你就会陷入被动。第二，审核房产的权属状态，不要有抵押、查封情况。第三，审核是否设置有居住权人。否则买了房子，无法排除居住权人的居住权，也没有意义。

36　婚前共同出资买房，是不是夫妻共同房产？

凤姐： 我和贾琏婚前共同出资买了一套房子，这套房子是不是就是我们夫妻的共同财产？

佳佳律师： 如果你们两人是以结婚为目的共同买房，房子又登记在两个人的名下，那这套房子就是夫妻共同财产。如果登记在一个人的名下，那么只要证明你们是以结婚为目的共同买房，又是婚房，结婚后就入住了，一般也能界定为夫妻共同财产。但是，如果既不是以结婚为目的买房，又没有登记在两个人的名下，就很难界定为夫妻共同财产，具体就要根据出资情况以及结婚时间长短来对房产进行分割了。

37　婚前购买的房子，婚后办理的房本，是个人财产还是夫妻共同财产？

凤姐： 我在婚前全款买了1套房子，可是房本在我结婚两年后才办下来，这套房子算我的婚前个人财产还是夫妻共同财产？

佳佳律师： 如果是婚前签了购房合同，付了全部的购房款，那么这套房子就是婚前确定取得的财产，房本什么时候办下来，都不影响房子是个人财产的性质。

38 夫妻之间赠与房产，能够撤销吗？

凤姐： 贾琏决定将他婚前的房产赠与我，已经签了赠与协议，这事是不是就板上钉钉了，这套房子就归我了，没有任何风险了？

佳佳律师： 当然不是了，房产赠与协议签字后，赠与行为还没有完成，房产必须真正过户到你的名下，赠与行为才算完成。因此，过户之前，他随时可以撤销赠与。为避免他反悔，还是尽快办理过户登记手续更为稳妥。当然，如果他现在不同意办理过户手续，那就对赠与协议进行公证，公证后的赠与协议，不能随意撤销。

39 丈夫赠与的房产，就是个人的吗？

凤姐： 贾琏婚后将他个人的房产赠与了我，而且已经办理了过户登记手续，这套房产是不是就是我个人的财产，和他没有关系了？

佳佳律师： 先别这么下结论。虽然从法律上来说，你丈夫将婚前个人财产赠与你，并过户登记到了你名下，但从你的角度来说，是婚后获得的赠与财产，婚后所得属于夫妻共同财产。如果你丈夫主张这套房产依旧是你们的夫妻共同财产，那也是解释得通的。因此，建议你和丈夫再签订一份夫妻房产协议，明确约定这套房产是你的个人财产，这样才能保险。

40 将房产登记在孩子名下，有什么好处？

凤姐：我和贾琏决定买第三套房，我有个想法，想直接登记在巧姐名下，可以吗？

佳佳律师：如果丈夫也同意的话，当然可以了。将房产登记在孩子名下，有两大好处。第一，将来巧姐结婚，这套房产就是她的婚前个人财产，如果她的婚姻出现危机，这套房产也不会被作为共同财产分割。第二，你们夫妻都经营公司，出现债务危机也是有可能的，万一将来出现大额债务风险，那这套房屋也不会因此受牵连，被作为夫妻共同财产清偿债务，也算是为孩子和家庭建立了一道防火墙。

41 借名买房，如何规避风险？

凤姐：我和贾琏想再买一套房，但是没有多余的购房资格了，就想借用婆婆的名义买房，也就是借名买房，需要如何处理，才能确保安全呢？

佳佳律师：借名买房本身风险就高，达不到100%的安全，只能尽量规避风险。可以做好如下四个环节。第一，和婆婆签订借名买房的书面协议，确定你们是实际购房人、出资人、所有权人，婆婆只是名义权利人。先小人后君子，避免家庭纠纷。第二，留存好房款支付凭证。尽量从自己的账户支付房款，并保留好付款单据，这是出资的重要证据。第三，房屋交付后尽量自己使用和控制。不仅房屋所有权凭证要自己掌握，待房屋可以入住后，也要尽量自己装修、占有、使用，或者办理出租，将房屋实实在在掌控在自己手里。第四，必要时设置房产抵押。可以让婆婆协助你们把房产进行贷款抵押，这样就既有了可以支配的现金流，也避免了婆婆私自处分房产。

42 假离婚买房最大的风险是什么？

凤姐： 我想和贾琏假离婚，再买1套房，你觉得有风险吗？

佳佳律师： 当然有风险了，假离婚最大的风险就是人财两空。如果你和他签了离婚协议，办理了离婚手续，约定房产归他，你净身出户，那么如果你们不复婚，你就真的是净身出户，人财两空了。即使你们复婚，这套房子也变成他的婚前个人财产了。所以，要不要假离婚买房，慎重考虑！

43 婚前父母出资买房，是个人财产还是夫妻共同财产？

凤姐： 我和贾琏当初登记结婚前要买婚房，钱不够，我父母就为我出资了500万，这500万是我个人财产，还是夫妻共同财产？

佳佳律师： 婚前父母为子女买房出资的，视为对自己子女一方的赠与，但是明确赠与给双方的除外。如果你父母没有明确表示赠与你和你丈夫两个人，那么就认定为是对你个人的赠与。这500万的出资就是你的个人财产。

44 婚后父母全款买房，是个人财产还是夫妻共同财产？

凤姐：我结婚后，父母帮我付首付款买了1套房子，贷款是我用自己的工资偿还的，这套房子就全部是我的个人财产，没有问题吧？

佳佳律师：根据《民法典》的最新解释，婚后父母为子女购置房屋，除非明确约定，否则视为对夫妻双方的赠与，是夫妻共同财产。你父母为你出资购房，如果明确约定是赠与你个人，那么这套房子就是你的个人财产。

45 夫妻之间的借款要不要还？

凤姐：去年，贾琏要投资100万开公司，我不同意，他就写了个借条，说是借我100万。现在我要求他还，他不同意，他说夫妻之间哪有什么借款之说，这本来就是夫妻共同财产，也基本都是他挣的，花了就花了。再说，如果非要还的话，最多也就还一半。他说得对吗？

佳佳律师：当然不对了。夫妻之间签署的借款协议，就是对夫妻共同财产的一个归属约定。他既然签署了向你借款100万的借条，就是你们夫妻之间对100万作为你的个人财产这件事进行了约定，你借给他100万，他自然要如数偿还。

46 婚前一方借的外债，婚后需要夫妻共同偿还吗？

凤姐：贾琏婚前经营公司借的外债，数额挺大的，婚后我需要和他一起偿还吗？

佳佳律师：这个主要看借款的用途。一般情况下，婚前个人所借外债是婚前的个人债务，由个人自己偿还。但是如果这些借款在婚后用于夫妻共同生活或者共同经营，那就需要夫妻共同偿还。

47 丈夫的信用卡和花呗，离婚后要一起还吗？

凤姐：我和贾琏就要离婚了，但是他的信用卡和花呗还有不少钱没有还，离婚之后，我还需要和他一起偿还吗？

佳佳律师：如果他借的信用卡和花呗，是用于夫妻共同生活，那这笔钱就是夫妻共同债务，需要和他一起偿还。如果没有用于夫妻共同生活，也没有共同受益，那这笔钱就是他的个人债务，你不需要和他一起偿还。当然，协议离婚的时候，可以就这笔钱谁来偿还提前约定清楚，以免后续产生纠纷。

48 丈夫逼着我在贷款协议上签字，这个贷款，我要一起还吗？

凤姐：贾琏贷款500万用于公司经营，非逼着我在贷款协议上签字，如果签了字，是不是就代表着我要和他一起还这500万了？

佳佳律师： 夫妻共同债务，首要的认定原则就是共债共签。如果你签了字，那就意味着这是夫妻共同债务了。如果他拿刀胁迫你或者威胁你，在这种受胁迫的情况下你签的字，可以要求撤销。但是如果不是受胁迫，而仅仅是出于婚姻稳定、夫妻和谐的考虑，被迫签了字，那不好意思，共债共签，签了字就是夫妻共同债务，要一起偿还。所以，签字要慎重啊！

49　赌债需要还吗？

凤姐： 贾琏赌博输了500万，债主已经找上门了，我该怎么办？我需要和他一起还吗？

佳佳律师： 赌博形成的债务是你丈夫的个人债务，你不需要和他一起偿还。而且赌博是一种违法行为，所以赌债可以不还。但如果是你丈夫先借了别人的钱，然后去赌博，那么借的这笔钱是正常的债务，是需要偿还的，不过依旧是你丈夫的个人债务。

50　接到陌生电话要求替丈夫还债，该怎么办？

凤姐： 这几天总有陌生人给我打电话，说贾琏欠了500万，让我替他还，我该怎么办？现在我也一直联系不上贾琏。

佳佳律师：第一，明确告诉他你不知道丈夫借钱的事。第二，明确告诉他你从没见过这500万。第三，明确告诉他家里生活也不需要这么多钱，让他找你丈夫去要。即使将来债权人起诉，也正常应对即可。

51 实在想不明白为什么丈夫会出轨，太痛苦了，该怎么办？

凤姐：贾琏出轨了，我太痛苦了！我们曾经真的非常非常相爱，我实在想不明白，为什么他会出轨，我该怎么办？我都要窒息了。

佳佳律师：我先问你一个问题，假如今天早上你开车上班的路上，轮胎突然被扎破了，你是蹲在路上想轮胎为什么会被扎破呢，还是赶紧修补更换轮胎，继续上路赶到公司呢？当然是后者，对吧？其实婚姻也一样，丈夫出轨了，就是你们的婚姻亮红灯了，出现问题了，你必须正视这个事实。如果你希望你们的婚姻继续，就必须积极地去解决问题，而不是一味地陷入这种痛苦的情绪中，追根究底地问，他到底为什么出轨？

52 我能原谅丈夫出轨，可是再也回不到从前了，怎么办？

凤姐：我发现贾琏出轨后，他选择了回归家庭，我也选择了原谅，可是我觉得我们之间再也回不到从前了，我们一直处于冷战的状态，该怎么办呢？

佳佳律师： 夫妻之间有忠诚义务，你丈夫出轨，破坏了你们之间的忠诚义务，也破坏了你对他的信任。这种信任体系一旦崩塌，是需要赶紧修复的。这就需要双方共同努力，正视和解决这个问题，而不是陷入冷战，表面上你选择原谅，他选择回归，但是没有深度地积极修复，反而让婚姻关系越来越恶化，甚至陷入恶性循环。

53 《民法典》实施后，丈夫出轨就可以主张对方净身出户了吗？

凤姐： 听说按照《民法典》新的规定，如果对方出轨了，就可以要求他净身出户了，是这样吗？

佳佳律师： 除非他自己愿意净身出户，否则的话，法律是不支持净身出户的。而且，即使你们签订了类似的某种条件下净身出户的协议，也是没有用的。《民法典》实施后，出轨作为一种违反夫妻忠诚义务的婚姻过错行为，可以申请对方进行过错赔偿，但是过错赔偿的力度并不能达到让对方净身出户的程度。所以，如果遭遇了出轨，最重要的是赶紧解决问题，梳理财产，同时思考一下抚养孩子的问题，而不是聚焦于如何让对方净身出户。

54 私家侦探收集的证据，有用吗？

凤姐：我怀疑贾琏出轨了，准备雇侦探收集证据，拍摄一些对方出轨的照片、录像等，可以吗？

佳佳律师：证据除了有用，有关联，还要合法。如果是你自己跟踪拍照、自己收集的证据，那就合法有效。但是如果你雇私家侦探收集证据，不好意思，这种渠道取得的证据不合法，法院不会采用。

55 第三者狂刷丈夫的信用卡，能不能追回？

凤姐：我发现贾琏出轨了，而且这个第三者狂刷他的信用卡，已经累计几十万了。我能不能追回来呢？

佳佳律师：夫妻共同财产只有用于夫妻共同生活或者共同经营，才算是正当合理的开支。第三者狂刷你丈夫的信用卡，这些钱自然没有用于你们夫妻共同生活，其实就是他将这些钱赠与第三者，给第三者花销。这种情况下，如果还信用卡的钱是夫妻共同财产，那么就可以认定是你丈夫侵犯了你作为配偶的财产权益。而且几十万已经是累计数额巨大，你可以收集证据，起诉第三者追回。

56 丈夫给第三者买名牌包包，可以追回吗？

凤姐：我发现贾琏花了十几万给第三者买了一个名牌包包，我能把包包追回来吗？

佳佳律师：如果你丈夫买包包的十几万是你们的夫妻共同财产，那你丈夫其实就是私自处分了夫妻共同财产，侵犯了你的财产权益。所以你可以以对方私自处分夫妻共同财产为由，要求撤销赠与，要回包包。

57 丈夫转给第三者的钱，能要回来一半还是全部？

凤姐：前两天我发现贾琏转给第三者100万，我能要回来吗？能要回来多少？是50万还是100万？

佳佳律师：如果这100万都是你们的夫妻共同财产，那么你可以全部要回来。收集好转账记录凭证，起诉第三者，撤销赠与，全部追回100万，行动吧！

58 原配可以起诉第三者吗？

凤姐：贾琏出轨的第三者特别嚣张，搞得我们家里鸡飞狗跳的，我能起诉她吗？必须让她承担一些责任。

佳佳律师：某些情况下，当然可以了。第一，财产方面，如果你丈夫给了她大额的财物，比如给她买车、买房、大笔转账，那么你可以起诉她返还财物。第二，如果她以泄露隐私为由威胁你，向你们索要大额财物，就涉嫌构成敲诈勒索罪，可以直接报警。第三，如果她在明知道你存在的情况下，和你丈夫长期以夫妻名义同居，那么可以以重婚罪的罪名起诉她。

59 第三者会不会坐牢？

凤姐： 贾琏又出轨了。他当然有问题，可是第三者就没有问题吗？难道作为第三者，就不会有什么风险吗？不需要承担责任吗？不用受到惩罚吗？有没有可能坐牢呢？

佳佳律师： 如果第三者和已婚人士长期以夫妻名义同居，那第三者可能构成重婚罪；如果这个已婚人士的配偶是军人，那第三者可能构成破坏军婚罪；如果涉及到情感和财产因素，第三者在被分手的情况下向对方索要分手费、封口费等大额钱财，就有可能构成敲诈勒索罪。所以，第三者还是很危险的！

60 婚外情的分手费，需要给吗？

凤姐： 贾琏当初出轨，后来选择回归家庭，但是第三者不同意分手。为了安抚第三者，贾琏就和她签了一份分手协议，约定给她100万的分手费作为补偿。但是后来也一直没有给。现在已经过去一年了，第三者提出要这100万，我们必须给吗？

佳佳律师： 当然不是必须给。因为这种因婚外情引发的分手费、青春损失费、补偿费，本身是有违社会风气、有悖公序良俗的，是不受法律保护的。如果对方以此为由，向法院起诉要求支付费用，也是不会得到法律支持的。所以要不要给你和丈夫自己决定就行。但是一旦给了，再想要回来，就不可能了。

61　冷暴力是不是家暴？

凤姐： 贾琏一直对我冷暴力，不理不睬，拒绝沟通，让我非常煎熬，这是不是家暴？

佳佳律师： 法律上在认定家暴的时候，一般有两个标准，就是控制和恐惧。具体到冷暴力，就要看你丈夫有没有通过冷暴力对你实施控制，你对他的冷暴力有没有产生恐惧。如果没有精神上的恐惧，那就不构成法律上的家暴。所以面对冷暴力，还是要审视一下双方的行为模式，争取进行有效沟通，解决问题。

62　丈夫打了我一耳光，算不算家暴？

凤姐： 我从小到大都没有挨过打，爸爸妈妈也从来没有动过我哪怕一个手指头，可是昨天贾琏居然扇我耳光。这就是家暴吧，坚决不能忍受，我要离婚！

佳佳律师： 根据法律规定，家暴是以殴打、捆绑、残害、限制人身自由或者其他手段，从身体、精神、性等方面进行伤害和摧残的行为。打耳光如果只是偶尔的一次，不算家暴，只能算是暴力行为。但如果是经常性的，对你造成了身体伤害或者精神恐惧，那就构成家暴。

63 丈夫家暴，离婚时我可以多分财产吗？

凤姐：贾琏对我多次家暴，我要起诉离婚，可以以此为由多分财产吗？

佳佳律师：家暴是法定的过错情形，只要证据充分，你在离婚的时候可以主张离婚损害赔偿。此外，照顾无过错方、妇女儿童是离婚案件在财产分割时的基本原则，所以你可以申请在财产分割时对你适当照顾。

64 女性能不能单方面决定终止妊娠？

凤姐：我怀孕了，但是我现在还没有做好当妈妈的准备，而且我的身体也不是很好，我能不能自己单独决定终止妊娠，而不经过贾琏同意呢？

佳佳律师：生育孩子是女性自己的权利，要不要生，什么时间生，都由自己做主，对方无权干涉。但是从夫妻感情的角度考虑，建议终止妊娠前，最好还是和对方沟通一下。

65 离婚协议，千万别写这句话！

凤姐：贾琏把离婚协议准备好了，财产分割也都是按照我们之前说好的，就是加了一句话，“双方再无其他财产纠纷”。这句话没问题吧？

佳佳律师：当然有问题了。离婚协议里，千万不要加上这句话。因为你无法保证对方是否有转移、隐藏财产，也无法确定有没有你未知的没有分割的夫妻共同财产。如果写了这句话，将来离婚后你发现被隐藏、转移或者未分割的财产，那再主张分割时你就完全被动了。

66 签了离婚协议就代表已经离婚了吗？

凤姐：我在一些电视剧和电影里看到，好像男女主角签了离婚协议，就代表已经离婚了，是这样吗？

佳佳律师：当然不是了。我们国家离婚就只有两种方式，一种是到民政局协议离婚，领取离婚证；另一种是到法院起诉离婚，领取离婚调解书或者离婚判决书。所以如果只是签了离婚协议，那并不算真正离婚，两人依旧是夫妻关系。为了避免夜长梦多，签了协议后还是赶紧到民政局申请办理手续比较好。

67 签了离婚协议，财产全部归我，后来没离，协议还有效吗？

凤姐：我和贾琏签过一份离婚协议，约定财产全部归我，后来因为太忙，就没去民政局办理离婚手续。现在我们又要离婚，那之前的协议还有效吗？财产能全部归我吗？

佳佳律师： 离婚协议，不离婚不生效。除非你们都认可之前那份离婚协议的内容，重新签字，然后到民政局办理离婚，否则如果对方反悔，不同意之前的财产分割方案，那你们要么重新协商，重新分配，要么诉讼离婚，按照法律规定分割。

68 诉讼离婚，当原告好还是被告好？

凤姐： 我和贾琏都想离婚，但是关于孩子抚养的问题一直协商不定，那我到底是先起诉他、当原告好呢，还是等他起诉我、当被告对我比较有利？

佳佳律师： 原告和被告只是诉讼地位、诉讼角色不同而已，对诉讼的结果没有实质的影响。如果已经准备充分，你起诉或者对方起诉都可以。但是如果对方突然起诉，你仓促应诉的话，可能会因为准备不充分而让自己陷入被动，并因此造成一些不利后果。

69 分房睡多年，能够直接判离婚吗？

凤姐： 我和贾琏已经分居好多年了。我现在起诉离婚，可以直接认定感情破裂吧，一次就能离吧？

佳佳律师： 分居满两年是认定感情破裂的法定理由之一，但是必须有充分的证据证明分居事实。你们分房睡很多年，如果对方认可是分居，那没问题。但如果对方不想离婚，否认分居分房，你该如何举证呢？毕竟生活在一个家里，很难界定是法律意义上的分居，也很难认定感情破裂。所以，如果想离婚，最好还是分开居住，不要“分居不分家”。

70 婆媳矛盾太严重，能离婚吗？

凤姐： 我和婆婆的关系非常不好，已经没有办法生活在一起了，她干涉我们太多，严重影响了我们的婚姻，我实在无法忍受，我能以此为由提出离婚吗？

佳佳律师： 如果你以此为由和你老公协议离婚，而且他还同意的话，那没问题。但如果他不同意离婚，那么你起诉到法院，法官判定离婚的标准关键还在于你们夫妻之间是否感情破裂。毕竟离婚是你们夫妻两人之间的事，从法律的角度来说，婆媳矛盾只是一个外因，不足以证明感情确已破裂。

71 对方藏匿结婚证，怎么办？如何离婚？

凤姐： 我和贾琏最近矛盾特别深，我已经想得非常清楚了，坚决离婚。可是他一直不同意，还把结婚证藏起来了，没有结婚证，我该怎么起诉离婚？

佳佳律师：藏匿结婚证的做法实在是太幼稚了。不用担心，你可以直接去你们当初结婚登记的民政局调取你们结婚的档案材料，这个档案材料可以证明你们的结婚情况、婚姻关系，然后就可以起诉离婚了。

72　罹患重病，丈夫却着急离婚，我该怎么办？

凤姐：我得了重病，刚做完手术，还在恢复期，贾琏就提出离婚，10年婚姻，实在太寒心了。

佳佳律师：夫妻之间是有相互扶助义务的，你患重病还未痊愈期间，对方对你有扶助和照顾义务，而且可以要求对方为你负担医疗费用和康复费用。所以对方提出离婚，你可以拒绝。即使对方起诉到法院，他也不会得到支持。

73　什么情况下，男方不得提出离婚？

凤姐：我有一个闺密，怀孕3个月了，丈夫却坚决要和她离婚，该怎么办？

佳佳律师：三种情况下，男方是不得提出离婚的。第一，女方在怀孕期；第二，女方生完孩子1年内，也就是在哺乳期；第三，女方终止妊娠6个月内。所以如果你闺密在怀孕期间，她本人不愿意离婚，可以坚持不离婚，即使她丈夫起诉离婚，法院也是不支持的。

74　判决离婚后，还需要到民政局领离婚证吗？

凤姐： 我的案子终于宣判了，今天拿到了判决书，判决离婚。我还需要到民政局领取离婚证吗？

佳佳律师： 如果对方不上诉，15天后判决就生效了，生效的判决书就相当于离婚证，不需要再去民政局申领离婚证了。如果不是判决，是调解离婚，那调解书签收即生效，也相当于离婚证。所以收好你的判决书，耐心等15天，很可能15天后你就成功离婚了，判决书就是你的离婚证。

75　果断离婚对孩子到底好不好？

凤姐： 我想离婚，可是又觉得对不起孩子，怕影响孩子，该怎么办呢？

佳佳律师： 分享一个故事，我有一个朋友，女儿在读高中，立志要当离婚律师，原因就是她觉得爸爸妈妈离婚之后，她的生活变得特别好。没有了争吵、冷暴力和压抑，教育她的声音也变得统一了，学习也不再纠结了，她觉得爸爸妈妈离婚其实是好事，当离婚律师是一份有意义的工作。所以呀，离婚并不一定对孩子不好，可以试着征求一下孩子的意见。

76 离婚的时候，是不是孩子一定判给妈妈？

凤姐：我女儿巧姐6岁，女儿一般都会判给妈妈吧？

佳佳律师：2岁以内的孩子，因为还在哺乳期，一般会判给妈妈。2～8岁的孩子，则要结合父母双方的经济能力、生活条件来综合考量，谁抚养孩子更有利于孩子成长，那就谁抚养。等孩子8岁了，就要征求孩子自己的意愿，跟随爸爸或者跟随妈妈，孩子说了算。

77 全职太太如何争取孩子的抚养权？

凤姐：我结婚后就辞职在家，做了8年的全职太太，现在要离婚了，我怎样做才能争取到孩子的抚养权？

佳佳律师：你知道家里有多少夫妻共同财产吗？赶紧梳理，为自己和孩子争取财产权益！

自己有住房吗？如果没有，赶紧想办法找个房子，有个稳定居所。赶紧找个工作，有稳定收入，证明你能养得起孩子。

78 是不是孩子户口跟谁，抚养权就归谁？

凤姐：我女儿巧姐的户口在贾琏名下，我的户口是单独的。离婚的时候，会不会因为户口在他名下，女儿就判给他抚养呢？

佳佳律师：这个不一定，判定孩子抚养权的因素主要还是孩子利益最大化，谁抚养孩子更有利于孩子健康成长，抚养权就归谁，和户口无关。

79 想要孩子抚养权，对方却让我承诺绝不再婚，该怎么办？

凤姐：我想要女儿的抚养权，可是贾琏却让我在离婚协议上承诺今后绝不再婚，我该签字吗？

佳佳律师：结婚自由，离婚也自由，同样再婚也自由，这是每个人都享有的基本权利，任何人通过任何方式都剥夺不了。即使你们签订类似的协议，这样的条款也是无效的。所以如果你想要孩子的抚养权，大可签字离婚，因为这样的协议签了字也不生效。

80 抚养权要听听孩子的意见吗？

凤姐：我和贾琏决定协议离婚，他初步同意我来抚养孩子，那我还需要再征求孩子的意见吗？

佳佳律师：孩子利益最大化是确定抚养权的基本原则。虽然你们是协议离婚，但是孩子毕竟也8岁了，到底是跟随妈妈还是跟随爸爸，会有自己的想法和意见。从有利于孩子身心健康的角度出发，还是听一听孩子的想法，提前和孩子就父母离婚、今后生活、抚养权等事情进行沟通，避免在孩子心中留下阴影。

81 不离婚，能不能起诉对方支付抚养费？

凤姐：贾琏已经很多年不负担孩子的生活费了，都是我一个人在支撑，真的很辛苦。现在孩子还小，我还不想离婚，我该怎么办？不离婚能不能要求他支付抚养费？

佳佳律师：抚养孩子是父母的法定义务，无论离不离婚，都需要负担孩子的抚养费。如果他一直不负担费用，可以明确向他索要抚养费，如果对方依旧不给，可以以孩子的名义向法院起诉，要求抚养费，如果法院判决后他依旧不支付抚养费，可以申请法院强制执行。

82 抚养费到底约定多少才合适？

凤姐：我和贾琏准备离婚，我抚养孩子他也同意，但是抚养费还没有谈好。抚养费到底包括哪些费用呢？如何约定？约定多少才合适呢？

佳佳律师：抚养费一般包括必要的生活费用、教育费用和医疗费用。在约定抚养费的时候，可以根据情况对三个方面的基本费用进行约定，计算一个数额。对于可能出现的大额的教育支出和医疗支出，可以约定待实际发生的时候再共同分担。至于抚养费数额，可根据孩子的实际需求，参考对方工资收入的20%～30%。

83 孩子18周岁之后，抚养费怎么办？

凤姐： 孩子的抚养费只能约定到18周岁吗？18周岁之后，孩子上大学的费用、读研究生的费用甚至出国留学的费用怎么办呢？如何让对方负担呢？

佳佳律师： 抚养未成年子女是父母的法定义务，这个义务只到18周岁。孩子18周岁之后，也就是成年之后，父母就没有法定义务了。但是基于道德义务，父母一般还是会负担孩子上大学的费用。因此对于孩子成年之后的费用，即大学期间、读研期间甚至出国留学的费用，都可以进行事先约定。

84 探望权能不能中止？

凤姐： 我前夫经常以探望女儿的名义到我家里闹，导致女儿都没办法好好休息和学习。我能不能申请中止他的探望权呢？

佳佳律师： 当然可以了！如果对方的一些行为已经严重影响孩子的身心健康，影响孩子的正常成长，那绝对是法定的合理的中止对方探望权的理由，可以向法院申请暂时中止对方的探望权。

85 离婚协议约定一方独自负担抚养费，能反悔吗？

凤姐：我和贾琏离婚的时候约定由他来独自抚养孩子，我不用支付任何抚养费。但是现在才刚离婚1年，他就反悔了，要求我支付抚养费，我可以拒绝吗？

佳佳律师：当然可以拒绝了。离婚协议一旦离婚就生效，关于孩子抚养和抚养费的约定自然也是生效的，任何一方都不能随意反悔，所以你可以拒绝。但是有例外情况，比如他现在的生活发生了重大变化，确实无力抚养孩子或者抚养孩子有困难，这种情况下，要求你支付抚养费是合理的。

86 孩子辅导班每月5万元，前夫不愿意支付怎么办？

凤姐：我和贾琏离婚的时候，约定的抚养费也就2万元。但是，女儿现在各种辅导班的花费太大了，每个月都要5万元，2万远远不够。她爸爸现在不愿意负担，怎么办？

佳佳律师：从法律的角度来说，抚养费只支持必要的教育费用，如果是一两个辅导班，那还算合理，毕竟是素质教育。但每个月5万，你报了多少辅导班？难道孩子不累吗？过度教育不支持！

87 前夫不管孩子，不支付抚养费，我可以给孩子改姓吗？

凤姐： 我和贾琏离婚时，约定我来抚养孩子，他支付抚养费。但离婚后，基本都是我独自一人抚养巧姐，他从来没有支付过任何一笔抚养费，也从未探望过孩子。我现在特别气愤，他要是一点儿父亲的责任都不尽，我一个人抚养孩子没问题，但是我要给孩子改姓，改姓王，从此不再来往，可以吗？

佳佳律师： 法律规定，孩子可以随父姓，也可以随母姓，但这是孩子出生时的选择。一旦确定后，再给孩子改姓，就需要父母双方的同意。所以只能和孩子父亲协商，如果对方同意，那就让他配合你到户籍部门进行更改。如果对方不同意，那最好还是为孩子争取抚养费，更为合理。

88 抚养费有没有诉讼时效？

凤姐： 我和贾琏已经离婚5年了，当时约定我抚养孩子，他每月支付2万元抚养费。但是5年来，他从来没有支付过任何抚养费，现在起诉他要抚养费，还来得及吗？毕竟已经过了5年了。

佳佳律师： 不用担心，法律明确规定，抚养费、赡养费这些不适用诉讼时效限制，所以你任何时候起诉他都可以，而且可以要求他支付全部的抚养费。不要犹豫，赶紧起诉！

89 他要房子你要钱，分期支付房款，别忘了约定加速履行条款！

凤姐：我和贾琏决定协议离婚，对于婚后购买的1套房产，我俩都同意他要房子，给我折价款，但是他提出要分期支付，我担心他给了一笔之后，剩下的就不按时给了，我该怎么办呢？

佳佳律师：首先他要房子你要钱，离婚后你对他就是债权，他对你就是债务，债务能不能履行，什么时候履行，这本身就是有风险的，所以这个方案要慎重考虑。其次，如果你担心他支付了一次之后就不再支付剩下的款项，那可以在协议里约定加速履行条款，具体内容就是，任何一期款项不按时支付，那么剩余的款项全部到期。这样也能在一定程度上督促他每笔款项都按时支付。

90 丈夫年薪百万，离婚时说花完了，该怎么办？

凤姐：贾琏的年薪至少百万，可是协商离婚的时候，他却说全部花完了，我不信，这么多年家里也没有大额支出，不可能花完。

佳佳律师：既然是年薪，那就是有固定工作，公司开了多少工资是有工资表的，打到哪个账户也是确定的，账户交易流水也是可以查出来的。协商的时候可以让他出示账户余额以及交易记录。如果他拒绝出示，那么起诉离婚的时候，可以申请法院调取。

91 离婚后复婚又离婚，财产该怎么分？

凤姐：我和贾琏几年前曾经离过一次婚，后来因为孩子又复婚，现在我决定再离婚。财产我们其实一直没有分割，现在该怎么分呢？

佳佳律师：婚姻关系存续期间，双方获得的财产，是夫妻共同的。非婚姻关系期间，也就是第一次离婚到复婚这段时间，获得的财产是双方的个人财产。因此，按照这个时间点和逻辑对于财产进行梳理即可。

92 将房产登记在孩子名下，夫妻还能要求分割吗？

凤姐：我和贾琏在婚后买了1套房子，登记在了女儿巧姐的名下，如果我们离婚，还能分割这套房子吗？

佳佳律师：离婚纠纷，分割的财产只能是夫妻共同财产。这套房子已经登记在巧姐的名下了，就是巧姐的个人财产，不是你们夫妻的财产了。因此离婚的时候不能分割这套房子。

93 离婚时可以约定房屋居住权吗?

凤姐：我是全职太太，结婚后就一直住在贾琏婚前的房子里，我自己没有住房，离婚后我和孩子想依旧住在这套房子里，毕竟住久了，习惯了，如何才能实现呢?

佳佳律师：可以和丈夫协商，毕竟离婚后你有住房的困难，他理应对你进行适当的帮助。也可以和他约定一定期限的房屋居住权，这个是《民法典》规定的新的权利，这个权利不能转让、不能继承，既不影响房子依旧是你丈夫个人财产的性质，也能解决你离婚后的现实困难。

94 诉讼离婚，一定要本人到场吗?

凤姐：贾琏起诉我离婚了，法院给我寄了开庭传票，可是我不想去，我不想再见他，一次都不想。我能委托你去吗?我就不去了。

佳佳律师：委托律师当然没问题。但是离婚诉讼毕竟是身份关系的诉讼，一般情况下需要本人到场，至少参加一次，表明自己对离婚的态度。不过，如果确实不想面对他，也可以单独去向法官表明离婚态度，或者申请通过云法庭的方式参加。

95 独生子女为什么无法继承父母全部的财产？

凤姐：巧姐是我和贾琏唯一的女儿，将来我们的财产都是她来继承，没有什么问题吧？

佳佳律师：独生子女不一定能继承父母全部的财产。你和你丈夫两家的老人都还健在，他们也是你和你丈夫的法定继承人，万一你们有意外，他们也有权利和巧姐一起分割财产。再说，你和贾琏都有兄弟姐妹，即使父母不来分财产，其他兄弟姐妹也可能有异议，最好还是提前立好遗嘱，避免产生纠纷。

96 独生子女如何顺利继承遗产？

凤姐：听说父母去世后，独生子女的遗产继承特别麻烦，是真的吗？我是不是需要为巧姐提前规划一下？

佳佳律师：父母去世后，如果爷爷奶奶、姥姥姥爷也都先于父母去世了，那么其实父母的法定继承人就只有独生子女一个人。这时候独生子女要想顺利继承父母的财产，只能到公证处进行公证继承，需要提供很多证明材料，比如父母、爷爷奶奶、姥姥姥爷的身份证明、死亡证明，以及要继承的财产证明等。如果爷爷奶奶、姥姥姥爷去世比较早，开具证明就更麻烦。所以还是在父母双方或者一方健在的时候，通过赠与或者遗嘱的方式提前进行安排比较好。

97 我如何才能保证我的财产全部由我的孩子继承和使用?

凤姐：我身边有个特别要好的朋友突然去世了，让我十分悲伤。万一哪天我也发生意外，我的孩子该如何是好？我想立个遗嘱，说明财产全部由她继承，可是她还很小，万一被她爸爸挥霍了怎么办?

佳佳律师：对于不动产，最好立一份遗嘱，明确指定孩子继承，作为监护人，她爸爸很难私自处分。对于存款现金，最好设立一份信托，提前将领取的时间和领取的金额确定清楚，既能避免她爸爸随意挥霍，也能保证孩子生活费用的稳定。

98 父母想把房产全部给我，又怕我的婚姻不稳定，该如何处理呢?

凤姐：我父母想把他们名下的1套房产给我，但又怕我的婚姻不稳定，将来一旦离婚，丈夫和我分房产，该如何处理呢?

佳佳律师：如果父母想在生前就给你，直接赠与你即可，但是必须明确声明是赠与你个人的；如果父母想去世后由你继承，可以提前立一份遗嘱，在遗嘱中声明是你的个人财产，与你的配偶无关。

99 遗嘱一定要公证吗？

凤姐：我准备提前立一份遗嘱，说明我的财产全部由我女儿继承，这个遗嘱准备好之后必须公证吗？

佳佳律师：遗嘱可以自己写，也可以打印，可以录音录像、他人代写，也可以到公证处办理公证遗嘱，只要符合法定要求，都是有效的，不一定非要公证。但是到公证处办理公证，会对遗嘱内容和遗产情况进行初步的审核，相对来说比较规范，也更具有公信力。

100 侄子侄女可以继承叔叔的财产吗？

凤姐：我公婆早已去世，贾琏去年去世，他还有一个弟弟，未曾娶妻，孑然一身，前些日子也突然猝死。他弟弟名下有2套房产，我家巧姐可以继承吗？

佳佳律师：新的《民法典》规定，如果兄弟姐妹先于自己去世的，兄弟姐妹的子女可以代位继承自己的遗产，所以巧姐可以依法继承叔叔的遗产。

附录 2

你也许会用到的协议示例

声明：附录中的协议模板仅供参考。

婚前财产协议

（婚后财产分别制版本）

双方基本情况：

男方：贾琏，____年____月____日生，住____________，身份证号码：____________________________。

女方：王熙凤，____年____月____日生，住____________，身份证号码：____________________________。

男女双方拟定于____年____月____日办理结婚登记手续，双方都愿共筑爱巢，往后余生，相亲相伴，互敬互爱。但为了预防今后可能出现的财产纠纷，影响夫妻感情，现双方经过慎重考虑，在婚前就各自财产及将来取得财产的归属达成如下协议：

第一条　婚前财产的范围

婚前财产指双方在结婚登记前已经取得或者确定取得所有权的财产。

（一）男方的婚前财产如下：

1. 房产：坐落于____的房产，房屋所有权证号：_____________；
2. 股权：贾氏××有限责任公司股权，持股比例___________%；
3. 车辆：车牌号为__________________的××牌轿车；
4. 存款：××银行存款人民币____元，账号：______________；

5. 股票：__________元，账号：____________________；

6. 其他财产：

（二）女方的婚前财产如下：

1. 房产：坐落于______的房产，房屋所有权证号：__________；

2. 股权：王氏××有限责任公司股权，持股比例__________%；

3. 车辆：车牌号为________________的××牌轿车；

4. 存款：××银行存款人民币____元，账号：____________；

5. 股票：__________元，账号：____________________；

6. 其他财产：

第二条　婚前财产的归属

1. 本协议第一条男女双方各自名下的婚前财产属于各自的个人财产，归各自所有，且不因婚姻关系的存续、消亡或者长短改变其性质。

2. 婚前由一方购买的房产、车辆，婚后仍需还贷的，贷款部分视为男女双方各自的债务，由各自的收入所得偿还，该房产或者车辆的权属不变。

第三条　婚后财产的范围及归属

双方约定婚后，即婚姻关系存续期间，各自实际取得或者确定应当取得所有权的以下财产，属于取得财产一方的个人财产，归取得财产一方个人所有：

（1）工资、薪金、奖金、分红、津贴、补贴等；

（2）生产、经营所得；

（3）劳务报酬所得；

（4）财产转让所得；

（5）接受的赠与或继承所得；

（6）个人财产（投资）所得收益，包括且不限于股票、债券、基金等有价证券收益，以及有限责任公司股权分红等收益；

……

第四条 债权、债务的归属与负担

1. 婚前各方名下的债权、债务归各方所有与负担；

2. 婚后因各方名下的投资所产生的债权、债务均由各自承担；

3. 婚后因共同生活产生的债务由双方共同承担，非因共同生活产生之债务由各自承担。

第五条 特别声明

约定归一方所有的财产，该财产的孳息、增值及处分所得收益依然归财产所有人个人享有，另一方无权干涉。

第六条 协议生效与变更

双方承诺：本协议是双方真实的意思表示，双方均受本协议的约束；本协议自双方签字之日起成立并于结婚登记之日生效；本协议的效力贯穿于婚姻关系的始终，不因相关法律规范的变动、修订而减损。

本协议未尽事宜，或者签订本协议后发生了新的客观情况，由男女双方共同协商签订补充协议，补充协议与本协议具有同等法律效力。

第七条　争议处理

本协议的效力适用于中华人民共和国的法律规定。如本协议生效后在执行中发生争议的，双方应协商解决，协商不成，任何一方均可向__________人民法院起诉。

本协议一式贰份，双方各执壹份，具有同等法律效力。

男方（签名）：　　　　　　　　　　女方（签名）：

签署日期：　　　　　　　　　　　　签署日期：

夫妻财产协议

双方基本情况：

男方：贾琏，____年____月____日生，住____________，身份证号码：__________________________。

女方：王熙凤，____年____月____日生，住____________，身份证号码：__________________________。

男女双方于____年____月____日登记结婚，具有合法的夫妻关系，于____年____月____日生育一女__贾巧姐__。为防止今后可能出现的婚姻财产纠纷，现经协商一致，自愿就双方目前的财产及今后将取得的财产的归属问题约定如下：

第一条　男方的个人财产

经双方确认，以下财产属于男方贾琏的个人财产，归男方单独所有：

1. 房产：坐落于____的房产，房屋所有权证号：_____________；
2. 股权：贾氏××有限责任公司股权，持股比例__________%；
3. 车辆：车牌号为____________的××牌轿车；
4. 存款：××银行存款人民币____元，账号：_______________；
5. 股票：________元，账号：______________________________。

第二条　女方的个人财产

经双方确认，以下财产属于女方王熙凤的个人财产，归女方单独所有：

1. 房产：坐落于____的房产，房屋所有权证号：______________；

2. 股权：王氏××有限责任公司股权，持股比例__________%；

3. 车辆：车牌号为____________的××牌轿车；

4. 存款：××银行存款人民币____元，账号：_______________；

5. 股票：________元，账号：___________________________。

第三条　共同财产

经双方确认，以下财产为夫妻共同财产，归夫妻共同所有：

1. 房产：坐落于____的房产，房屋所有权证号：______________；

2. 股权：×××持有的×××有限责任公司，×%的股权。

3. 股票：××证券公司开立的账号为 ×× 的股票。

第四条　今后取得财产归属约定

双方确认，本协议签订后，夫妻一方取得的下列财产，属于取得财产一方的个人财产，归取得财产一方个人所有：

1. 工资、薪金、奖金、分红、津贴、补贴等；

2. 生产、经营所得；

3. 劳务报酬所得；

4. 财产转让所得；

5. 接受的赠与或继承所得；

6. 个人财产（投资）所得收益，包括且不限于股票、债券、基金等有价证券收益，以及有限责任公司股权分红等收益；

……

第五条　债权债务

双方确认：

1. 债权：由 王熙凤 经手借给××的债权××万元，该债权归王熙凤享有。

2. 债务：由 贾琏 经手向××所借的债务××万元，该债务由贾琏 承担。

3. 双方确认，再无其他共同债权债务关系。协议签订后，一方如果向外举债，应向另一方告知，并向债权人明示此协议的内容。一方的负债不是夫妻共有债务，未在债务文书上签字的一方不负有偿还债务的责任。

第六条　特别说明

约定归一方所有的财产，该财产的孳息、增值及处分所得收益依然归财产所有人个人享有，另一方无权干涉。

第七条　协议生效与变更

双方承诺：本协议是双方真实的意思表示，双方均受本协议的约束，本协议自双方签字之日起成立并生效。

本协议未尽事宜，或者因签订本协议时的客观情况发生重大变化产生争议，由男女双方共同协商签订补充协议，补充协议与本协议具有同等法律效力。

第八条　争议处理

本协议的效力适用于中华人民共和国的法律规定。如本协议生效后在执行中发生争议的，双方应协商解决，协商不成，任何一方均可向______人民法院起诉。

本协议一式贰份，双方各执壹份，具有同等法律效力。

男方（签名）:　　　　　　　　　　女方（签名）:

签署日期:　　　　　　　　　　　　签署日期:

注意事项:

1.本协议一到五条，可以只约定某一项或某几项，并非必须全部约定。

2.本协议一到五条项下的财产，可以选择性约定。

3.原则上，本协议中关于财产归属的约定，越简单越好。

夫妻婚内忠诚保证协议书

双方基本情况：

男方：贾琏，____年____月____日生，住____________，身份证号码：__________________________。

女方：王熙凤，____年____月____日生，住____________，身份证号码：__________________________。

男女双方于____年____月____日登记结婚，具有合法的夫妻关系，于____年____月____日生育一女贾巧姐。双方自结婚后感情良好，互敬互爱，为防止今后可能出现的婚姻问题及财产纠纷，双方经友好协商，自愿签订如下协议：

一、夫妻忠诚义务

夫妻双方在婚姻关系存续期间，应当相互遵守夫妻忠诚义务，不得发生任何违反夫妻忠诚义务，影响夫妻和谐、家庭稳定的行为。

二、违反忠诚义务的过错情形

经过双方一致同意，如果一方出现以下情形，视为违反夫妻忠诚义务，为过错方。

1. 出轨，一夜情，与其他异性有不正当男女关系，在外有私生子的；

2. 重婚、出轨或者与他人同居的，在外有私生子的；

3. 实施家庭暴力，包括肢体暴力、语言暴力或虐待、遗弃对方的；

4. 有赌博、吸毒、嫖娼等恶习，经另一方劝说仍然屡教不改的；

5. 其他因一方过错导致夫妻感情破裂的情形，包括任意处分、隐匿、转移婚内共同财产。

三、过错赔偿——财产分割约定

经双方确认，以下财产为夫妻共同财产：

（1）房产：坐落于______的房产，房屋所有权证号：_________；

（2）股票：_______证券公司开立的账号为________的股票；

（3）车辆：车牌号为_________的轿车。

若一方出现本协议第二项之违反夫妻忠诚义务的过错行为，导致夫妻感情破裂，则以上全部共同财产归无过错方所有，过错一方应在夫妻关系正式解除之日前，按照本协议约定配合无过错方办理完毕相关过户手续或者财产折价支付事宜。

四、协议签订后取得财产归属

如协议签订后，双方取得的任何财产（包括房产、股权、投资）均归无过错一方单独所有，不受登记及权属情况影响。

本协议签订后，双方取得的债权均由无过错方单独享有，各自名下的债务为各自独立债务。

五、特别说明

约定归一方单独所有的财产，该财产的孳息、增值及处分所得收益依然归财产所有人个人享有，另一方无权干涉。

六、协议生效及变更

双方承诺：本协议是双方真实的意思表示，双方均受本协议的约束。

本协议未尽事宜，或者因签订本协议时的客观情况发生重大变化产生争议，由男女双方共同协商签订补充协议，补充协议与本协议具有同等法律效力。

本协议的效力适用于中华人民共和国的法律规定，双方如因本协议产生争议，由法院管辖。

本协议自双方签字之日起成立并生效。

本协议一式贰份，甲、乙双方各持壹份，具有同等法律效力，在双方签字或盖章后生效。

男方（签名）:　　　　女方（签名）:

签署日期:　　　　签署日期:

声明：忠诚协议的效力问题一直有争议，司法实践中，只有极少数法院确认了忠诚协议的效力。因此，签字后也并非就有法律保障，除非对方认可，否则很难全部获得支持。

离婚协议

双方基本情况：

男方：贾琏，____年____月____日生，住____________，身份证号码：__________________________。

女方：王熙凤，____年____月____日生，住____________，身份证号码：__________________________。

男女双方于____年____月____日登记结婚，具有合法的夫妻关系，于____年____月____日生育一女<u>贾巧姐</u>。现夫妻感情确已破裂，无和好可能，经双方自愿协商达成一致意见，订立如下协议：

第一条　离　婚

男女双方自愿离婚。

第二条　子女抚养、抚养费及探望权

1. 子女抚养：男、女双方婚后育有一女，姓名为<u>贾巧姐</u>，身份证号为：__________________________。双方均同意，女儿贾巧姐归女方抚养，并与女方直接生活。

2. 抚养费：

（1）男方每月支付女儿抚养费（含生活费、教育费）人民币________

元，直至女儿18周岁止，于每月的10号前支付至女方指定账户:__。

（2）如女儿因特殊情况需要有重大支出（包含但不限于医疗、教育等单笔支出在 ×× 元以上），原则上双方各负担50%，或者根据实际情况协商确定支付比例。

（3）18周岁之后，如女儿尚未独立生活，抚养费用（包括上大学费用）及其他必要费用，原则上由双方共同负担，具体负担数额和支付方式由双方另行协商。

3. 探望权:

（1）在不影响女儿学习、生活的情况下，男方每个月可以探望女儿 4 次，且均应在周末或国家法定节假日期间进行。男方需提前 1 天通知女方，女方应予以配合，并协商具体接送时间。

（2）在征得女儿同意的前提下，寒暑假期间，男方可将女儿接走共同生活，全年不超过 15 天。后期可依据女儿意愿，双方另行协商调整共同生活天数。

（3）甲乙双方任何一方对女儿身心健康造成严重影响的，另一方有权要求变更抚养权或者中止探望权。

第三条　财产处理

1. 房产:

（1）登记在 女方 名下的，位于________的房产（房屋所有权证号为：________），离婚后该房产归 女方 单独所有；女方 就此房产向 男方 支付房屋折价款人民币______元，于双方领取离婚证之日起__30__日内支付至__男方__指定账户：

____________________。

（2）登记在__双方__名下的，位于______的房产（房屋所有权证号为：________），离婚后该房产归__男方__单独所有，自双方领取离婚证之日起的剩余购房贷款全部由__男方__自行承担；__男方__就此房产向__女方__支付房屋折价款人民币________元。__女方__应于领取离婚证之日起__30__日内协助男方办理过户登记手续，因办理过户手续所应支付的一切税费由__男方__自行负担，男方支付给女方的折价款应于双方办理完毕房产过户手续之日起__30__日内支付至__女方__指定账户：____________________。

2. 股权：

__男方__持有的__××公司__的__________%股权，在离婚后仍由__男方__单独持有，__男方__就此向__女方__一次性支付股权价值折价款人民币__________元，自双方领取离婚证之日起__30__日内支付至__女方__指定账户：____________________。

3. 车辆：

登记在__女方__名下的__________牌轿车（车牌号：__________）归__女方__所有，__女方__就此车辆向__男方__支付车辆折价款人民币__________元，自双方领取离婚证之日起__30__日内支付至__男方__指定账户：____________________。

4. 存款：

双方共同确认：男方名下__××银行__现有存款人民币

____元；女方名下__××银行__现有存款人民币______________元。双方确认以上各自名下的存款保持不变，归各自所有。

5. 股票：

男方 名下在________开立的股票账户：________中所持有的股票（股票代码：________）及对应的财产价值在离婚后归 男方 单独所有；男方 就此向 女方 支付折价款人民币__________元，自双方领取离婚证之日起 30 日内支付至 女方 指定账户：__________。

6. 其他财产：

男女双方各自的私人生活用品及首饰归各自所有。

第四条 债务

双方确认在婚姻关系存续期间没有发生任何共同债务，任何一方如对外负有债务的，由负债方自行承担。

第五条 财产真实性声明

1. 双方确认夫妻共同财产在上述第三条已做出明确列明，并无其他共同财产，任何一方应保证以上所列婚内全部共同财产的真实性。

2. 如一方存在私自隐藏、转移、处分财产，被另一方发现后，该私自隐藏、转移、处分之财产的全部份额，归另一方所有。

第六条 真实意愿声明

男女双方承诺对该协议内容非常清楚，愿意签署并完全履行本协议，不存在受到胁迫、欺诈、误解的情形。

第七条　违约责任

任何一方不按本协议约定履行义务的，应支付违约金__50__万元给对方。

第八条　协议生效时间的约定

本协议一式叁份，男、女双方各执壹份，婚姻登记机关存档壹份，自婚姻登记机关颁发《离婚证》之日起生效。

第九条　争议处理

如本协议生效后在执行中发生争议的，双方应协商解决，协商不成，任何一方均可向____________人民法院起诉。

男方（签名）：　　　　女方（签名）：

签署日期：　　　　　　签署日期：

起诉书

原告王熙凤，____年____月____日生，汉族，住________，身份证号码：________________，联系方式：_____________________。

被告贾琏，____年____月____日生，汉族，住__________，身份证号码：________________，联系方式：____________________。

案由：离婚纠纷

诉讼请求：

1. 判令原告与被告离婚；

2. 婚生女贾巧姐由原告抚养，被告每月支付抚养费××元；

3. 依法分割夫妻共同财产；

4. 案件受理费由被告承担。

事实与理由：

原告与被告于____年____月____日登记结婚，于____年____月____日生育一女贾巧姐。结婚初期感情尚可，后常因生活琐事发生争吵，感情逐渐破裂。现双方长期处于分居状态，夫妻感情已无任何好转的可能，夫妻关系名存实亡，故向贵院提起诉讼，请求依诉予判。

婚生女贾巧姐从出生至今一直由原告照顾，被告常年忙于工作应酬，根本没有时间照顾，从女儿健康成长的角度，应由原告直接抚养更为适宜。女儿目前生活教育成本较高，为了维持目前的生活和教育水平，被告每月支付抚养费________元。

双方婚后财产和债务问题，以法庭核实为准，依法予以分割。

此致

××人民法院

具状人：王熙凤

年　　月　　日

变更子女抚养权协议书

双方基本情况：

男方：贾琏，____年____月____日生，住____________，身份证号码：____________________________。

女方：王熙凤，____年____月____日生，住____________，身份证号码：____________________________。

男女双方于____年____月____日登记结婚，于____年____月____日生育一女贾巧姐，于____年____月____日协议（诉讼）离婚。被抚养人贾巧姐由女方抚养。现因××原因，甲乙双方在平等、自愿的基础上，经过充分的协商，就变更贾巧姐抚养权等相关事宜达成如下协议：

一、抚养权变更：现双方协商同意女儿贾巧姐自____年____月____日起随男方直接生活。

二、抚养费：女方每月给付抚养费________元，于每月10日前支付至男方指定账户：____________________________________。

三、探望权：女方每月可以探望女儿__4__次，并提前____天联系男方。寒暑假期间，女方可将女儿接走共同生活，全年不超过15天。

四、本协议未尽事宜或发生其他重大事宜，双方可按照一切有利于孩子健康成长的原则，协商解决。

五、本协议一式贰份，甲乙双方各执壹份，具有同等法律效力。

六、本协议自双方签字后生效。

男方(签名):　　　　　　女方(签名):

签署日期:　　　　　　　签署日期:

赠与协议（单方）

赠与人：王熙凤，女，出生日期：________，身份证号码：________________，现住址：____________________________。

登记在我本人名下的，位于________的房产（房屋所有权证号为：________），系我个人财产，与我配偶无关，且不存在抵押及其他权利受限情况，我本人有完全的处分权。我自愿将该房产无偿赠与我女儿贾巧姐（身份证号：________________）个人所有，与其配偶无关，待房产变更过户至其名下，赠与行为完成。

附件：《财产所有权凭证》

赠与人：

年　　月　　日

赠与协议（双方）

甲方（赠与人）：王熙凤，女，出生日期：__________，身份证号码：________________，现住址：__________________________。

乙方（受赠人）：贾巧姐，女，出生日期：__________，身份证号码：________________，现住址：__________________________。

甲乙双方系母女关系，双方在充分沟通、协商一致的情况下，就财产赠与事宜达成如下协议：

一、甲方自愿将登记在其名下的，位于__________的房产（房屋所有权证号为：__________）无偿赠与乙方。

二、乙方自愿接受赠与。

三、甲方承诺对该房产拥有完全处分权，不存在抵押及其他权利受限情况。

四、甲方声明：该房产作为甲方赠与乙方的个人财产，与其配偶无关，不作为乙方夫妻共同财产。

五、本协议生效后，甲方应于 60 日内协助乙方办理房屋产权变更登记手续，相关费用由乙方负担。

六、本协议在双方签字后生效。

七、本协议一式贰份，双方各执壹份，具有同等法律效力。

附件:《 房屋所有权凭证》

甲方(签名):　　　　　　　　　　乙方(签名):

签署日期:　　　　　　　　　　　签署日期:

遗　嘱

声明：本人系完全民事权利能力及民事行为能力人，能够独立承担民事责任。

遗嘱人：王熙凤，女，出生日期：__________，身份证号码：____________________，现住址：__________________________。

为避免我去世后因财产继承引起纠纷，现在我神志思维清晰的情况下，完全出于本人真实意愿，就我的遗产继承一事，自愿立如下遗嘱。

一、财产情况

我名下的以下财产系我个人财产，与我配偶无关，且不存在质押及其他权利受限情况，我本人有完全的处分权。

1. 房产：登记在我本人名下的，位于__________的房产（房屋所有权证号为：__________）；

2. 股权：我名下持有的王氏××有限责任公司股权，持股比例______________%；

3. 车辆：登记在我名下的车牌号为________的××牌轿车；

4. 存款：我名下的××银行（账号：__________）存款人民币__________元。

二、财产继承事宜安排

以上第一条所列我的全部遗产，包括房屋、车辆、股权、存款等，以及立遗嘱之后该项下财产所产生的增值、收益、孳息，在我去世后，由我女儿贾巧姐全部继承。

本遗嘱确立后，被继承人的遗产发生变化时，本遗嘱仍然有效，对于本遗嘱已涉及的遗产，按本遗嘱第二条分配，对于本遗嘱未涉及的遗产，仍按本遗嘱第二条分配。

该遗嘱共制作×份，分别由××保存。

附件1:《财产所有权凭证》

遗嘱人:

地点:

时间:　　　年　　月　　日